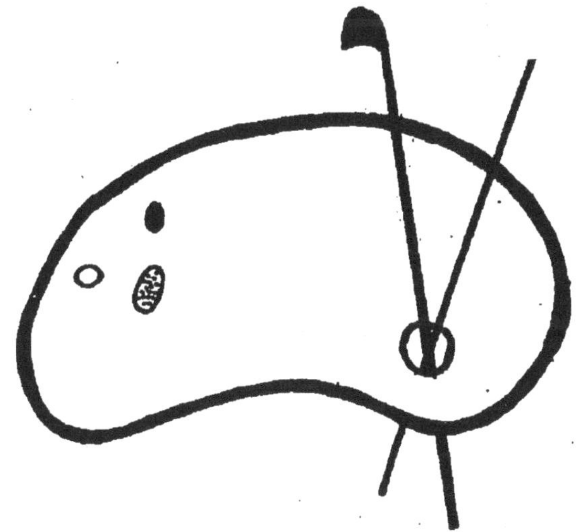

DEBUT D'UNE SERIE DE DOCUMENTS
EN COULEUR

BIBLIOTHÈQUE
D'HISTOIRE CONTEMPORAINE

LES CIVILISATIONS TUNISIENNES

MUSULMANS — ISRAÉLITES — EUROPÉENS

Étude de psychologie sociale

PAR

PAUL LAPIE
Agrégé de philosophie
Ancien professeur au lycée de Tunis

PARIS
ANCIENNE LIBRAIRIE GERMER BAILLIÈRE ET Cie
FÉLIX ALCAN, ÉDITEUR
108, BOULEVARD SAINT-GERMAIN, 108

1898

BIBLIOTHÈQUE D'HISTOIRE CONTEMPORAINE

Volumes in-12 à 3 fr. 50. Cartonnés : 4 fr. — Volumes in-8 à 5 et à 7 fr. Cartonnés : 6 et 8 fr.

EUROPE

HISTOIRE DE L'EUROPE PENDANT LA RÉVOLUTION FRANÇAISE, par *H. de Sybel*. Trad. par Mlle Dosquet. 6 vol. in-8. 42 fr. »
Chaque volume séparément. 7 fr. »

HISTOIRE DIPLOMATIQUE DE L'EUROPE (1814-1878), par *A. Debidour*. 2 vol. in-8. 18 fr.

FRANCE

LA RÉVOLUTION FRANÇAISE, résumé historique, par *H. Carnot*. In-12. . 3 fr. 50

ETUDES ET LEÇONS SUR LA RÉVOLUTION FRANÇAISE, par *A. Aulard*. 2 vol. in-12. Chacun. . . . . 3 fr. 50

NAPOLÉON ET LA SOCIÉTÉ DE SON TEMPS, par *P. Bondois*. 1 vol. in-8. . . 7 fr. »

HISTOIRE DE DIX ANS, par *Louis Blanc*. 5 vol. in-8. . . . . 25 fr. »

HISTOIRE DE HUIT ANS (1840-1848), par *Elias Regnault*. 3 vol. in-8. . 15 fr. »

HISTOIRE DU SECOND EMPIRE (1848-1870), par *Taxile Delord*. 6 vol. in-8. . 42 fr. »

HISTOIRE PARLEM. DE LA SECONDE RÉPUBLIQUE, par *E. Spuller*. 2e éd. 1 v. in-12. 3 fr. 50

LA FRANCE POLITIQUE ET SOCIALE, par *Aug. Laugel*. 1 vol. in-8. . . . . . 5 fr. »

HISTOIRE DE LA TROISIÈME RÉPUBLIQUE, par *Edg. Zevort* : I. La présidence de M. Thiers. 1 vol. in-8. . . . . . 7 fr. »
II. La présidence du maréchal de Mac-Mahon. 1 vol. in-8. . . . . . 7 fr. »
III et IV terminant l'ouvrage : La présidence de M. Grévy et la présidence de M. Carnot (*sous presse*).

LES COLONIES FRANÇAISES, par *Paul Gaffarel*. 1 vol. in-8. 5e édition. . . 5 fr. »

L'ALGÉRIE, par *M. Wahl*. 3e édition. 1 vol. in-8. . . . . 5 fr. »

LES CIVILISATIONS TUNISIENNES, par *P. Lapie*. 1 vol. in-12. . . . 3 fr. 50

L'EXPANSION COLONIALE DE LA FRANCE, par *J.-L. de Lanessan*. 1 vol. in-8 avec 19 cartes hors texte. . . . . . 12 fr. »

L'INDO-CHINE FRANÇAISE, par *J.-L. de Lanessan*. 1 vol. in-8 avec 5 cartes en couleurs hors texte. . . . . 15 fr. »

LA COLONISATION FRANÇAISE EN INDO-CHINE, par *J.-L. de Lanessan*, 1895. 1 vol. in-12 avec 1 carte hors texte. . . . . 3 fr. 50

L'EMPIRE D'ANNAM ET LE PEUPLE ANNAMITE, par *J. Silvestre*. 1 vol. in-12. . . 3 fr. 50

ANGLETERRE

HISTOIRE DE L'ANGLETERRE, depuis la reine Anne jusqu'à nos jours, par *H. Reynald*. 1 vol. in-12. 2e édition. . . . . . 3 fr. 50

LES QUATRE GEORGES, par *Thackeray*, trad. de l'anglais par Lefoyer. 1 v. in-12. 3 fr. 50

LORD PALMERSTON ET LORD RUSSEL, par *Aug. Laugel*. 1 vol. in-12. . . 3 fr. 50

LE SOCIALISME EN ANGLETERRE, par *A. Métin* 1. vol. in-12. . . . 3 fr. 50

ALLEMAGNE

HISTOIRE DE LA PRUSSE, depuis la mort de Frédéric II jusqu'à la bataille de Sadowa, par *Eug. Véron*. 1 vol. in-12, 6e éd., revue par *P. Bondois* . . . . . 3 fr. 50

HISTOIRE DE L'ALLEMAGNE, depuis la bataille de Sadowa jusqu'à nos jours, par *Eug. Véron*. 1 vol. in-12. 3e édition revue par *P. Bondois* . . . . 3 fr. 50.

ORIGINES DU SOCIALISME D'ÉTAT EN ALLEMAGNE, par *Ch. Andler*. 1 vol. in-8 7 fr.

AUTRICHE-HONGRIE

HISTOIRE DE L'AUTRICHE, depuis la mort de Marie-Thérèse jusqu'à nos jours, par *L. Asseline*. 1 vol. in-12. 3e édition. . 3 fr. 50

LES TCHÈQUES ET LA BOHÊME CONTEMPORAINE, par *J. Bourlier*. 1 vol. in-12. 3 fr. 50

ESPAGNE

HISTOIRE DE L'ESPAGNE, depuis la mort de Charles III jusqu'à nos jours, par *H. Reynald*. 1 vol. in-12. . . . . . . 3 fr. 50

RUSSIE

HISTOIRE CONTEMPORAINE DE LA RUSSIE, JUSQU'À LA MORT D'ALEXANDRE II, par *G. Créhange*. 1 vol. in-12. 2e éd. 3 fr. 50

SUISSE

HISTOIRE DU PEUPLE SUISSE, par *Daendliker*. 1 vol. in-8 . . . . 5 fr. »

AMÉRIQUE

HISTOIRE DE L'AMÉRIQUE DU SUD, depuis sa conquête jusqu'à nos jours, par *Alfred Deberle*. 1 vol. in-12. 3e édit., revue par *A. Milhaud*. . . . . 3 fr. 50

ITALIE

HISTOIRE DE L'ITALIE, depuis 1815 jusqu'à la mort de Victor-Emmanuel, par *E. Sorin*. 1 vol. in-12 . . . . 3 fr. 50

TURQUIE

LA TURQUIE ET L'HELLÉNISME CONTEMPORAIN, par *V. Bérard*. 1 vol. in-12. 4e édition . . . . 3 fr. 50

Eug. Despois. LE VANDALISME RÉVOLUTIONNAIRE. Fondations littéraires, scientifiques et artistiques de la Convention. 1 vol. in-12. 5e édit. . . . . 3 fr. 50

Jules Barni. HISTOIRE DES IDÉES MORALES ET POLITIQUES EN FRANCE AU XVIIIe SIÈCLE. 2 vol. in-12, chaque vol. . 3 fr. 50

— LES MORALISTES FRANÇAIS AU XVIIIe SIÈCLE. 1 vol. in-12. . . . . . . 3 fr. 50

E. de Laveleye. LE SOCIALISME CONTEMPORAIN. 10e édit. 1 vol. in-12. . 3 fr. 50

Marcellin Pellet. VARIÉTÉS RÉVOLUTIONNAIRES. 3 vol. in-12. Chacun. 3 fr. 50

Eug. Spuller. FIGURES DISPARUES. 3 vol. in-12, chacun . . . . 3 fr. 50

— L'ÉDUCATION DE LA DÉMOCRATIE. 1 vol. in-12. . . . . 3 fr. 50

— L'ÉVOLUTION POLITIQUE ET SOCIALE DE L'EGLISE. 1 vol. in-12 . . . . . . 3 fr. 50

Eug. Spuller. HOMMES ET CHOSES DE LA RÉVOLUTION. 1 vol. in-12. . . 3 fr. 50

Aulard. LE CULTE DE LA RAISON ET DE L'ÊTRE SUPRÊME. 1 vol. in-12. . 3 fr. 50

E. Simon. L'ALLEMAGNE ET LA RUSSIE AU XIXe SIÈCLE. 1 vol. in-12. . . 3 fr. 50

J. Reinach. PAGES RÉPUBLICAINES. 1 vol. in-12 . . . . 3 fr. 50

Hector Depasse. TRANSFORMATIONS SOCIALES. 1 vol. in-12. . . . . . 3 fr. 50

— DU TRAVAIL ET DE SES CONDITIONS. 1 v. in-12. . . . . 3 fr. 50

Eug. d'Eichthal. SOUVERAINETÉ DU PEUPLE ET GOUVERNEMENT. 1 vol. in-12. . 3 fr. 50

G. Isambert. LA VIE A PARIS PENDANT UNE ANNÉE DE LA RÉVOLUTION (1791-1792). 1 vol. in-12 . . . . 3 fr. 50

G. Weill. L'ÉCOLE SAINT-SIMONIENNE. 1 vol. in-12. . . . . 3 fr. 50

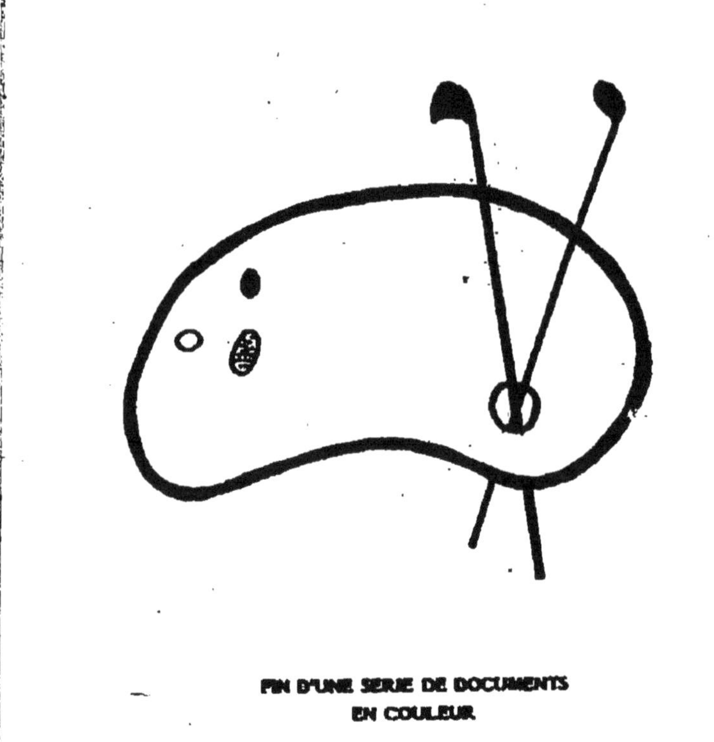

FIN D'UNE SERIE DE DOCUMENTS
EN COULEUR

LES CIVILISATIONS
TUNISIENNES

LES CIVILISATIONS

TUNISIENNES

(MUSULMANS — ISRAÉLITES — EUROPÉENS)

ÉTUDE DE PSYCHOLOGIE SOCIALE

PAR

PAUL LAPIE

Agrégé de philosophie,
Ancien professeur au lycée de Tunis

PARIS

ANCIENNE LIBRAIRIE GERMER BAILLIÈRE ET Cie

FÉLIX ALCAN, ÉDITEUR

108, BOULEVARD SAINT-GERMAIN, 108

1898

A CÉLESTIN BOUGLÉ

P. L.

LES
CIVILISATIONS TUNISIENNES

Au nord de Tunis, entre la pointe de Gamart et le village de l'Ariane, on peut admirer, sous le soleil d'Afrique, un paysage polaire. Jusqu'à l'horizon s'étend une plaine blanche à reflets mauves. Sous le talon, des cristaux bruissent et cèdent, l'eau jaillit et marque la trace du passant : on voit ainsi se perdre dans le lointain de longues files de pas comme sur la neige ; on rencontre des hommes dont les doigts sont rongés comme par la gelée, dont les yeux sont aveuglés par l'éclat de cette blancheur. Cette saline donne l'illusion d'une mer de glaces. Mais le rivage est africain : des vignes poussent dans le sable brûlant ; des cactus propagent leurs raquettes épineuses ; des glaïeuls roses, brodés de blanc, se jouent parmi les blés ; dans la prairie les asphodèles se dressent hiératiques ; un dattier élève son bouquet de palmes vers le ciel bleu, profond et pur.

Ce paysage est le symbole de Tunis où cent mille Arabes, quarante mille Juifs, autant d'Européens juxtaposent leurs civilisations contradictoires. Entre la société européenne[1] et les sociétés indigènes, entre la société musulmane et la société israélite le contraste est aussi violent qu'entre le pôle et les tropiques.

Exposer ces contradictions qui font de la ville une sorte d'absurdité vivante ; chercher comment cette absurdité peut vivre, comment peuvent s'associer ces éléments incompatibles, tel est le dessein de ce travail.

1. En général, il ne sera pas question des divisions de la société européenne de Tunis : entre Français, Italiens, Grecs et Maltais, les institutions et les mœurs ne diffèrent, en effet, que par des nuances. L'étude détaillée des rapports des divers éléments européens exigerait tout un livre. — De même, il ne sera question ni des Berbères ni des Kabyles, mais seulement des Musulmans citadins.

CHAPITRE PREMIER

LE PRINCIPE DES CIVILISATIONS TUNISIENNES

I. Les institutions des Musulmans et des Israélites ne s'expliquent pas par les races. — II. Ni par les religions. — III. Elles s'expliquent par les habitudes mentales des deux peuples : contraste des deux âmes. — IV. La race et la religion ne sont que des causes secondes. — Plan de l'ouvrage.

Un portrait, pour être fidèle, doit laisser deviner la vie et le sentiment sous les couleurs de la chair. De même une description, pour être exacte, doit montrer, sous les faits, leur principe. Quel est donc le principe des civilisations tunisiennes ?

Pour les uns, une société est l'œuvre d'une race ; pour les autres, elle est l'œuvre d'un dieu. La transmission héréditaire des habitudes, selon les premiers ; l'obéissance à la religion, selon les seconds, tel est le principe des sociétés. Devons-nous admettre, pour les Musulmans et les Israélites tunisiens, l'une ou l'autre de ces théories ? Leur civilisation est-elle écrite dans leur chair ? est-elle dictée par leur foi ?

I.

La race arabe et la race israélite sont deux termes d'une antithèse : aucune race n'est plus mêlée que la première, aucune plus homogène que la seconde.

Il n'y a pas de race arabe. Sans doute l'imagination des Européens a construit un « type » arabe : tout Arabe aurait le teint bronzé, le poil brun, l'œil noir et le nez aquilin. Et ce portrait n'est pas de pure invention ; mais à combien d'Arabes ressemble-t-il ? Le bourgeois tunisien conserve avec plus de soin qu'une jeune fille la fraîcheur de son teint rose. Souvent il a l'œil bleu et la barbe blonde ; croira-t-on que certains sont roux ? pourtant, même sous le turban vert qui désigne les descendants du Prophète[1], on peut voir s'étaler une barbe rutilante. C'est que la race arabe s'est mêlée à toutes les races : les Musulmans ont pris femme en tout pays et les Musulmanes ont épousé des hommes de toute origine, à la condition qu'ils fussent Musulmans. Négresses ou Circassiennes amenées par les marchands d'esclaves, Européennes ravies par les corsaires ou attirées par la curiosité, belles Juives enlevées dans les rues de la ville, les femmes étrangères furent toujours nombreuses dans les harems tunisiens. Et de même les hommes, esclaves noirs ou captifs blancs : les noirs, convertis de force, pouvaient épou-

1. Et non pas, comme on le dit souvent, les Pèlerins de la Mecque : ceux-ci portent un titre (Hadj) mais n'ont pas d'insignes.

ser les filles de leurs maîtres : les blancs, après avoir renié leurs croyances, fondaient dans le pays des familles. En 1633, Tunis comptait, dit-on, trois ou quatre mille renégats[1]. Aussi tous les Arabes tunisiens ont-ils des ancêtres chrétiens. En particulier, le sang européen coule en abondance dans les veines des beys[2]. Le fondateur de leur famille, Hussein, fils d'un renégat corse ou crétois[3], avait épousé une Génoise[4] dont il eut quatre fils : c'est parmi leurs descendants que sont choisis les beys actuels. Ainsi les deux premières générations de la famille contiennent, sur quatre membres, deux Européens. Plus tard, nous notons que la mère d'Ahmed-Bey était Sarde[5]. Enfin, un fils d'Ahmed-Bey, encore vivant et voisin du trône, a épousé une Européenne. En outre, les beys ont de tout temps choisi leurs ministres parmi les renégats

1. Rousseau, *Annales tunisiennes*. p. 44. A la même date, il n'y avait que sept mille esclaves chrétiens : les conversions à l'islam étaient donc nombreuses. — Dans le chiffre des renégats, il faut compter 700 femmes.

2. Avant la dynastie actuelle, de grands personnages tunisiens avaient déjà du sang européen dans les veines : Sinane Pacha, le vainqueur des Espagnols, était, paraît-il, un Visconti. Mourad Bey qui donna au pouvoir beylical la prépondérance sur le Pacha et le Dey, était un Corse. V. Rousseau, *op. cit.*, p. 30.

3. Rousseau, *op. cit.*, p. 93. Cf. Pavy, *Histoire de la Tunisie*, p. 351.

4. Mohamed Seghir ben Yousef, *Soixante ans d'histoire de la Tunisie*, trad. Serres et Larram (*Revue tunisienne*, juillet 1895, p. 336).

5. Maltzan, *Sittenbilder aus Tunis und Algerien*, p. 54.

ou les esclaves européens. Au XVIe siècle, un renégat génois, Ximéa[1], conseille à Mouley Hussein de demander l'appui de Charles-Quint. Au XVIIe, un Florentin, Mazoul, est ministre de Ramdan-Bey[2]. Au XVIIIe, un ex-prêtre espagnol dirige les affaires extérieures de la Régence[3] et fait creuser les fossés du Bardo par des soldats français capturés à Tabarka. C'est un esclave géorgien, Moustafa Khodja qui est, en 1779, le ministre du bey Ali[4]; c'est un esclave géorgien, Chakir, qui tente en 1829 une grande réforme financière[5]. Dans les dernières années de l'autonomie beylicale tous les ministres étaient d'anciens esclaves: le général Zarouk[6] et Moustafa Khaznadar[7] étaient des mamelücks grecs; le général Kheïr-ed-Dine était un esclave circassien. Au temps de leur puissance, tous ces personnages attiraient en Tunisie des parents ou des compatriotes. Aussi n'est-il pas étonnant de rencontrer dans une même famille des représentants de trois ou quatre nations. Déjà saint Vincent de Paul était esclave dans une maison qui comprenait un mari du Comté de Nice, une femme grecque, une femme turque et une femme d'origine inconnue[8]. De même

1. Rousseau, *op. cit.*, p. 15.
2. *Id.*, p. 79.
3. *Id.*, p. 141.
4. *Id.*, p. 190.
5. *Id.*, p. 382.
6. Maltzan, *Reise in den Regentschaften Tunis und Tripolis*, t. I, p. 123.
7. *Id.*, t. I, p. 168. Le nom hellénique de Khaznadar était Calchas ou Calchias.
8. Abelly, *Vie de saint Vincent de Paul*, t. I, p. 33 et suiv.

les enfants de Moustafa Khaznadar ont des ancêtres dans tous les pays[1] : leur père et ses ascendants étaient Grecs ; leur mère, sœur d'Ahmed-Bey, était, comme celui-ci, fille d'un Turc et d'une Italienne. Du Caucase au Maroc et de la Provence[2] au Soudan, toutes les races ont fourni des éléments à la race des Musulmans tunisiens.

Au contraire, la race israélite est homogène. Ni les Juifs n'épousent des étrangères, ni les Juives des étrangers. « Mêler les races dans le mariage, me disait un rabbin, c'est comme si, dans un tissu, on mêlait la laine et le lin. » — Pourtant, tous les Israélites tunisiens ne se ressemblent pas. A Tunis, tous les nez juifs ne sont pas crochus ; la plupart sont même droits et épais. En général, chez les Juifs tunisiens, les sourcils barrent le front d'une large ligne droite, le menton est court, la mâchoire dure, la barbe et les cheveux sont d'un brun sale, le teint est verdâtre, la chair flasque paraît se détacher des os, la physionomie est triste, renfrognée ; pourtant elle s'éclaire volontiers d'un sourire ironique. Le corps est mal bâti : les jambes sont trop courtes pour un buste trop long et des épaules trop larges. Mais une minorité ne répond pas à ce signalement et se rapproche des Israélites européens. A quoi tient cette différence ? C'est que tous les Israélites, avant d'arriver en Tunisie, n'ont pas subi le même destin. Les premiers, qui peut-être occupaient

1. Hirschberg, *Eine Woche in Tunis*, p. 29, note.

2. Il y a même, dans un harem tunisien, des femmes du nord de la France.

le pays au temps des Phéniciens, étaient venus de Palestine par la mer ou par la côte. A l'époque romaine, de nouveaux immigrants prirent la même route. Mais les uns s'arrêtèrent dans la Régence tandis que les autres poussaient jusqu'en Espagne. Chassés d'Espagne au XVIe siècle ils s'enfuient à Tunis ou en Italie. Et c'est d'Italie, de Livourne en particulier, que sont venues dans la Régence les colonies juives les plus récentes : aussi appelle-t-on « Livournais » les descendants des derniers immigrés, tandis qu'on réserve aux autres le nom de « Tunisiens ». Ce sont les Livournais qui ressemblent aux Israélites européens : c'est qu'ils ont pu se mêler aux variétés européennes de la race. Dans des milieux divers, Livournais et Tunisiens ont pris des habitudes diverses dont leur corps est l'expression. Leur dissemblance ne compromet pas l'unité de la race : s'ils forment deux variétés, ils ne forment qu'une espèce.

Comment une civilisation presque immuable serait-elle l'œuvre d'une race incessamment renouvelée ? Comment une civilisation protéiforme serait-elle l'œuvre d'une race homogène ? S'il est un peuple auquel l'hérédité devrait imposer des traditions, c'est le peuple juif : or, il n'a pas de traditions. S'il est un peuple auquel l'hérédité devrait inspirer l'amour du changement, c'est le peuple arabe : or, il n'aime pas les nouveautés. La race n'est donc pas le principe de ces deux sociétés.

II.

Ce principe, la religion nous le donnera-t-elle ? Suffit-il, pour avoir la clef que nous cherchons, de lire le Coran ou le Talmud ?

Tout est religieux, dit-on, pour l'Arabe. L'immutabilité relative de la civilisation musulmane paraît bien s'expliquer par la fidélité au Coran. De même l'islamisme expliquerait la décadence économique de la Régence : c'est le fatalisme, mortel pour l'activité, qui aurait vidé le « grenier de Rome ». La religion réglerait les besoins physiques, la nourriture et le vêtement des Arabes. Les lois de la famille et les lois de l'État seraient fixées par le Coran. Enfin l'intelligence est, dit-on, surveillée par le dogme : toute science laïque est bannie, et si l'art s'abstient de reproduire la vie, c'est qu'Allah le défend. La vie physique, la vie intellectuelle, la vie morale, tout aurait donc son fondement dans la religion.

Sans doute, la religion joue dans la vie arabe un rôle important. Mais il ne faut rien exagérer. Est-ce le fatalisme qui tue l'activité des Musulmans? Est-ce la religion qui règle leurs besoins économiques? Nous le chercherons plus tard[1]. Notons seulement que les institutions les plus intéressantes des Musulmans tunisiens sont contraires au dogme de l'islam. Parmi les industries arabes, une des plus importantes — elle nourrit à Tunis plus de quatre mille personnes[2], — c'est le tissage de la soie : or le Coran prohibe les vêtements de soie. Le contrat qui lie l'ouvrier agricole à

1. V. chapitres de la Richesse et de la Religion.

2. V. *La Tunisie (Agriculture, industrie, commerce)*, t. I, p. 308.

son maître est original : l'ouvrier emprunte de l'argent et, jusqu'au moment où il s'acquittera, il devra du travail à son prêteur : or le Coran interdit de tirer profit d'un prêt. Le prêt à intérêt est dans les mœurs[1] : il est condamné par la Loi. Certains propriétaires transforment leurs biens en biens de main-morte pour exclure les femmes de leur succession ou, d'une manière plus générale, pour « s'affranchir de la loi successorale établie par le Coran[2] ». L'économie politique des Arabes n'est donc pas tout entière dans le Livre Saint. — De même, l'État tunisien ne s'occupe pas d'assistance : or, le premier devoir de l'État coranique, c'est l'assistance. L'État tunisien impose aux Musulmans la capitation : or, cet impôt, le Coran le réserve aux infidèles vaincus. La politique, elle aussi, échappe donc, en partie, à l'autorité de la religion.

L'art lui échappe entièrement. C'est une question de savoir si l'islam interdit la reproduction des êtres animés. En tout cas, cette interdiction n'expliquerait pas les caractères positifs de l'art arabe : pourquoi les Arabes, si la peinture de la vie leur était défendue, n'ont-ils pas essayé de peindre la nature ? En outre, cette défense, si elle était réelle, ne s'appliquerait qu'aux arts plastiques. La religion ne rendrait pas compte de la littérature arabe. Mais cette littérature ressemble à l'art plastique : elle a les mêmes procédés[3] : si la religion n'explique pas la littérature elle n'explique

1. Berge, *De la juridiction française en Tunisie*, p. 81 : « Le prêt à intérêt est placé sous l'empire des usages locaux. »

2. *La Tunisie (Histoire et description)*, t. II, p. 23.

3. V. le chapitre de l'Art.

pas non plus la sculpture des arabesques. Et comment expliquerait-elle une littérature qui lui est antérieure? Même aujourd'hui, les Arabes ne goûtent guère que les poésies et les romans anté-islamiques. On ne peut cependant pas trouver dans le roman d'Antar l'écho des prescriptions de Mahomet! L'art des Arabes n'est donc pas un produit de l'islam.

La science et le droit, subordonnés à la religion, n'en ont pas moins subi des influences étrangères. Les savants arabes ont traduit et commenté les savants grecs. Et c'est en s'inspirant du droit romain que les commentateurs ont fixé la tradition musulmane. Car cette religion, qui prétend tout expliquer, ne suffit pas à expliquer ses propres transformations. En dépit du préjugé qui la croit absolument immuable, elle s'est développée : du Coran chaque génération retient ce qui l'intéresse, oublie les versets qui la gênent, interprète ceux qu'elle ne peut oublier[1]. Les commentateurs ne se sont pas bornés à une exégèse interne; ils ont cherché leurs commentaires non seulement dans le Coran lui-même, mais dans des sources profanes[2].

1. Sawas-Pacha, qui soutient que le droit musulman n'a pas subi d'influence étrangère, admet néanmoins que ce droit s'est modifié, suivant les circonstances; il prétend même que « le progrès est la loi de l'islam » (*Étude sur la théorie du droit musulman*, chap. II, p. 166).

2. Cf. Soignette, *Code Musulman de Khalil*, p. XLVIII. — Il est vrai que cette thèse est contestée. V. Sawas Pacha, *op. cit.* Mais il est difficile de croire que les Arabes, surtout si, comme le veut l'auteur, ils accommodent leur doctrine aux circonstances, n'aient pas emprunté les lumières de la législation romaine qu'ils rencontraient partout.

L'islamisme actuel n'a donc pas dans le Coran sa cause suffisante.

Des réflexions analogues conviennent à la religion israélite. La civilisation juive est surtout matérielle : pourtant on ne trouve dans le Talmud rien qui interdise le culte de l'art ou de la science. Admettons même que la religion défende aux Juifs de peindre des êtres vivants, elle ne les empêche pas de s'adonner à la littérature : or, la littérature paraît aussi inconnue des Juifs tunisiens que les arts plastiques. Le commerce favori des Israélites est le commerce de l'or : pourtant le Talmud prohibe le prêt à intérêt. Enfin, les Israélites savent s'affranchir, selon les lieux et les temps, des prescriptions religieuses qui gênent leurs intérêts ou leur conscience : ils oublient l'interdiction de l'usure, mais ils oublient aussi l'autorisation de la polygamie. Leur civilisation est trop souple pour s'expliquer par un texte immuable.

La religion, pas plus que la race, n'est le principe des sociétés tunisiennes.

III.

Si la cause de la vie sociale n'est ni la somme des forces inconnues qui ont modelé le corps des ancêtres ni la force mystérieuse dont l'homme croit sentir l'action sur son âme, il reste que cette cause soit, entre ciel et terre, dans la conscience des humains. Cherchons donc dans l'âme des Musulmans et des Israélites l'explication de leur société.

Mais, avant de tracer le portrait de ces deux peuples, je dois prier le lecteur de n'y voir ni apologie ni satire.

La langue psychologique emploie dans un sens purement scientifique des expressions auxquelles l'usage attache un sens moral : lorsqu'elle constate, on croit qu'elle juge. Quand un physicien parle de la « chute » des corps, on sait bien qu'il ne s'agit ni d'une déchéance ni d'un péché : de même en lisant cet ouvrage ne cherchez ni les qualités ni les défauts mais les caractères des deux peuples : aux dernières pages seulement, on pourra porter un jugement sur leur valeur. D'autre part, les nécessités de l'analyse m'obligeront à isoler les divers traits de ces deux physionomies : or isoler, c'est exagérer ; on pourrait donc, surtout au début, me reprocher des inexactitudes[1] ou des injustices. J'espère qu'en groupant les détails on se persuadera que cet ouvrage n'est écrit ni pour flatter ni pour insulter, mais qu'il est inspiré par cette espèce d'impartialité qui résulte d'une sympathie également vive pour des hommes également hommes.

*
* *

L'âme arabe est tout entière attirée vers le passé : ce trait suffit à la définir, car on en peut déduire tous les autres.

L'Arabe ne paraît pas actif. La lenteur de ses mouvements stupéfie les touristes : de leur côté les Musulmans raillent notre allure fiévreuse. Sous les voûtes et

1. Je serai reconnaissant à quiconque me signalera des erreurs : malgré toutes les précautions, il est possible que l'ignorance de la langue arabe m'ait exposé à des méprises.

sur les trottoirs, les misérables passent le jour et la nuit dans le sommeil. Le bourgeois, levé de bonne heure, il est vrai, vaque à ses affaires pendant la matinée, déjeune, fait la sieste, visite ses amis, et le soir jusqu'à une heure tardive, écoute au café la lecture d'un roman ou dirige dans sa maison la conversation de ses invités : sa vie n'est guère plus active que celle d'une femme dans la bourgeoisie européenne. Les marchands, au souk[1], sont plus immobiles dans leur boutique étroite qu'une statue dans sa niche. Tout ce peuple est-il donc inerte ?

Pourtant, les cordonniers, les selliers et les tisserands travaillent sans relâche. Ce n'est pas l'ouvrier musulman qui déserterait l'atelier pour « aller prendre un verre ; » il lui suffit, par instants, de boire une gorgée d'eau à la cruche déposée dans un coin. Même aux heures des repas, il n'abandonne pas ses outils : il envoie un apprenti prendre un plat à la gargotte voisine ; puis il demande une tasse de café au marchand qui promène dans le souk son fourneau tout allumé. La journée finit tard ; souvent à neuf heures du soir, dans la rue de la Casbah, le marteau de cuivre des cordonniers résonne encore au milieu du silence. Pendant le Ramadan, la journée, interrompue par une sieste que le jeûne rend nécessaire, se prolonge jusqu'à dix ou onze heures du soir ; les touristes attirés par les fêtes de la place Halfaouine peuvent, à quelques pas de là, entendre le bruit des métiers et se convaincre que le carême ne paralyse pas l'activité de tous les Musul-

1. Quartier commerçant et industriel.

mans. — Il reste vrai néanmoins que les Arabes montrent moins d'activité que les Européens. C'est que pour agir il faut désirer ; pour désirer, prévoir : l'intelligence doit former un projet avant que la volonté l'exécute. Si l'action est rare, c'est que la prévision fait défaut.

L'action chère aux Arabes, c'est l'action impulsive : s'ils ne sont pas attirés par le désir, ils sont souvent poussés par l'instinct. Ce caractère s'est manifesté surtout pendant leurs guerres : leur énergie était violente mais passagère, comme toute énergie instinctive. Leur courage n'était pas excité par le désir de réaliser, coûte que coûte, un dessein préconçu, mais par une sorte d'impulsion téméraire et irréfléchie. Dans la paix, leur activité n'est pas différente ; elle est improvisée : ils tâchent de résoudre, à mesure qu'ils se posent, les problèmes de la vie ; ils inventent des compromis subtils pour écarter des difficultés que la prévision aurait pu prévenir. Le mode, comme le degré de leur activité, s'explique donc par l'ignorance de l'avenir.

Les sentiments viennent de la même source. On reproche à l'Arabe sa déloyauté : il ne tiendrait pas ses promesses : fixez-lui un rendez-vous, il n'est pas sûr qu'il y vienne ; réciproquement, s'il vous invite à dîner, ne soyez pas surpris de trouver « visage de bois » ; l'aventure est arrivée au baron de Maltzan en 1868, à deux de mes amis en 1893. Est-ce à dire que les Musulmans manquent de parole ? Non, car ils sont eux-mêmes victimes de leur défaut. Pendant un voyage dans l'intérieur de la Régence, j'avais reçu d'un jeune Arabe l'accueil le plus amical ; un soir, il me proposa pour le lendemain une excursion intéressante et me promit des chevaux. A l'heure dite, les chevaux, comme leur maître, étaient absents. Un événement futile, mais imprévu, avait empêché mon hôte de tenir sa promesse. A dire vrai, je ne comptais guère sur lui, car je savais que le pauvre garçon avait rompu deux mariages pour avoir eu, le jour fixé, des empêchements imprévus! Son cas doit nous servir à interpréter des faits analogues : si l'on ne peut pas se fier aux Arabes, ce n'est pas qu'ils manquent de loyauté, c'est qu'ils manquent de prévoyance. Les Arabes ne devraient jamais engager l'avenir ; mais précisément parce qu'ils l'ignorent ils sont enclins à l'engager ; puis, la moindre difficulté les trouve pris au dépourvu. C'est parce qu'ils ignorent l'avenir qu'ils promettent aux usuriers des intérêts exorbitants ; l'essentiel, c'est qu'on leur prête de l'argent ; c'est le besoin présent qui les pousse ; quant à l'avenir, qui le connait? Et l'avenir, c'est la ruine. Ils sont donc victimes de leur défaut intellectuel : ne le prenons pas pour un vice moral.

Les ennemis mêmes des Arabes avouent que leur cœur est généreux. Leur hospitalité est proverbiale. Leur charité, moins connue, n'est pas moins grande. Souvent des Arabes de condition médiocre donnent sans compter aux mendiants des rues ; les philanthropes sont nombreux et les revenus de la bienfaisance privée s'élèvent chaque année à près d'un million. On comprend que des hommes imprévoyants soient désintéressés ; la prévision engage à calculer, à garder pour les mauvais jours les bénéfices des temps heureux. Mais l'Arabe ne fait pas ce calcul. Bien que l'éducation européenne éveille souvent des désirs utilitaires, il est rare que les jeunes Musulmans élevés dans les écoles françaises fassent le compte des profits qu'ils tireront de leur instruction : c'est qu'ils ne songent pas à l'avenir. Dans une classe de quinze élèves[1] ayant à traiter des bienfaits de l'éducation, un seul parle de l'avenir. Encore s'exprime-t-il en termes mystérieux : « quand on est déjà d'un certain âge, dit-il, on doit penser à son avenir, à cette époque de la vie inconnue, insondable, qui nous échappe... Nos pensées s'y perdent comme dans une nuit obscure. » Des Israélites ou même des Français du même âge auraient percé le mystère de l'avenir et, en termes plus ou moins crus, auraient déclaré : l'instruction nous rapportera de l'argent. Ou si, parmi eux, quelque poète avait méprisé ce calcul, sa rêverie n'en aurait pas moins créé une image de l'avenir et construit des châteaux en Espagne. L'Arabe est rêveur, mais sa rêverie ne se perd pas dans l'avenir : elle est faite de souvenirs plus que d'espérances. Généreux, charitable et désintéressé, l'Arabe doit tous ces caractères à son imprévoyance.

S'il ignore l'avenir, il connaît le passé. Il aime ce qu'il juge ancien et il juge ancien ce qu'il aime. Il a le culte du vieux. Sa morale vient de ce culte : être

1. Je remercie M. Remy, professeur au collège Sadiki, d'avoir bien voulu me communiquer le résultat de cette expérience. Remarquez qu'elle est faite sur des enfants de treize à quatorze ans : elle n'aurait pas réussi sur des élèves plus âgés, à qui le contact des Français aurait donné plus d'égoïsme et plus d'ambition.

fidèle au passé, être fidèle à ses propres habitudes, modeler ses actions présentes sur ses actions antérieures, établir, pour son propre compte, une jurisprudence immuable, tel est l'idéal de la conduite. Aussi l'habitude donne-t-elle à la vie de l'Arabe de la continuité : il paraît ferme dans ses desseins, et cette fermeté, bien qu'elle soit parfois poussée jusqu'à l'entêtement, fait la dignité apparente du caractère musulman.

L'Arabe a conscience de cette dignité : aussi est-elle chatouilleuse : les reproches et les louanges font sur l'esprit des Arabes une impression plus vive que sur le nôtre. La plus petite critique, quand ils la lisent dans un journal français, excite leur ressentiment ; le moindre éloge excite leur enthousiasme. Un jour que le Résident de France avait publiquement conseillé à ses compatriotes d'étudier la civilisation arabe, un Musulman distingué, ravi de cette marque d'estime, en concluait que tout abîme allait se combler entre Arabes et Français : « Nous ne formons qu'une nation ! » me disait-il. Cette exagération n'était ni une flatterie ni une hypocrisie : elle répondait à l'excès de plaisir que l'éloge avait produit. Cette sensibilité à l'éloge et au blâme peut s'expliquer. L'homme qui vit dans l'avenir oublie les torts qu'il a subis, les bienfaits qu'il a reçus. Le passé est passé : la reconnaissance et la rancune sont également inutiles. Au contraire, l'Arabe qui vit dans le passé, n'oublie rien du bien ni du mal : aussi sa dignité se fait-elle gracieuse avec ses amis, hautaine avec ses ennemis, mais dans les deux cas elle résulte de la puissance des souvenirs.

Tout se ramène donc à ce trait : l'Arabe a les yeux fixés vers le passé, le dos tourné à l'avenir.

*
* *

L'âme juive est orientée vers l'avenir comme l'âme arabe vers le passé. Le calcul est de l'essence du Juif comme l'insouciance est de l'essence du Musulman. Autant l'un rêve, autant l'autre peine. Et ce travail intense n'est pas instinctif, il est voulu, il est consciemment destiné à assurer l'avenir.

On a mis tous les crimes au compte des Israélites tunisiens. On leur reproche de sacrifier à Mammon leur dignité personnelle et l'honneur de leur famille. Quand le fait serait exact, il faudrait l'interpréter sans passion. La prostitution tolérée, autorisée, ordonnée peut-être par les parents n'est pas un privilège des Juifs tunisiens : c'est une honte commune à tous les quartiers pauvres des grandes villes ; or, aucune ville ne renferme de plus lamentable misère que le quartier juif de Tunis. — Mais, si pauvre qu'il soit, un Arabe, dit-on, ne songe pas à cet expédient. — C'est que l'Arabe, de bonne heure, peut tirer un profit légitime du mariage de sa fille : n'y a-t-il pas des cas où le mariage d'une fille arabe à peine nubile ressemble au trafic qu'on reproche aux Israélites ? Il ne faut donc pas attribuer à la cupidité les effets de la misère. La cupidité des Juifs, réduite à ses proportions exactes, vient de leur prévoyance.

La prévoyance, si elle est avare, est surtout égoïste : l'homme trop prévoyant doit oublier autrui. Si étrange que le fait paraisse à ceux qui voient dans Israël une vaste franc-maçonnerie, le Juif tunisien, avant notre arrivée, n'était pas même charitable pour ses coreligionnaires. Sans doute nous trouverons, parmi les institutions israélites, une sorte d'assistance publique, mais la charité privée n'est à la mode que depuis quelques années. Au contraire, les querelles sont éternelles. Déjà Maltzan remarquait, à son grand étonnement, ce défaut de solidarité : il raconte l'histoire d'un banquier juif volé par son propre cousin[1] ! Aujourd'hui encore les procès entre Israélites sont nombreux. Et pourtant, les Juifs tunisiens ont pris des mesures pour atténuer la concurrence vitale et réprimer leur égoïsme naturel.

Préoccupés de l'avenir, les Juifs oublient le présent. Ils paraissent mépriser tout ce qui donne son charme à la vie[2]. Autant les Arabes sont soigneux de leur personne, de leur vêtement, de leur maison, autant les Israélites sont négligents. Leur quartier représente celui des Mangeurs de choses immondes. Sauf le samedi, leur personne est aussi malpropre que leur quartier. Même le samedi, leur costume révèle leur dédain de la beauté. Ils assemblent au hasard les couleurs de leurs vêtements : des gilets orangé crient sur le bleu des burnous : quel contraste avec les gammes savantes des costumes musulmans ! Dans l'aversion que les Juifs inspirent aux Arabes il doit y avoir du dégoût esthétique.

1. Maltzan, *Reise...*, t. I, p. 77.

2. Il s'agit, bien entendu, des Juifs qui n'ont pas subi l'influence européenne.

Indifférents au présent, les Israélites ignorent le passé. Aussi pardonnent-ils volontiers les avanies qu'il ont subies. On leur en fait un nouveau crime ; on les accuse de lâcheté. Mais cette lâcheté n'est pas une faiblesse morale ; c'est une conséquence de leur tour d'esprit. — Le Juif pardonne aussi volontiers l'offense qu'il a faite que celle qu'il a reçue. Les marchands juifs, comme beaucoup d'autres, croient légitime de tromper le client : les affaires sont les affaires ! Mais le volé reçoit l'accueil le plus aimable : déjà le marchand ne songe plus au tort qu'il a causé : sa conscience est tranquille : il est tout entier à ses affaires futures. — L'avenir, tel est donc le centre vers lequel convergent toutes les tendances de l'Israélite tunisien, comme le passé est pour l'âme arabe l'unique foyer d'attraction.

On pourrait dire que l'âme arabe et l'âme israélite s'excluent mutuellement. D'autre part, il n'est pas besoin de décrire le caractère des Européens pour voir qu'il ne ressemble ni au caractère musulman ni au caractère israélite[1].

1. A l'exception de certains groupes, les Européens de Tunis ont le même caractère que les Européens d'Europe. Le portrait qu'en trace Maltzan (*Sittenbilder*, p. 55 et suiv.) ne s'appliquerait aujourd'hui qu'à un petit nombre d'Européens noyés dans la masse des nouveaux immigrés. L'absence du sentiment de l'honneur, la fatuité, la coquetterie, l'amour du galon et des décorations sont de ces traits qui sont parfois ajoutés au caractère par les circonstances, mais qui ne suffisent pas à définir une âme. Dans ses tendances essentielles, l'âme européenne ne présente pas à Tunis de variantes importantes ; il est donc inutile de la décrire.

IV.

Comment ces trois âmes expliquent-elles les trois civilisations? Ne nous reprochera-t-on pas de prendre l'effet pour la cause? L'imprévoyance des Musulmans, par exemple, est en général expliquée par leur religion fataliste. A moins d'entendre par « âme » une entité métaphysique, il faut bien avouer que le caractère d'un peuple subit l'influence de l'hérédité et de la religion.

Sans doute, le mot « âme » ne désigne ici que des combinaisons originales de croyances et de coutumes, des groupes de tendances communes à la plupart des Arabes ou des Israélites : il ne s'agit pas de cette « conscience collective » et permanente, de cet être de raison, universel et éternel, dont parlent aujourd'hui certains sociologues. Aussi les habitudes mentales qui composent les âmes peuvent-elles être modifiées par des influences ethniques ou religieuses. Mais ces influences elles-mêmes ne sont que des causes secondaires, car la race et la religion dérivent d'une tendance primordiale de l'esprit.

Nous montrerons plus tard comment les caractères de la race et de la religion israélites[1] s'expliquent par le souci de l'avenir. Mais, comme les partisans de la doctrine que nous combattons insistent surtout sur le cas des Musulmans, il faut montrer, dès maintenant, que

1. V. ch. de la Famille et de la Religion.

l'imprévoyance musulmane n'est pas l'effet de l'islam et qu'elle a fixé les caractères de la race arabe.

« Avant l'islam, dit le général Daumas, les Arabes avaient la prétention de connaître l'avenir avec certitude, bien différents de leurs descendants qui se font un scrupule de prédire du jour au lendemain un changement atmosphérique ». Il en donne pour preuve le goût des Arabes primitifs pour le hasard : avant de prendre une résolution, ils consultaient le sort, ils jetaient en l'air un sabre sur la lame duquel étaient écrits, d'un côté, ces mots : « Dieu l'a ordonné ! » de l'autre : « Dieu l'a défendu[1] ! » Cette pratique avait pour eux tant d'attrait que Mahomet l'interdit aussi rigoureusement que l'idolâtrie, les jeux de hasard et les boissons fermentées[2]. Mais prouve-t-elle que les Arabes anté-islamiques avaient de l'avenir une connaissance précise ? Au contraire : l'avenir était déjà pour eux le grand mystère ; mais ils l'expliquaient par la toute-puissance du hasard au lieu de l'expliquer, comme aujourd'hui, par la toute-puissance d'Allah. Une théorie religieuse a remplacé une théorie superstitieuse, mais l'incapacité de prévoir n'était pas moindre avant qu'après le Prophète. La religion n'a pas créé, elle n'a pu que fortifier ce trait essentiel du caractère arabe.

D'autre part, on comprend que des éléments d'origine variée aient pu se fondre dans la race arabe. Dans la civilisation musulmane, tout homme trouve la

1. V. Daumas, *La Vie arabe*, p. 15.
2. *Id.*, p. 29.

satisfaction d'un désir universel, le désir de vivre sans effort. Éviter de prévoir, c'est éviter l'effort : la prévision, source de nos progrès, est aussi la source de nos peines. Combien de fois voudrions-nous éviter de prévoir les suites de nos actions ou des actions d'autrui ? Ce regret de l'avenir est plus cruel que le regret du passé : tandis que le souvenir des douleurs n'est pas toujours douloureux, l'attente d'une douleur est toujours pénible, plus pénible parfois que la douleur elle-même. Les Musulmans s'épargnent ces souffrances. Aussi leur sort peut-il être envié par des hommes que l'hérédité n'a pas prédisposés à communier avec leur âme. L'homme affranchi de la loi d'inertie qui tend à nous entraîner tous est exposé à lui obéir à la première occasion. La civilisation de l'Europe nous force à prévoir ; c'est qu'elle nous élève au-dessus de notre nature comme un treuil soulève une pierre malgré la pesanteur. Que la corde casse, et la pierre retombe. Qu'on soit soustrait pour un temps à l'influence de la civilisation européenne et l'on retombe dans l'imprévoyance musulmane. Combien d'Européens, même en Europe, sont plus Musulmans que les Arabes tunisiens ! Il n'est donc pas étonnant que des éléments hétérogènes se soient glissés en grand nombre dans la race arabe : le caractère de cette race s'explique par le caractère de cette âme.

Œuvres de l'âme, la race, la religion et aussi la politique, ont réagi sur l'âme ; elles ont multiplié chez les Arabes l'imprévoyance, chez les Israélites la prévoyance naturelles. Mais quelle que soit l'importance de ces causes secondes, elles doivent être ramenées à leur principe psychologique.

Cette prépondérance du principe psychologique nous fournit un fil conducteur dans l'étude des trois civilisations tunisiennes, de leurs contrastes et de leurs rapports. Si l'âme des peuples explique leur civilisation, il faut étudier d'abord le langage qui traduit cette âme, ensuite les divers besoins qu'elle éprouve : à chacun d'eux doit répondre un groupe d'institutions. Appétits individuels, sentiments domestiques, sentiment national, sentiment religieux, aspirations intellectuelles, telle est, en bref, la hiérarchie de nos tendances. Après avoir examiné les langues parlées à Tunis, nous aurons donc à décrire la richesse, la famille, l'État, la religion et l'art des Tunisiens.

CHAPITRE II

LES LANGUES

L'unité de langage est nécessaire à la vie sociale : comment elle se prépare à Tunis.

Trois âmes parlent au moins trois langues. En effet, on emploie à Tunis, sans compter les idiomes soudaniens, l'arabe et l'hébreu, le français et l'italien, le grec et l'anglais. Comment la vie sociale y est-elle possible ? Pour que les hommes vivent en commun, n'est-il pas nécessaire qu'ils se comprennent les uns les autres ? Comment cette Babel est-elle une cité ?

L'assimilation des langues peut se faire de trois manières : ou bien l'une triomphe ; ou bien toutes sont parlées par tous ; ou bien de leur rapprochement naît une langue nouvelle. De ces trois méthodes, laquelle prévaut à Tunis ?

Tant qu'Arabes et Juifs furent seuls en présence, la langue arabe dut l'emporter. Fidèles à leurs habitudes, les Arabes ne voulaient pas échanger leur langue contre une langue de la même famille. Fidèles au Coran, ils ne voulaient pas abandonner la langue du Coran. Les Juifs durent donc abandonner la langue de la Bible : l'hébreu fut réservé aux cérémonies religieuses. Aujourd'hui, combien d'Israélites tunisiens comprennent l'hébreu ? on le lit, comme nos dévotes lisent le latin, mais l'esprit pense en arabe tandis que les lèvres parlent en hébreu ; les livres de prières contiennent des traductions arabes du texte hébraïque comme nos livres de messe contiennent, en regard du texte latin, la traduction française. L'hébreu a donc presque entièrement disparu ; sans un défaut de prononciation habituel sinon universel (les Juifs sifflent le son *ch*), on ne pourrait pas distinguer, à les entendre, un Israélite et un Arabe.

Mais, dès que les Européens arrivent en Tunisie, les trois procédés d'assimilation sont simultanément employés. Des langues nouvelles se créent. Déjà les Maltais, nombreux dans la ville, avaient importé leur dialecte hybride, mi-sicilien, mi-arabe. Mais à Tunis même, du mélange de toutes les langues s'est formé un patois qui fait la joie des mauvais plaisants et qui ferait le désespoir des philologues, le *sabir*. Enfin, chaque langue s'enrichit au contact de ses rivales : l'arabe populaire acquiert nombre de mots français ou italiens, destinés à désigner les objets d'origine européenne. Réciproquement, l'italien et le français empruntent quelques mots à l'arabe [1]. Voilà plusieurs tendances vers une sorte de fusion des divers idiomes tunisiens.

D'autre part, les polyglottes sont nombreux. Les

1. On pourrait remarquer que les Arabes nous empruntent surtout des noms d'objets artificiels (*caroussa*, voiture, *sourdi*, sou, etc.), tandis que nous leur empruntons surtout des noms d'hommes (*lascar*, soldat ; *maboul*, fou, etc.) Leur langue avait besoin de ces mots nouveaux, mais la nôtre ?

Grecs de Tunis parlent tous l'italien ou le français ou l'arabe. Beaucoup d'Israélites parlent de même l'italien ou le français. Enfin les nécessités de la vie sociale enseignent aux Arabes quelques mots de français, aux Français quelques mots d'arabe. Ces mots expriment trois genres d'idées : des chiffres, des injures, et des politesses. Compter, insulter, saluer, voilà sans doute les trois actions les plus nécessaires à la vie commune, car les mots qui les désignent sont les premiers que les hommes se transmettent. En effet, dès que les Européens débarquent en Tunisie, ils entrent en relations d'affaires avec des indigènes, ne serait-ce que pour acheter leur sucre et leur café : or, pour faire du commerce, si humble qu'il soit, il faut savoir compter : aussi le Français le plus novice et l'Arabe le plus récalcitrant savent-ils au moins dans les deux langues la série des nombres jusqu'à dix. Puis, sans se connaître encore, on peut avoir des relations dans la rue : on se marche sur le pied, on doit céder le pas, on se heurte ou l'on se gêne : persuadé que l'adversaire ne comprend pas ou désireux de lui exprimer un mécontentement énergique, on se laisse aller, des deux côtés, à proférer un juron. Enfin, le Français installé dans la ville ne tarde pas à échanger le salut avec ses voisins musulmans. Voilà pourquoi l'Arabe qui commence à parler français compte, jure et dit bonjour : beaucoup de Français n'en disent pas plus en arabe. Pendant longtemps encore, il sera nécessaire, à Tunis, d'apprendre plusieurs langues[1].

1. Aussi l'arabe est-il enseigné : 1° aux adultes (futurs

Le polyglottisme aura vécu le jour où l'une des langues rivales sera connue de tous. Seul le français peut espérer cette victoire, car il fait seul des progrès. Bien que les Italiens entretiennent des écoles et un collège, leur langue ne fait pas de conquêtes : elle cherche seulement à conserver ses positions. Dans certaines colonies italiennes de l'intérieur, des instituteurs français seraient bien accueillis. A Tunis même, le nombre des élèves diminue dans les institutions italiennes. Au contraire, le nombre des Italiens qui fréquentent nos écoles augmente sans relâche : il était de 795 en 1885 et de 2,334 en 1895[1] : en dix ans, il a triplé. De même les Musulmans sont en 1895 cinq fois plus nombreux qu'en 1885 : 3,585 au lieu de 732. De même enfin, les élèves juifs des deux sexes qui, en 1885, étaient au nombre de 1,879 dans les écoles publiques et dans l'école de l'*Alliance israélite*, seraient en 1895, au nombre de 3,914[2]. Comme les Juifs sont, dans la

colons ou futurs fonctionnaires) dans un *cours public ;* 2° aux enfants dans toutes les écoles. En outre, il a été institué, au lycée, un « enseignement moderne *tunisien* » dans lequel les élèves doivent apprendre *trois langues vivantes :* l'arabe, l'italien et l'anglais (langue officielle des Maltais), c'est-à-dire les trois langues utiles aux commerçants tunisiens.

1. *Statistique générale de la Tunisie* (1881-1892), p. 120. — V. note lue à la conférence consultative par le Directeur de l'Enseignement (*Dépêche tunisienne*, du 25 novembre 1895).

2. Ce chiffre paraît inférieur à la réalité, car d'autres documents, également officiels, donnent pour l'année 1893 le chiffre de 4,611 ; pour 1892, celui de 3,999. Et l'on ne voit pas quelle cause aurait diminué dans une si forte proportion le nombre des élèves israélites. Ou bien les chiffres antérieurs

2

Régence, vingt fois moins nombreux que les Arabes, on voit qu'ils manifestent plus vivement que les Arabes le désir de parler notre langue. En outre, les jeunes Musulmans risquent de perdre les connaissances acquises à l'école : leurs femmes ne comprendront pas le français (dix-sept Musulmanes seulement, en 1895, fréquentaient nos écoles) : ils seront donc obligés d'oublier notre langue dans leur famille. Au contraire, les Juives sont dans nos écoles aussi nombreuses que les Juifs (1,713 filles et 2,201 garçons en 1895) : les jeunes Juifs trouveront des femmes parlant français et ils pourront conserver l'usage de notre langue. Définitives ou provisoires, les conquêtes du français sont évidentes.

Comment sont-elles préparées ? La conquête des Israélites est facile : il suffit d'ouvrir un cours ou une bibliothèque pour les voir accourir. La moitié des élèves du lycée français est israélite ; la bibliothèque française et la bibliothèque populaire[1] n'ont guère d'autres lecteurs que des Juifs. Mais pour gagner les Arabes il a été nécessaire d'allier la politique à la pédagogie. Les pouvoirs publics usent de leur autorité pour engager les Musulmans à apprendre le français : c'est ainsi qu'on a introduit une épreuve de français dans l'examen que subissent les étudiants de l'Université musulmane pour être dispensés du service militaire ; de ce fait, cinq cents recrues environ seront

sont exagérés, ou bien le chiffre donné pour 1895 est insuffisant.

1. Fondée par l'Alliance française.

faites chaque année par notre langue[1]. D'autre part, les caïds favorables à l'influence française contraignent parfois leurs administrés à envoyer leurs fils à l'école française. Enfin, on a trouvé le moyen d'intéresser les maîtres des écoles coraniques au succès des écoles françaises : le gouvernement leur paie, en effet, une indemnité proportionnelle au nombre des élèves qu'ils envoient à nos instituteurs[2]. Les hommes politiques de la Tunisie ont trouvé d'habiles moyens pour augmenter le nombre de nos élèves musulmans[3].

Mais une bonne pédagogie serait la meilleure des politiques. Si l'étude du français est pénible, aucun artifice ne réussira à gagner les Arabes. L'essentiel est donc de faciliter cette étude. Dans cette intention, le Directeur de l'Enseignement public en Tunisie a écrit lui-même des ouvrages modestes, mais ingénieux[4] : il a classé les mots français en dix ou onze catégories, selon les difficultés de l'orthographe et de la prononciation : le jeune indigène apprend d'abord les mots dont toutes les lettres se prononcent, puis ceux dans lesquels une lettre ne se prononce pas,

1. *La Tunisie (Histoire et description)*, t. II, p. 216.

2. Depuis deux ans, on a fondé une sorte d'école normale pour ces maîtres d'écoles coraniques, et l'étude du français est inscrite au programme de cette école.

3. Parmi les moyens analogues il faut encore citer celui qu'emploie l'*Alliance française* qui a établi à Tunis des cantines scolaires destinées à fournir des portions aux écoliers pauvres : la soupe fait passer le français. — Les portions sont distribuées aux indigents de toute race.

4. *Livrets de lecture*, par L. Machuel.

et ainsi de suite jusqu'aux mots les plus difficiles. L'esprit n'est pas rebuté, dès les premières leçons, par les mystères de notre orthographe ; la langue française lui paraît simple : il l'étudie volontiers. La méthode est donc bonne. Peut-être cependant attache-t-on trop d'importance à l'orthographe. Il ne faut pas croire que les langues conquérantes soient nécessairement celles dont l'orthographe est phonétique. Aucune langue ne fait plus de progrès que l'anglais : les doit-il à la simplicité de son orthographe ? Il les doit à l'emploi d'une méthode naturelle : ce n'est pas par les yeux, c'est par les oreilles que la langue anglaise pénètre dans les esprits. De même si nos instituteurs brûlaient leurs livres et enseignaient le français par la parole, ils verraient s'évanouir les prétendues difficultés de notre langue. Nous parlons avant de lire ou d'écrire : pourquoi ferions-nous lire les jeunes Tunisiens avant de leur apprendre à parler ? Et pour apprendre à parler il suffit d'associer les noms français avec les objets qu'ils désignent. On commence à pratiquer cette méthode : comme les maîtres n'ont pas sous la main tous les objets dont ils doivent indiquer le nom à leurs élèves, le directeur de l'enseignement leur a fait distribuer des tableaux qui représentent ces objets. Ce procédé est par malheur insuffisant. Aussi la plupart des instituteurs sont-ils obligés, pour étendre le vocabulaire de leurs élèves, d'évoquer des objets devant leurs yeux à l'aide des noms arabes qu'ils traduisent ensuite en français. C'est la méthode que nous employons, en France, pour apprendre toutes les langues. Elle est mauvaise, car elle renverse l'ordre suivi par la nature : quand l'enfant apprend sa langue maternelle il associe directement l'objet et son signe ; quand nous lui enseignons le français, nous associons l'objet au nom arabe, puis le nom arabe au nom français : le lien n'est pas immédiat entre l'objet et le signe. L'enfant veut-il parler dans sa nouvelle langue ? il devra faire une double opération : exprimer l'objet en arabe, traduire le mot arabe en mot français. Il aura donc toujours plus de peine à parler le français que l'arabe. De même, tant qu'on ne parvient pas à « penser en latin », il est pénible d'écrire ou de parler en cette langue. L'idéal serait donc que les objets fussent directement désignés en français par le maître. On aura facilité l'étude du français quand on aura remplacé la méthode livresque par la méthode orale et quand on aura banni les mots arabes de l'enseignement du français : acquise comme une langue maternelle, la langue française sera plus attrayante et plus chère aux Arabes ; son triomphe définitif est à ce prix.

Ce triomphe doit-il être la mort des autres idiomes ? Rien ne serait plus regrettable : pourquoi laisser mourir un seul des instruments créés par la nature pour produire la beauté ? Un jour viendra où l'on voudra faire revivre l'arabe ou l'hébreu comme le provençal : conservons-les donc pour nous épargner le miracle d'une résurrection. Laissons aux Tunisiens le soin d'entretenir le culte de leur langue : elle doit subsister, au même titre que le latin ou le grec, pour conserver son antique littérature. Mais si plusieurs langues littéraires peuvent subsister, l'unique langue sociale doit être et sera le français.

Quand tous les Tunisiens parleront français, tous auront-ils l'âme française? Non, sans doute, car si trois âmes exigent trois langues, il n'est pas vrai, malgré le proverbe arabe[1], qu'une seule langue exprime une seule âme. Mais si l'unité de langage ne produit pas l'unanimité, elle rend possibles les rapports sociaux : les efforts vers l'unité que nous venons de constater font comprendre que des relations puissent exister entre les civilisations tunisiennes.

1. « Une langue, un homme; deux langues, deux hommes. »

CHAPITRE III

LA RICHESSE

La création de la richesse, but de l'activité européenne, n'est que secondaire pour les Tunisiens.

I. *Institutions économiques des Arabes.* — 1° Conserver les richesses naturelles : théorie de la propriété. — 2° Industrie ; ses méthodes. — 3° Vie économique : nourriture, vêtement, maison. — 4° État social : les classes. — Explication psychologique.

II. *Institutions économiques des Israélites.* — Échanger les richesses : le commerce. — 2° Industrie : son défaut d'originalité. — 3° Vie économique : nourriture, vêtement, maison. — 4° État social : les classes. — Explication psychologique.

III. *Influence des institutions européennes.* — 1° Sur la vie. — 2° Sur l'activité. — 3° Sur l'état social des Arabes et des Israélites. — État social des Européens de Tunis.

Sentiments réciproques inspirés par cette situation économique.

Le besoin de vivre est le plus élémentaire et le plus universel des besoins ; pourtant il inspire aux Européens, aux Arabes et aux Juifs de Tunis des institutions économiques tout opposées.

Produire de la richesse, transformer la nature par le travail, tel est le premier souci des Européens. Notre civilisation est industrielle ; chez nous, l'agriculture s'efforce d'imiter l'industrie et le commerçant paraît souvent un parasite. Si notre vie semble parfois artificielle, c'est que nous n'utilisons pas sans les élaborer les produits de la nature. De cette prépondérance de l'industrie dérive la prépondérance des industriels dans la société et la prépondérance dans l'opinion des problèmes auxquels est lié le travail. Les caractères essentiels de notre société tiennent donc au rôle que joue parmi nous le travail créateur. Au contraire, ni les Musulmans ni les Israélites tunisiens ne cherchent à créer. Conserver pour les uns, spéculer pour les autres, tel est l'idéal. Il imprime sa marque sur leur vie économique et sociale.

I.

L'économie politique n'est pour les Musulmans que l'art de conserver les richesses naturelles. La vraie richesse n'est pas l'œuvre de l'homme ; elle est un produit spontané de la nature : l'homme n'a donc pas à créer, mais à entretenir.

Si le sol tunisien portait de lui-même une abondante végétation, les Arabes n'auraient pas dépassé l'âge d'or où l'homme n'avait qu'à cueillir les fruits de la terre. Mais, en dépit de sa réputation, ce sol ne donne rien s'il n'y est pas contraint par le travail. En revanche, les animaux qu'il nourrit croissent tout seuls et donnent, sans labeur, du lait et de la laine : c'est parce que le bétail est une richesse naturelle que les Arabes sont devenus pasteurs. Aujourd'hui encore ils aiment à posséder de nombreux troupeaux répandus sur d'immenses pâturages.

De cette notion de la richesse résulte en partie l'état de la propriété musulmane. Partout où subsistent, même en France, les habitudes pastorales, on trouve des vestiges de propriété collective. Il en est de même chez les Musulmans. En théorie, tout Musulman peut, comme tout Français, refuser de rester dans l'indivision[1] ; en pratique, on fait, après tout décès, le calcul de la part qui revient à chaque héritier; mais ces parts ne sont pas toujours séparées: la communauté est souvent administrée par l'un des héritiers au nom de tous.

Pourtant la propriété individuelle[2] est plus répan-

1. V. *La Tunisie (Agriculture, Industrie, Commerce)*, t. I, p. 23 et 24. Article de M. Jules Saurin.

« Le partage n'entraîne pas la vente aux enchères... il est plus facile à réaliser que dans notre droit français. » Mais « il n'est pas rare de trouver des domaines appartenant à trente ou quarante propriétaires indivis ». C'est qu'en restant dans l'indivision on n'a pas à s'occuper de l'administration du domaine ; on n'a qu'à toucher, à la fin de l'année, sa part de bénéfice.

2. On croit souvent que la propriété privée n'existe pas en Tunisie, le bey étant seul « possesseur » du sol. C'est une erreur : 1° le souverain musulman n'est propriétaire que du sol conquis ; or le bey n'est pas souverain par droit de conquête, il est, à l'origine, élu par les officiers du Divan ; 2° le bey est si peu propriétaire du sol qu'il a ses propriétés privées, pour lesquelles il paie la dîme ; 3° mais il n'a même pas, pour ses biens privés, tous les droits du propriétaire : il ne peut pas en disposer par testament : les biens privés du bey reviennent à l'État après sa mort. — L'illusion vient : 1° des abus de pouvoir des beys : en les voyant confisquer et distribuer des domaines à leur gré, on a cru qu'ils avaient le droit d'en disposer ; 2° du titre de « possesseur » du royaume que les traductions françaises des actes officiels attribuent au souverain. Mais ce mot traduit l'arabe « Sahib » qui désigne un pouvoir sur les personnes, non un droit sur les choses.

due en Tunisie que dans d'autres pays musulmans, surtout qu'en Algérie. C'est que les Tunisiens, en plus grand nombre que les Algériens, ont quitté l'état nomade pour l'état sédentaire[1] : la propriété collective n'est chez eux qu'une survivance comme l'état pastoral lui-même : la propriété de la terre est préférée à la propriété du bétail. A quoi tient cette préférence ? C'est que la terre possède un avantage inappréciable aux yeux des Musulmans : elle est une source permanente de richesse. Si l'animal a le mérite d'être une machine automatique, il a le tort de ne pas durer. Or, les Arabes aiment ce qui dure. La richesse mobilière, l'or qui fuit sous les doigts, ne leur paraît pas être une richesse. Les paysans arabes, quand ils ont de l'argent, le convertissent en bijoux ou en lingots qu'ils enfouissent : ils immobilisent la propriété mobilière ! L'animal que les intempéries, les maladies et les voleurs peuvent enlever, est encore une richesse trop fluide. La terre, au contraire, est une richesse immuable. Une fois que la semence est dans le sillon, le laboureur n'a plus qu'à attendre la moisson : les produits de la terre sont presque spontanés. La terre est une vieille routinière qui, périodiquement, répète les mêmes actes : les Arabes devaient aimer la terre.

Tel est leur goût pour la stabilité de la richesse que l'immobilité des biens fonciers leur a paru insuffisante : ils ont créé des biens de mainmorte (ha-

1. V. *La Tunisie (agriculture, commerce, industrie)*, t. I, p. 69. En 1890, sur 138,000 habitations, on comptait 57,000 maisons et 81,000 tentes.

bous)[1]. Sans doute, les premiers habous ont été constitués dans un dessein religieux. Si le Prophète conseillait à Omar d'« immobiliser le fonds » c'était pour « employer les revenus en bonnes œuvres ». Et telle est encore la destination des « habous publics ». Mais en même temps les habous servent à assurer la stabilité de la propriété foncière. On peut constituer un habous[2] sans le consacrer immédiatement à une bonne œuvre. On désigne, dans l'acte, les personnes qui pourront jouir de la propriété : on en assure, par exemple, l'usufruit à tous ses descendants mâles : c'est seulement quand la famille s'éteint que les revenus du habous servent à une œuvre de pitié ou de bienfaisance. Quelle que soit sa destination, le habous est à jamais inaliénable. Constituer un habous, c'est donc élever à la seconde puissance l'immobilité de la propriété foncière.

La mainmorte avait des inconvénients imprévus de ses fondateurs : il fallut bientôt les éviter. Avec leur subtilité habituelle, les Musulmans imaginèrent un moyen de tourner la loi sans la violer : ils décidèrent qu'on pourrait échanger les biens habous contre d'autres terres, puis qu'on pourrait non seulement les louer, mais les céder à perpétuité sans les vendre :

1. Pour certains auteurs (V. Faucon, *La Tunisie*, t. I, p. 401) les habous couvriraient le quart du sol tunisien. Mais l'enquête commencée par l'administration ne révèle, dans le Nord, que 150.000 hectares sur quatre millions (*La Tunisie, Agriculture*, etc., t. I, p. 38). Il est vrai que la proportion est peut-être plus forte dans le Centre que dans le Sud.

2. On appelle ces habous des « habous privés ».

c'est ce qu'on appelle céder à enzel. L'enzéliste paie chaque année une redevance au propriétaire du habous. L'enzéliste n'est pas un locataire, car son titre est perpétuel ; il n'est pas propriétaire, car le habous est inaliénable. Nos magistrats ont été embarrassés pour définir, en termes de droit français, ce contrat qui n'est ni une vente ni une location[1]. C'est que ce contrat est propre aux Musulmans, peut-être aux Tunisiens[2] : ils ont trouvé un moyen terme entre la propriété aliénable et la propriété inaliénable : désireux de vendre leurs habous pour s'éviter la peine de les entretenir, mais désireux de conserver à la propriété sa stabilité, ils ont trouvé le moyen de concilier ces deux désirs contraires. Même lorsqu'ils échangent leurs biens, ils les conservent.

*
* *

Si spontanée que soit la richesse, elle réclame le travail de l'homme ; les Musulmans doivent donc avoir une industrie, mais cette industrie ne fait subir aux produits naturels qu'un minimum d'élaboration.

Ni pour découvrir ses matériaux ni pour inventer

1. Berge, *De la juridiction française en Tunisie*, p. 17 : « démembrement de la propriété par la séparation entre le domaine utile qui est aliéné et le domaine éminent qui ne l'est pas ». — Cf. *Journal des tribunaux français en Tunisie*, t. V, p. 117, note. — Cf. t. V, p. 83.

2. Même *Journal, loc. cit.* — Pourtant des contrats analogues existent en Algérie : V. *La Tunisie, Histoire et Description*, t. II, p. 25, fin de la note.

ses outils l'ouvrier musulman ne se torture l'esprit : il prend ce qu'il trouve. Les Arabes n'ont pas élevé d'autres animaux ni cultivé d'autres végétaux que ceux qu'ils ont rencontrés sur le sol tunisien. Ils n'ont pas acclimaté d'animaux étrangers ; l'acclimatation exigerait, pendant l'été, des soins qu'ignore l'imprévoyance musulmane : on le voit par l'exemple des vaches tunisiennes dont la taille et la maigreur font pitié : il faudrait, pour les nourrir, créer des prairies artificielles ; mais toute création artificielle répugne aux Musulmans. Ils se sont donc contentés des animaux indigènes et des animaux spontanément acclimatés [1] : tel le mouton tunisien dont la queue épaisse emmagasine durant l'hiver la graisse qui le nourrira pendant la sécheresse ; tels la chèvre et le chameau qui trouvent toujours à se nourrir, l'une parce qu'elle mange tout, l'autre parce qu'il mange peu. Le succès de la chèvre en Tunisie est l'un des signes manifestes de l'imprévoyance arabe. La chèvre est le génie malfaisant de la Régence. Sans doute, elle rend des services : elle est la vache du pauvre. Mais plus que le despotisme, plus que le fatalisme elle a ruiné le pays : c'est la chèvre, en effet, qui déboise et surtout qui s'oppose au reboisement, et l'on sait quelle influence a eue sur le régime des eaux et sur la fertilité du sol

1. Le cheval même, négligé, perd ses qualités : « ce pays de 13 millions d'hectares ne peut arriver à fournir assez de sujets réussis pour satisfaire à la remonte de deux régiments de cavalerie ». (*La Tunisie, Agriculture*, etc., t. II, p. 123.) Et pourtant on connaît l'amour de l'Arabe pour le cheval.

le déboisement de la province d'Afrique. Mais la chèvre avait pour l'Arabe le grand avantage d'être acclimatée au pays et de croître seule, sans demander de soins à son propriétaire[1].

De même, si les Arabes cultivent les céréales et l'olivier, c'est qu'ils ont trouvé dans le pays des oliviers et des céréales. Ils trouvaient en même temps des charrues, des moulins, des pressoirs d'invention romaine : charrues, moulins et pressoirs[2] sont devenus arabes sans se perfectionner. La charrue n'est qu'un pieu qui gratte l'épiderme du sol[3]. Comme les Arabes, en coupant les épis, respectent les tiges[4], la terre, au temps du labour, est encore couverte de chaumes que la charrue est impuissante à détruire. Sur la route de Bizerte, à l'automne de 1895, trois charrues arabes labouraient un champ : après le passage des trois attelages, les tiges desséchées s'obstinaient à

1. La disparition de la chèvre et son remplacement par des bovidés serait non seulement le signe d'une amélioration dans l'état social des Musulmans agriculteurs, mais surtout la préface de progrès nouveaux. En 1888, il y avait plus de 427,000 chèvres dans la Régence ; en 1892, plus de 681,000 (*Statistique générale de la Tunisie*, 1881-1892, p. 265). En 1894, le nombre descendrait à 607,000 (*La Tunisie, Agriculture*, etc., t. I, p. 161).

2. V. la description de ce moulin dans Lanessan, la *Tunisie*, p. 82. — De même dans d'autres cas : la plume dont se servent les Arabes pour écrire, c'est la plume antique, le roseau (*calamus*, en arabe : « *Kalam* »).

3. V. la description dans *La Tunisie* (*Agriculture*, etc.) t. I, p. 73, 74.

4. Les Arabes n'ont pas de faux ; ils moissonnent à la faucille. (*La Tunisie, Agriculture*, etc., t. I, p. 63).

rester sur pied : elles montaient jusqu'aux cuisses des laboureurs et cachaient l'imperceptible sillon tracé par le soc. Le laboureur antique était-il plus habile? En tout cas, les Arabes se contentent de son outil.

L'industrie du vêtement, pas plus que l'industrie agricole, ne cherche bien loin ses matériaux et ses procédés. La laine des moutons est l'unique matière première [1]. Et le métier qui sert à la tisser, c'est le métier des anciens : on prétend même qu'il remonte aux Phéniciens [2]. A Kairouan, le métier qui tisse les tapis n'a pas de navette : on passe la trame à la main [3]. De même, les matières tinctoriales sont les premières venues : la grenade et la datte jouent un rôle imprévu dans la teinture tunisienne. Quant au matériel du teinturier, il est simple : « tout se fait à la main. On ne voit dans l'atelier qu'une grande chaudière encastrée dans un four en maçonnerie, quelques tonneaux défoncés et de vastes jarres qui rappellent celles d'*Ali-Baba et les Quarante Voleurs* [4] ». — Une modeste industrie du vêtement confirme encore notre thèse : les lessiveuses musulmanes n'ont pas de battoir ; elles se servent parfois d'une raquette de cactus [5] ; mais en gé-

1. Du moins les autres sont-elles fournies par le commerce étranger, non par l'industrie ou l'agriculture indigène.

2. Pauline Savari, citée par Léo Claretie, *Feuilles de route en Tunisie*, p. 53.

3. V. Fleury, *Les industries indigènes de la Régence* (*Revue tunisienne*, avril 1896, p. 181).

4. Combet, *Note sur quelques procédés de teinture en usage à Tunis* (*Revue tunisienne*, janvier 1896, p. 130).

5. Paul Arène, *Vingt jours en Tunisie*, p. 107.

néral elles se bornent à piétiner le linge. L'Arabe, pour arriver à ses fins, emploie les premiers moyens venus : les membres de son corps lui servent plus que les outils, et les outils lui sont fournis par la nature plus que par l'art.

Même méthode dans l'industrie du bâtiment. A la campagne, la seule matière employée par le constructeur, c'est le poil de chameau. A la ville, c'est la pierre des ruines antiques. Si différents qu'ils soient, ces deux objets ont un caractère commun qui les recommande à l'Arabe : ils sont sous la main. Comment ces matériaux sont-ils mis en œuvre ? On connaît déjà le métier qui tisse le poil de chameau. La pierre antique est employée telle quelle. Le maçon arabe n'a pas d'outils. Pour étendre le mortier, il ne se sert pas de la truelle mais de la main. Rien de plus amusant que de voir recrépir une maison : un ouvrier, au haut d'une échelle, applique à la main le mortier sur le mur ; un manœuvre, en bas, le pétrit et le lance à la volée, poignée par poignée, à l'ouvrier du haut : ils n'ont pas trouvé le moyen d'accrocher un seau à une échelle : c'est qu'ils n'ont pas de seau[1] : pour transporter leurs matériaux, ils emploient le panier d'alfa qui sert à tous les transports. Un même moyen sert à plusieurs fins parce que tout instrument déjà inventé a sur les autres le grand avantage d'exister : imaginé pour satisfaire un désir unique, il est employé pour satisfaire plusieurs désirs analogues, même s'il s'y prête mal, parce qu'il est moins pénible d'utiliser du vieux que de créer du neuf.

1. Pour transporter l'eau, ils se servent de *peaux de bouc :* nouvelle application de la même loi.

*
* *

Ces procédés industriels ne peuvent donner que des produits peu raffinés : aussi la vie des Arabes est-elle relativement simple.

Leurs principaux aliments sont la semoule (cous-couss) et l'huile : ce sont les seuls plats du pauvre et du paysan. Tous les matins on peut voir, sur le boulevard de la Porte-des-Filles (Bab-Benat), des malheureux s'asseoir devant une huilerie. Chacun possède, pour toute richesse, une boîte de fer-blanc rouillée, ramassée dans la rue. A un appel, ils accourent vers la porte de l'usine et tendent leur boîte : on la remplit d'huile et les pauvres diables vont reprendre leur place sur le trottoir pour tremper dans cette huile un morceau de pain mendié : c'est peut-être leur seul repas. Sans doute, ces malheureux forment une exception. Pourtant, l'huile et la semoule jouent un rôle important dans la cuisine des riches. Sauf aux jours de fête, leur menu est simple : pour unique plat, le couscouss avec quelques légumes et du mouton; pour dessert des dattes, pour boisson de l'eau. La cuisine ne peut élaborer que les rares produits de l'agriculture.

Bien que les pièces du costume soient nombreuses, l'habit n'est pas plus raffiné que l'aliment. Le vêtement propre à l'Arabe, ce n'est pas le gilet ou la veste courte, ce n'est pas même la large culotte, c'est la robe, le burnous et le bonnet : le bonnet qui se moule à la tête, la robe et le burnous qui s'adaptent aux formes du corps. Un vêtement simple et naturel, voilà ce que réclament les Arabes. Ce costume ne varie pas avec la température : les mêmes vêtements servent à toutes les fins : contre la pluie et contre le soleil, contre le vent et contre le froid, l'Arabe n'a qu'une arme, son burnous. Sans doute, il porte en été des vêtements de coton, mais il les doit au commerce juif ou européen ; le vêtement de laine est le seul vêtement national.

La même loi explique la forme extérieure et l'aménagement intérieur de la maison. Rien n'est plus simple : une cour destinée à introduire l'air et la lumière : tout autour des cubes de maçonnerie ; peu de fenêtres, une seule porte, pas de toit. Si, à l'entrée, quelque complication surprend dans les détours du vestibule, c'est que la maison ne sert pas seulement à abriter la famille mais à la cacher : l'instinct familial expliquera cette particularité [1]. Si la maison n'a pas de toit, ce n'est pas que l'Arabe ait voulu, de propos délibéré, construire une terrasse. La terrasse n'est pas utile ; elle n'est pas imposée par le climat : un toit serait en été moins chaud qu'une terrasse ; mais on n'a pas prévu cet avantage : dès lors pourquoi aurait-on bâti le mur horizontal autrement que les murs verticaux ?

La terrasse n'est pas surmontée d'une cheminée : est-ce que le climat permet de vivre sans feu ? Les Européens l'ont cru et leurs premières maisons, comme les maisons arabes, sont dépourvues de cheminées. Pourtant l'hiver, à Tunis, est non seulement humide mais assez froid : la neige n'y est pas absolument inconnue. Aussi les Européens, revenus de leur erreur,

1. V. chap. de la Famille.

n'oublient-ils plus les cheminées. Or, les Arabes sont plus que nous sensibles au froid : à la moindre dépression, on les voit frissonner : dans la rue, ils précipitent leur allure paisible et ils relèvent devant la bouche le bord de leur manteau. Pourquoi donc n'allument-ils pas de feu ? C'est qu'ils ont, pour lutter contre le froid, des moyens plus simples : ils s'enveloppent dans leurs burnous et ils s'assoient sur leurs pieds : telle est du moins l'explication qu'ils donnent de cette fameuse attitude. J'émettrais volontiers une autre hypothèse : ce n'est pas seulement pour se chauffer les pieds que les Arabes s'assoient dessus, c'est aussi parce qu'ils n'ont pour s'asseoir ni chaise ni fauteuil : le siège national, c'est le siège naturel, le sol : on le couvre seulement d'un tapis, d'une natte ou d'un coussin. Sur le sol on ne peut pas prendre d'autre attitude que celle du dormeur ou celle du tailleur : c'est pourquoi les Arabes, quand ils ne dorment pas, s'assoient sur leurs talons. Mais, quelle que soit l'hypothèse, la même loi est toujours appliquée : les meubles arabes de la maison musulmane sont rares et leur forme est toujours modelée sur des objets naturels. — Cette loi gouverne donc toute la vie économique des Musulmans.

*
* *

La prépondérance de la richesse naturelle sur la richesse artificielle n'explique pas seulement la simplicité de la vie mais la division de la société musulmane.

Si la politique n'avait pas altéré l'ordre social créé

par les institutions économiques, la classe des grands propriétaires fonciers eût toujours été la première dans l'État. Et même, l'arbitraire politique dut se plier aux croyances économiques du peuple : il ne dépouilla les grands propriétaires que pour les remplacer : que la propriété ait eu pour fondement le travail ou la violence, elle n'en est pas moins la première condition de l'estime publique en Tunisie. La classe des industriels ne jouit pas du prestige de la classe des propriétaires : aussi la plupart des industriels sont-ils en même temps propriétaires.

Le propriétaire ne cultive pas seul son domaine. Jadis il y employait ses esclaves, mais depuis cinquante ans l'esclavage est aboli [1]. Aujourd'hui, le travailleur est une sorte de métayer ; mais les conditions de son contrat varient suivant que le travail a pour objet la création ou l'entretien du domaine. S'il s'agit de défricher la terre et d'y installer une culture durable, le contrat est un modèle d'équité : au bout de dix ans, la propriété est partagée en deux parties égales, dont l'une revient au capitaliste, l'autre au travailleur [2]. Tel est le contrat usité à Sfax pour la création des olivettes. A la vérité, le cultivateur qui a « vivifié » le sol en est le vrai propriétaire suivant le droit musulman. Mais n'est-il pas étonnant que les mœurs soient si peu éloi-

1. Décret de janvier 1846.

2. V. Paul Bourde, *Rapport sur la culture de l'olivier dans le centre de la Tunisie*, p. 84. — Cf. *La Tunisie* (*Agriculture*, etc., chap. III, t. I, p. 41 et suiv.). — La proportion peut être différente : V. Ettouati, *Recueil de notions de droit musulman*, trad. Abribat, p. 167 et 168.

gnées du droit? Combien de propriétaires français abandonneraient à leurs premiers fermiers la moitié de leur domaine? C'est qu'il a fallu, pour amener les Arabes à créer, les séduire par une récompense exceptionnelle. Plus ils sont conservateurs, plus la création leur coûte : un grand intérêt peut seul les y décider : et quel salaire pouvait les séduire plus qu'une richesse stable et spontanée comme une forêt d'oliviers? Tout ce que nous connaissons du caractère arabe nous explique donc ce contrat.

Ce contrat est relativement rare : les Musulmans aiment mieux conserver que créer : ordinairement le travail sert à entretenir une terre déjà défrichée : alors le travailleur est moins bien traité. C'est en général un khamès [1], c'est-à-dire un métayer qui a droit au cinquième [2] de la récolte. Mais le khamès n'est pas, comme notre métayer, un travailleur libre. Il a cultivé jadis sa propriété, mais il s'est ruiné : pour vivre, il a dû emprunter de l'argent et des outils à un homme riche. Tant qu'il n'aura pas acquitté cette dette, il devra travailler sur la terre de son créancier. Il ne peut changer de maître que si le nouveau paie à l'ancien la somme qui lui est due : il ne change de maître que s'il change de créancier. En théorie, le contrat n'est signé que pour un an, et les deux parties ont également le droit, au bout de l'année, de le renouveler ou de le rompre. En pratique, le maître seul possède ce droit, car le khamès ne peut l'exercer qu'en payant sa

1. Pas toujours, cependant. — V. *La Tunisie* (*Agriculture*, etc.), t. I, p. 45.

2. *Cinq* se dit en arabe *Khamsa* (d'où Khamès).

dette. Aurait-il même assez d'argent pour la payer, s'il n'est pas assez riche pour travailler à son propre compte, la loi l'oblige à demeurer khamès[1]. Trop souvent, loin d'acquitter sa dette, le khamès doit demander de nouvelles avances[2]: plus la dette augmente, plus le khamès est lié à son maître. Sans doute, le khamès n'est pas un serf « attaché à la glèbe » : il n'est pas vendu avec la terre, mais il n'est pas non plus un travailleur libre : son état paraît analogue à celui du colon gallo-romain qu'une dette liait au propriétaire.

L'organisation du travail industriel ne paraît pas moins antique que celle du travail agricole. Les artisans sont groupés en corporations qui rappellent celles de notre ancien régime. D'après un décret rendu sous Kheïr-ed-Dine, l'apprenti ne devient maître qu'avec le consentement de la corporation : son patron lui

1. V. dans Bompard, *Législation de la Tunisie*, art. Khamès, décret du 25 sfar 1291, par lequel Kheïr-ed-Dine a codifié les usages locaux relatifs au Khamès. — V. art. 32.

2. Cependant le Khamès a différents moyens de s'acquitter : il exécute pour son maître des travaux non stipulés dans le contrat et payés à part ; il peut exécuter des travaux pour un autre propriétaire quand il a terminé ceux qu'il s'est engagé à faire sur le domaine de son maître : il peut ainsi amasser quelque argent. Mais en général, le Khamès est paresseux et insouciant. Il désire cependant la liberté. — V. *La Tunisie* (*Agriculture*, etc.), t. I, p. 49 : « Un de ces Khamès affranchis me conduisit un jour dans son gourbi ; là il versa devant moi une goula de blé. « Ce blé, me dit-il avec fierté, c'est celui que j'ai récolté la dernière année de mon Khamessa et je le garde précieusement en souvenir de ma liberté recouvrée » (Article de M. Saurin).

décerne d'abord un brevet de capacité, puis le candidat doit prouver qu'il lui serait préjudiciable de rester plus longtemps apprenti; cette preuve faite, les autres patrons approuvent sa promotion; enfin, le président de la corporation (amine) l'autorise à installer son atelier. Le même décret fixe les quartiers où doit se cantonner chaque corporation. D'autres règlements sont aussi gênants que ceux de Colbert: avant 1894, les fabricants de bonnets n'avaient pas le droit de les faire teindre ailleurs qu'à Zaghouan ; les chardons destinés au travail de la laine devaient avoir une longueur uniforme [1]. Tout était donc combiné de manière à conserver pieusement les traditions.

Une puissante aristocratie agricole [2], une bourgeoisie d'artisans qui sont presque tous propriétaires, des ouvriers salariés à la ville, à la campagne des métayers, des khamès à peine libres, enfin des portefaix et des lazaroni, telles sont les classes qui divisent la société musulmane : l'importance de la richesse naturelle aux yeux des Arabes fait l'importance des grands propriétaires dans la société. La théorie de la richesse explique l'état social.

1. V. Fleury, *Les industries indigènes de la Régence*, *Revue tunisienne*, avril 1896, p. 177. Je remercie M. Fleury d'avoir bien voulu me communiquer une traduction du décret de Kheïr-ed-Dine qui n'est pas cité dans les recueils de législation tunisienne.

2. Ce n'est pas à dire que les grands propriétaires aient de nombreux Khamès : « On cite à peine deux cultivateurs possédant 100 Khamès. Il y en a une vingtaine qui en possèdent 30 à 40 ». (*La Tunisie*, *Agriculture*, etc., t. I, p. 48) Mais il s'agit ici de l'étendue des propriétés.

*
* *

Cette théorie de la richesse s'explique à son tour par l'imprévoyance. Pour créer, il faut prévoir, agencer des moyens en vue d'une fin future ; pour conserver, il suffit de se souvenir. Pour chercher des matériaux et des outils en dehors de l'observation immédiate, il faut prévoir que ceux dont on dispose seront un jour insuffisants ; si l'Arabe se contente de ceux qu'il rencontre, c'est qu'il n'a pas fait ce calcul. Tous les progrès du travail humain exigent des actes de prévision. Si le chasseur devient pasteur, c'est qu'il prévoit des jours où le gibier fera défaut. Si le pasteur devient agriculteur, c'est qu'il prévoit des jours où les pâturages seront maigres. Si le laboureur devient industriel, c'est qu'il veut adapter à la variété de ses besoins les produits amorphes du sol ; mais adaptation implique prévision. Si l'industriel devient commerçant, c'est qu'il prévoit des années où les matières premières fournies par son pays ne suffiront pas à alimenter son travail.

L'Arabe n'est pas commerçant : il est moins industriel qu'agriculteur ; hier encore il était pasteur : c'est qu'il est imprévoyant.

II.

L'Israélite tunisien spécule plus qu'il ne crée ; il est commerçant plus qu'industriel, il n'est pas agriculteur.

La vraie richesse, pour lui, c'est l'argent. Sans

doute des raisons politiques l'ont empêché d'aimer la terre : les lois ne lui ont pas toujours permis d'acquérir des biens fonciers et les gouvernements, par leurs confiscations, lui en ont enlevé le désir. Mais ces causes ont cessé d'agir et pourtant le Juif tunisien préfère encore l'argent à la terre : bien qu'il achète souvent des domaines, il s'y installe rarement : il n'achète que pour revendre. Tandis que l'Arabe immobilise l'argent, l'Israélite « mobilise » la terre.

Le commerce de l'argent occupe beaucoup d'Israélites. Les banquiers juifs sont nombreux à Tunis et tous les changeurs qui alignent sur la voie publique leurs piles de gros sous sont des Juifs. Pour exercer ce commerce, ils tournent la loi qui leur interdit, entre Israélites, le prêt à intérêt. « Ils ne stipulent, dans l'obligation souscrite, aucun intérêt », mais le débiteur remet en gage un immeuble à son créancier : « celui-ci le loue à un tiers pour une somme équivalant au chiffre des intérêts promis, et le tiers le sous-loue au débiteur pour le même prix[1] ». L'intérêt payé par ce détour compliqué s'élève jusqu'à 10 1/2 0/0[2]. A quel taux doit s'élever l'intérêt des sommes prêtées aux Européens et surtout aux Arabes? Pourtant n'accusons pas trop les usuriers juifs ; les banquiers grecs et maltais, quoique chrétiens, prêtaient hier encore, prêtent aujourd'hui peut-être à des taux aussi élevés : l'argent est cher à Tunis et son commerce n'est pas le monopole des Israélites.

1. *Journal des tribunaux français en Tunisie*, t. III, p. 54.
2. *Id.*, t. V, p. 161.

S'il n'est pas leur monopole, il n'est pas non plus leur unique ressource. On oublie trop volontiers que Tunis renferme *quarante mille* Juifs, mais n'aurait que faire de quarante mille banquiers. Les Israélites font tous les commerces ; ils fournissent aux Arabes toutes les matières premières de leur industrie. De lourdes charrettes gravissent à grand'peine la rue de la Casbah : elles vont déposer, dans le magasin d'un Juif, le marbre nécessaire aux constructions arabes. Plus loin, dans le souk des cordonniers, des marchands circulent, offrant des peaux à chaque échoppe : ce sont les agents d'un commerçant juif. De même les cotonnades que les Musulmans portent pendant l'été leur sont vendues par les Juifs. De même les fils de soie qu'emploie le tisserand musulman ne sont pas produits dans la Régence : de vaines tentatives ont été faites pour cultiver le mûrier et élever le ver à soie[1] ; ce sont les Israélites qui importent la soie des tisseurs, comme le kermès et la garance des teinturiers. Enfin, les Israélites du Souk-el-Grana (Marché des Livournais) offrent aux Musulmans des denrées de toutes sortes. Sans les Juifs, la société arabe n'aurait même pas le confort médiocre qu'elle a acquis : privée des importations israélites, l'industrie arabe serait morte : le maçon n'aurait plus de pierre et le tisserand plus d'écheveaux.

Les Israélites étendent chaque jour l'horizon de leur commerce ; ils sont à l'affût de toutes les bonnes occasions que présente le marché universel. Un négo-

1. Rien ne prouve, d'ailleurs, que cet insuccès soit définitif.

ciant du Havre me racontait que, la cargaison d'un vapeur sombré dans l'avant-port ayant été mise aux enchères, aucun Havrais n'assista à la vente, mais plusieurs Juifs vinrent tout exprès de Tunis pour acquérir à bas prix des meubles et des grains, des fers et des étoffes, toute la cargaison avariée. Ce trait donne la mesure de l'activité commerciale des Israélites tunisiens.

*
* *

Pourtant, ils sont si nombreux que le commerce ne suffit pas à les entretenir : ils sont donc ouvriers. Pour de nombreux Français, cette vérité semblera paradoxale : beaucoup d'Israélites tunisiens travaillent de leurs mains. Ils ne disposent naturellement que des industries abandonnées par les Arabes. Primitivement, les Arabes n'avaient guère besoin de tailleurs : les pièces de laine dans lesquelles ils s'enveloppaient ne demandaient ni coupe ni coutures. Aussi les Arabes ne sont-ils pas tailleurs : tous les tailleurs tunisiens sont juifs. Or, ils sont innombrables. Non seulement tout un souk (souk-el-Trouk) leur est réservé, mais dans tout le quartier juif on compte autant de tailleurs que de maisons. Presque toutes les portes, dans la partie inférieure de la rue de la Casbah, s'ouvrent sur un atelier de couture. C'est un boyau humide et sombre — la porte seule l'éclaire : elle doit donc rester ouverte par tous les temps ; — plusieurs hommes, courbés sur leur tâche, travaillent avec fièvre : l'ouvrage paraît toujours pressé, et les veillées sont longues dans les innombrables ateliers des tailleurs israélites. — Les vitriers sont juifs, et l'on comprend que les Arabes, dont les maisons n'ont guère de fenêtres, leur aient réservé ce métier. Mais pourquoi les orfèvres et les ferblantiers sont-ils Israélites? C'est peut-être parce qu'ils sont, dans ces métiers, particulièrement habiles. Sans doute ils manquent de goût: leurs bijoux sont grossiers, mais ils savent tirer parti des matériaux les plus étranges. Depuis que le commerce a introduit le pétrole en Tunisie, la boîte à pétrole est devenue l'unique matière première de la ferblanterie juive. La lampe à pétrole devient lampe persane, cafetière arabe, tambourin d'enfant, canon de fusil...: qui dira jamais toutes ses métamorphoses? Enfin, les Israélites ont hérité des métiers les plus humbles: ils lavent les maisons et font les besognes serviles. Ils offrent leurs bras à toute industrie nouvelle[1]: on ne peut pas les accuser de haine pour le travail.

Mais l'industrie juive n'est pas originale; ou bien son originalité consiste dans sa souplesse: elle se transforme avec les modes et n'a pas de traditions. Elle s'oppose pourtant à l'industrie arabe en ce qu'elle tire ses matières premières non seulement du sol tunisien, mais des pays les plus lointains. Les Juifs n'ont pas le génie industriel mais leur industrie porte la marque de leur génie commercial.

1. V. *La Tunisie* (*Agriculture*, etc.), t. I, p. 328. Le métier de cordonnier a cessé d'être le monopole des Arabes: les Juifs fabriquent certaines espèces de chaussures.

*
* *

Les Juifs ne créant rien ou ne créant que des produits sans originalité, leur vie physique se modèle sur celle des autres peuples. C'est ainsi qu'ils ont emprunté aux Arabes leur nourriture, leur vêtement, leur maison.

Leur nourriture. Le couscouss a pour les Israélites le même attrait que pour les Arabes. Sans doute le contact des Musulmans n'a fait perdre aux Juifs ni l'habitude pascale du pain sans levain ni le goût permanent de l'anisette (boukhra)[1] : mais, à part ces différences qui tiennent à la différence des religions, la cuisine israélite est identique à la cuisine arabe.

Leur vêtement. Chechia et turban, burnous, veste courte et chausses larges, toutes les pièces du costume arabe sont portées par les Juifs. Le pantalon étroit des Musulmanes, le gilet qui soutient leurs seins, la veste droite aux couleurs claires, la tiare conique et dorée[2], et le grand châle blanc (haïk) qui enveloppe toute la personne, tout le costume, sauf le voile noir, est adopté par les Juives. Si les Musulmans n'y avaient pris garde. les Israélites seraient devenus leurs sosies. Mais les Arabes tiennent à se distinguer des Juifs : ils les condamnèrent au noir et au

1. L'anis n'est pas le seul élément de la boukhra : la figue fermentée y joue un rôle important.

2. La tiare des Juives est cependant distincte de celle des Musulmanes. Elle est de forme plus allongée et elle est en métal. Celle des Musulmanes est en étoffe brodée.

bleu. Pendant longtemps, aucun Israélite, à Tunis, ne porta de bonnet rouge; et l'on rencontre encore des vieillards qui ont conservé la chechia noire jadis obligatoire; j'ai même vu sur la tête d'un vieux Livournais le bonnet blanc que les Arabes imposaient à cette classe spéciale de Juifs tunisiens. En revanche, le vert, couleur des descendants du Prophète, était interdit aux Israélites. Mais si leur habit se distingue de celui des Musulmans, on voit que les Israélites ne sont pas responsables de ces différences.

Leur maison. Ce n'est pas au style des maisons qu'on peut distinguer le quartier juif du quartier musulman. Ce sont les mêmes cubes de maçonnerie blanchis à la chaux, les mêmes murs sans fenêtres, les mêmes terrasses, les mêmes voûtes et les mêmes matériaux antiques. De même à l'intérieur, ce sont les mêmes nattes et les mêmes coussins. Seulement les maisons juives sont moins propres que les maisons arabes; elles sont plus peuplées, d'un monde plus remuant et moins mystérieux. Mais si les habitants diffèrent, les maisons sont identiques : il n'y a pas de style juif dans l'ancienne architecture de la ville de Tunis.

L'assimilation extérieure des Juifs et des Arabes est donc aussi complète que possible : elle s'explique non seulement par la souplesse du caractère, mais par le défaut d'originalité de l'industrie israélite.

*
* *

La prépondérance du commerce sur l'industrie donne aux commerçants le premier rang dans la société juive. Si l'aristocratie arabe est agricole, l'aristocratie juive est financière : ce sont surtout les Livournais qui ont acquis, par la spéculation, les fortunes les plus importantes.

Au-dessous de cette classe riche vient celle des marchands : les marchands sont en grand nombre, mais malgré la concurrence leurs affaires ne sont pas en mauvais état : cette classe paraît aisée. Au-dessous, la classe des artisans, aussi nombreuse, est beaucoup plus pauvre. Et enfin la misère se répand sur le *septième*[1] environ de la population juive de Tunis. On ne trouve rien d'analogue au demi-servage du khamès arabe, institution qui ne peut exister que dans un régime agricole ; mais si tous les Israélites sont des travailleurs libres, il ne s'ensuit pas qu'ils soient des travailleurs heureux.

*
* *

Les institutions économiques des Juifs tunisiens s'expliquent par leur caractère. La spéculation, telle est leur tâche principale. Mais spéculer, c'est prévoir : le mot même indique la nécessité d'une vue sur l'avenir. Si l'évolution qui emporte l'humanité de l'âge d'or à l'âge du négoce est marquée par une série d'actes de prévision, les Juifs qui, arrivés au terme de cette évolution, en oublient les étapes antérieures, pèchent par excès de prévoyance comme les Arabes par excès de mémoire. Et si le rôle secondaire et banal de l'in-

1. V. chap. de l'État. Six mille indigents vivent de la charité publique israélite.

dustrie, si la vie physique et l'état social des Juifs dérivent de la prépondérance de la spéculation, leur économie politique tout entière a son principe dans leur désir de fixer l'avenir.

III.

Sur ces deux civilisations si distinctes d'elle-même, l'industrie européenne peut-elle avoir quelque influence ? Pendant longtemps, le rôle économique des Européens se confondit, à Tunis, avec celui des Israélites : Grecs, Maltais, Italiens et Français se souciaient plus de vendre (et de vendre l'or) que de produire. Aujourd'hui, le moment est venu de donner aux deux éléments indigènes l'exemple de notre travail créateur[1].

Les produits de notre labeur sont plus appréciés que ses méthodes. Arabes et Juifs, sous l'influence de notre civilisation, modifient leurs manières de vivre plus tôt que leurs manières de travailler. L'assimilation va de l'extérieur à l'intérieur, du physique au mental. Les Arabes nous empruntent nos coutumes visibles : nos meubles, notre habit, notre maison, notre nourriture. C'est sur l'aménagement intérieur de la maison que les modes européennes ont exercé leur première influence. Longtemps avant l'occupation française, avant même les réformes d'Ahmed-Bey, nos armoires, nos glaces, nos pendules, nos fauteuils

1. V. dans *La Tunisie (Agriculture, Industrie, Commerce)*, t. I. ch. 5, 6, 8, 9, 10, 11, 12, 14, 15, 16, les progrès de notre agriculture et de notre industrie dans la Régence.

avaient envahi les palais musulmans. De même aujourd'hui le piano, la chaise de bois tourné, le service et le linge de table s'introduisent dans la maison arabe avant le faux-col et la jaquette. Les meubles sont moins intimes que les habits : on s'en débarrasse plus aisément : il n'est venu à l'esprit d'aucun Européen d'adopter pour toujours le costume des Musulmans ; mais les meubles arabes ornent beaucoup de salons européens.

Après le meuble, l'habit se transforme. Les pièces du costume européen qui ressemblent à celles du costume arabe sont adoptées avant les autres : l'attraction est en raison de la similitude. Ce qui ressemble le plus aux robes des Arabes (gandourah ou djebbah) ce sont nos chemises et nos blouses : nos chemises et nos blouses servent de robes aux Arabes pauvres. Aux chemises blanches, ils préfèrent les chemises teintes : c'est que leur robe ordinaire est teinte. Parmi les blouses, les Tunisiens choisissent les blanches : c'est que leurs robes de coton sont blanches. En France, des hommes en chemise dans la rue feraient un beau scandale : à Tunis, c'est un spectacle quotidien : chemises roses à fleurs pâles ; chemises crème à fleurs rouges ou bleues, chemises de toutes nuances flottent au vent de la rue : de notre vêtement intime les Arabes pauvres ont fait leur vêtement apparent, parce que notre chemise ressemblait à leur robe. C'est de même la similitude qui fait adopter à nombre d'Arabes nos pardessus à capuchon : ils sont plus que les autres voisins du burnous. L'assimilation extérieure obéit donc à une première loi : la ressemblance.

En second lieu, la rapidité de l'assimilation dépend de l'intensité du désir de changement. Parfois, on passe brusquement du costume arabe au costume français. Mais le plus souvent la transition est lente. On modifie d'abord une pièce insignifiante du costume : la sandale jaune est remplacée par une bottine dont la tige élastique s'applique sur la jambe nue. Puis, sur le gilet collant, une cravate européenne vient s'étaler; bientôt elle est maintenue par un col empesé : des princes portent ce costume disparate : une robe et un faux-col. Enfin, la mode européenne emporte tout, sauf le bonnet rouge : alors les Musulmans s'habillent tantôt à l'européenne, tantôt à l'arabe : on pourrait mesurer, d'après le nombre des retours offensifs du costume indigène, le degré de leur fidélité au passé.

Les femmes, bien qu'elles soient à l'abri du contact européen, subissent l'influence de nos modes. Sans doute elles conservent le voile noir et elles n'ont pas encore de corset, mais leurs étoffes sont d'origine européenne. Sous la transparence du haïk, on distingue la couleur de nos indiennes. Il est possible même que certaines Musulmanes aient abandonné pour la jupe leur pantalon traditionnel. En effet, des Françaises qui visitaient les harems m'ont dit que les Musulmanes leur demandent parfois des leçons de coupe et se confectionnent des robes à l'européenne. En tout cas, si elles s'en revêtent, elles les cachent sous leur haïk. Mais le haïk lui-même n'est pas toujours arabe : on a parfois la stupéfaction de reconnaître sur les épaules des Musulmanes, au lieu de haïk, des serviettes-éponges. Ce produit jouit à Tunis d'une vogue surprenante : la serviette-éponge est la nappe ordinaire des bourgeois ; elle est le châle des Musulmanes pauvres. C'est que certaines étoffes arabes, faute d'un peignage suffisant, ont l'aspect de la serviette-éponge. Nous trouvons encore ici une application de la loi de ressemblance. — La Musulmane aime le costume européen, sinon pour elle-même du moins pour ses enfants. Aux jours de fête d'excellents Musulmans, dont le nombre croît chaque année, promènent sur leurs bras des poupons en capotes roses et en robes d'indienne : on les prendrait pour des domestiques indigènes accompagnant les fils de leurs maîtres européens ; mais ces enfants sont leurs propres fils, et ces costumes ont été taillés et cousus, peut-être à la machine[1], par des mères musulmanes.

Si l'influence française a déjà sensiblement modifié le costume des Musulmans, elle n'a guère touché ni à leur maison ni à leur table. Sans doute on perce plus de fenêtres dans les maisons neuves du quartier arabe ; sans doute les matériaux sont d'origine européenne et la poutrelle de fer joue dans l'architecture des Musulmans modernes un rôle qui eût surpris la génération précédente. Mais le plan de la maison n'est pas modifié. — De même les éléments essentiels de l'alimentation n'ont pas varié. Pourtant, l'alcool n'inspire plus une sainte répugnance. Nous avons donné aux Arabes le droit à l'alcoolisme. Les consciences délicates cherchent des sophismes pour s'ex-

1. La machine à coudre est, paraît-il, très répandue parmi les Musulmanes tunisiennes.

cuser de boire du vin. Les gens du peuple étalent leur vice sans hypocrisie ni réticence : sauf en temps de ramadan, peu refuseraient un verre de vin, très peu un verre de bière, aucun peut-être un verre d'absinthe. A des heures tardives de la soirée, on voit encore à la terrasse des cafés européens des Arabes attablés devant leur « verte ». Avons-nous le droit de nous féliciter de ce progrès de notre civilisation ?

*
* *

Au contact des Européens, les Israélites, plus que les Arabes, modifient leur manière de vivre. Ce n'est pas seulement parce qu'ils sont moins attachés aux traditions, c'est aussi parce que leurs coutumes ne leur appartiennent pas en propre, mais sont empruntées aux Musulmans. En copiant nos modes, les Juifs tunisiens changent de modèles, mais ils ne cessent pas d'imiter.

Si le nombre de nos disciples est plus grand parmi les Juifs que parmi les Musulmans, l'assimilation, dans les deux cas, obéit aux mêmes lois : le mobilier d'abord, puis le costume, ensuite la maison, enfin la nourriture subissent l'influence française. Les variations du mobilier et de la cuisine présentent peu d'intérêt : attachons-nous à celles du costume et de l'habitation.

L'évolution du vêtement est plus ou moins rapide. Le désir de changement est-il sourd ? le costume indigène disparaît pièce à pièce. La coiffure traditionnelle, la chechia, est d'abord abandonnée[1]. Mais elle

1. Si les Arabes ne l'abandonnent pas, c'est qu'ils attribuent à la chechia un caractère sacré : V. chapitre de la Religion.

n'est pas immédiatement remplacée par le chapeau: le chapeau est trop différent ; ce sont nos casquettes (bérets, bonnets grecs, calottes de voyage) qui sont adoptées les premières. De même pour les autres vêtements : la veste courte ne sera pas du premier coup supplantée par une jaquette ou une redingote : le gilet de laine, le gilet de chasse et le veston, plus voisins de l'ancien habit, leur fraieront la voie. De toutes les parties du costume, les chausses larges sont les plus tenaces : c'est qu'elles ressemblent peu à notre pantalon. Enfin l'Israélite les abandonne : dès lors sa métamorphose est achevée. — Elle est plus rapide si son désir d'imitation est très vif : tel Juif qui portait hier l'habit indigène est tout fier aujourd'hui de vous saluer d'un coup de chapeau. Il appartient en général à la classe aisée : aussi montre-t-il du linge glacé et des cravates voyantes : il affecte d'être au courant des dernières modes. De même la Juive réclame des jupons et des chapeaux à fleurs ; elle ose réclamer le corset. Son corps y répugne, mais la mode lutte contre le corps : et la chair a beau déborder, les poumons ont beau s'arrêter : les Juives soufflent et suent, mais elles ont la joie d'étaler, à la promenade, des robes de couleur juive et de coupe européenne.

Les Israélites nous empruntent nos maisons comme nos habits : ils abandonnent leur ghetto pour envahir la ville européenne. L'ancien quartier juif, déserté, tombe en ruines. On voit encore, le samedi, paraître à la fenêtre des maisons délabrées des visages larges et des poitrines puissantes : et l'on s'étonne que des maisons si fragiles puissent porter d'aussi lourds fardeaux.

A maint endroit la ruine est consommée : la place des maisons n'est marquée que par des débris de colonnes, des tas de pierres et des amas d'immondices : les Juifs, qui paraissent aimer à s'empoisonner eux-mêmes, comblent les maisons détruites avec les détritus des maisons survivantes. Mais si le ghetto se dépeuple, c'est que les Israélites préfèrent aux maisons arabes les maisons européennes. Dans le quartier français, leurs familles patriarcales encombrent les appartements trop étroits ; les balcons sont trop exigus, le samedi, pour contenir les filles curieuses qui n'ont, ce jour-là, rien à faire qu'à regarder la rue : c'est, à chaque fenêtre, un enchevêtrement de jambes et de têtes, c'est une tache continue de couleurs criardes ; c'est un gazouillement et un éclat de rire perpétuels. Ce quartier européen qui s'accroît en moyenne d'une maison par semaine, ne grandit pas encore assez vite : les loyers s'y maintiennent à un taux élevé parce que les Israélites tiennent à s'y installer. On voit jusqu'à quel point leur vie économique s'est transformée au contact des Européens.

*
* *

En modifiant la vie des Arabes et des Juifs, avons-nous modifié leur activité ? — L'agriculture musulmane n'a que très rarement emprunté nos méthodes. Tous les colons remarquent que leurs ouvriers indigènes, après avoir conduit des charrues européennes et constaté leur supériorité, n'éprouvent pas le désir de remplacer la charrue arabe. Peut-être cependant ce désir est-il plus fréquent qu'on ne pense ; mais la misère du laboureur arabe l'empêche de renouveler son matériel. Des efforts ont été tentés pour introduire parmi les Arabes nos progrès agricoles. Une société d'agriculture s'est formée parmi les Musulmans intelligents et plusieurs d'entre eux cultivent leurs domaines avec nos instruments et nos procédés. Peut-être leur succès sera-t-il un avertissement pour la masse des conservateurs obstinés.

L'industrie musulmane a-t-elle fait plus de progrès? En tous cas, elle ne parait pas avoir à se réjouir de son sort. Certaines industries ont imité les Européens : et elles en meurent ; d'autres refusent de nous copier : et elles en meurent. A Kairouan, les fabricants de tapis remplacent leurs couleurs par les nôtres ; les tapis perdent non seulement l'originalité, mais la solidité de leurs teintes : aussitôt leur réputation est ébranlée et les prix tombent [1]. A Tunis, les fabricants de chechias tiennent à conserver leurs matériaux et leurs procédés : aussitôt des chechias de fabrication européenne inondent le marché et l'industrie indigène est condamnée : les souks qui lui étaient réservés sont déserts ; les presses de bois qui jadis foulaient l'étoffe, inertes aujourd'hui, sont déposées en longues files dans le souk abandonné où elles commencent à pourrir. Les publicistes arabes ont fait de vains efforts pour engager les fabricants à renouveler leur outillage et à acheter leurs

1. Fleury, *Revue tunisienne*, avril 1896, p. 179. Remarquer cependant que la production a triplé depuis l'occupation française.

matières premières en Europe : mais la routine a triomphé de l'intérêt : aussi, au lieu des cinq cents ateliers qui fonctionnaient il y a trente ans, n'en compte-t-on plus aujourd'hui que soixante-dix, avec une maigre production de cent douzaines de bonnets en moyenne. Les industries de luxe, comme celle des tapis, devaient garder leur originalité ; les autres devaient s'attacher à abaisser leurs prix : c'est le contraire que firent les industriels musulmans : l'industrie qui devait nous imiter tenait à ses routines ; celle qui devait conserver ses traditions a voulu se réformer. De ces maladresses dérive l'état misérable de l'industrie musulmane.

Les Juifs ont-ils subi plus profondément notre influence? Nos établissements de crédit ont multiplié leurs affaires, et nos inventions ont perfectionné leurs métiers. Mais nous n'avons pas changé leurs habitudes, puisqu'ils n'ont d'autre habitude que de se modeler sur le goût des clients : peu leur importe de tailler une gandourah ou une jaquette, pourvu qu'ils taillent. L'arrivée des Européens a imprimé une nouvelle direction à leur activité sans en changer la nature.

Pourtant les Israélites tunisiens préparent, sous notre influence, une véritable révolution : ils veulent devenir agriculteurs. A la vérité, ils n'ont pas eu l'initiative de ce dessein : c'est une société d'Israélites européens qui a conçu l'idée de créer, en Tunisie, une école d'agriculture. D'excellents esprits, parmi les Tunisiens, voient même avec défiance cette tentative : ils rêvent des écoles professionnelles où le jeune Israélite apprendrait le travail manuel ; avant de transformer le Juif en laboureur, ils voudraient le changer en artisan. Pourtant, l'école d'agriculture, fondée à vingt kilomètres de Tunis, a été bien accueillie : le nombre des candidats, dès la première année, était double du nombre des places disponibles : une vingtaine d'élèves furent choisis, et une nouvelle promotion a dû entrer à l'école au mois d'octobre 1896. Pourquoi les Israélites, avec leur souplesse habituelle, ne deviendraient-ils pas agriculteurs? Dans l'intérieur de la Régence, des tribus juives se livrent depuis longtemps aux travaux de la terre[1]. L'espoir des fondateurs de l'école n'est donc pas chimérique. Ils ont largement doté leur création : elle est située sur un vaste domaine qui sera morcelé et distribué, moyennant redevance, aux élèves sortants : on créera donc des centres de colonisation israélite. Si la tentative réussit, elle réformera non seulement la vie économique et l'état social, mais le caractère même des Israélites tunisiens.

*
* *

Ces modifications de l'industrie tunisienne ont amené des perturbations dans l'état social des deux populations indigènes.

L'influence européenne égalise les conditions dans

1. De même, il y a des Juifs agriculteurs, non seulement dans les colonies fondées par le baron Hirsch en Syrie et en Amérique du Sud, mais en Epire (V. Bérard, *La Turquie et l'Hellénisme contemporain*, p. 319 et suiv.).

la société musulmane : elle appauvrit les classes riches et enrichit les classes pauvres. L'aristocratie arabe tenait sa fortune de la violence plus que du travail. La course autrefois, puis la faveur des princes ou le vol de l'État, telles étaient, pour elle, les sources normales de la richesse. Riche était synonyme de puissant. La suppression de l'arbitraire fut la ruine de l'aristocratie musulmane. La famille beylicale elle-même vivrait dans la gène si le budget ne pouvait supporter les frais d'une liste civile : en 1893, les sommes destinées au bey et à sa famille, s'élevaient à quinze cent soixante mille francs[1]. Cette somme ne suffit pas aux princes : ils sont endettés. Sans doute, c'est depuis longtemps leur habitude. En 1859, « une circulaire du bey régnant faisait connaitre aux consuls que lès membres de la famille beylicale étaient absolument incapables de contracter » ; et un décret du 7 mars 1885 appliquait à un prince encore vivant aujourd'hui la circulaire de 1859[2]. Mais les princes d'autrefois pouvaient trouver, en arrivant au trône, le moyen de récompenser leurs créanciers. Aujourd'hui, ils n'ont même plus cette fortune éventuelle. Aussi sont-ils réduits, comme les plus humbles fonctionnaires, à donner à leurs créanciers un droit sur leur traitement. Nous voyons, dans le *Journal des tribunaux français en Tunisie*[3], qu'un prince, ayant emprunté à 12 0/0 la somme de 90,000 piastres

1. *Statistique générale de la Tunisie* (1881-1892), p. 181.
2. *Journal des tribunaux français en Tunisie*, t. IV, p. 43.
3. T. III, p. 97.

(54,000 francs environ) « consent à laisser un banquier toucher chaque mois 3,000 piastres de son traitement à la recette générale ». Et le *Journal* ajoute : « Fréquentes sont les délégations de ce genre consenties par des princes de la famille beylicale..., elles ont pour objet des sommes considérables ». Il est donc inutile de citer toutes les anecdotes connues à Tunis sur la misère de cette cour.

La bourgeoisie musulmane est moins prodigue que l'aristocratie. Mais la source de sa fortune commence à se tarir. Les industries de luxe peuvent trouver parmi les résidents et les voyageurs européens des clients inespérés : aussi quelques marchands indigènes peuvent-ils faire fortune[1]. Mais cette richesse ne profite guère à l'industrie locale, car ces marchands, musulmans et tunisiens, ne se font pas scrupule d'acheter au rabais chez les chrétiens d'Europe la plupart des objets prétendus tunisiens qu'ils nous revendent avec bénéfice. Seuls, les tisserands indigènes profitent de notre goût pour les produits de l'industrie musulmane. Les autres voient décroître leur clientèle : de plus en plus rares sont les amateurs de harnachements brodés : les selliers se ruinent. Le parfumeur conserve comme un meuble de luxe l'alambic où se distillait l'essence de rose. Enfin l'agriculture ne donne pas de bénéfices importants[2]. Seuls les propriétaires d'im-

1. De même, l'exposition de 1889 a enrichi quelques marchands de curiosités tunisiennes.

2. Remarquer que cette décadence de l'agriculture tient aux procédés employés par les Arabes et n'a pas pour cause l'arrivée des Européens. Elle est antérieure à notre arrivée. Le faible

meubles trouvent dans la location aux Européens un revenu appréciable; mais à mesure qu'augmentera le nombre des maisons européennes, le taux des loyers diminuera. Aussi la bourgeoisie musulmane est-elle inquiète : elle se tourne vers l'État et lui offre ses fils : elle aspire à devenir une pépinière de fonctionnaires.

En revanche, le peuple trouve des salaires. Si la décadence de l'industrie indigène n'a pas causé plus de catastrophes, c'est que les ouvriers licenciés par les patrons arabes ont trouvé facilement du travail chez les patrons français. Le nombre et le taux des salaires s'est élevé. « A la campagne, l'indigène non nourri est payé en moyenne 1 fr. 20 à 1 fr. 50 par jour [1]. » Mais, avant notre arrivée, que recevait-il? Aujourd'hui, les colons français paient « des salaires plus élevés d'un quart [2] » que ceux qui sont payés par les propriétaires indigènes; et il est probable que ceux-ci ont dû eux-mêmes, depuis l'arrivée de nos colons, élever le taux de leurs salaires. En outre, l'institution du Khamès est compromise : les colons français préfèrent un salarié à ce demi-serf. A la ville, les ouvriers indigènes trouvent de même plus d'emplois et plus d'argent.

rendement des terres vient de l'absence de fumure. Il a eu pour conséquences trop fréquentes l'emprunt, l'hypothèque à des taux usuraires et la dépossession des petits propriétaires. V. Saurin, *Manuel de l'émigrant en Tunisie*, passim.; et : *La Tunisie* (*Agriculture*, etc.), t. I, p. 30.

1. Jules Saurin, *Manuel de l'émigrant en Tunisie*, nouvelle édition, p 25.

2. *La Tunisie* (*Agriculture*, etc.), t. I, p. 66.

Ainsi les classes de la société musulmane tendent à se rapprocher. Dans cette population où l'esprit démocratique a toujours soufflé, malgré l'inégalité des fortunes, la richesse paraît vouloir se répartir également entre les individus. Et cette égalité des conditions n'est pas la moindre cause de l'union morale des divers éléments de la société musulmane. La même fortune inspire les mêmes sentiments.

Au contraire, il semble que, parmi les Juifs, l'inégalité s'accroisse. Tandis que l'impulsion donnée par la France au commerce tunisien augmente la fortune des banquiers et des négociants, la classe ouvrière demeure misérable. Elle profite pourtant, comme la classe musulmane correspondante, de l'élévation du taux des salaires. Mais son nombre augmente plus rapidement que ce taux. En outre, certaines carrières lui sont désormais fermées. Jusqu'à ce jour, les administrations publiques, les grandes compagnies financières et les grandes maisons de commerce ont employé des Juifs ; il n'est pas d'avocat dont l'étude ne soit pleine de clercs juifs ; enfin les magasins, même dirigés par des antisémites, n'ont que des commis juifs. Mais toutes les places sont prises. Les administrations n'accueillent plus guère les jeunes Israélites : il serait imprudent pour nous d'associer les Juifs au gouvernement des Arabes. D'autre part, tous les bureaux sont encombrés, et, à moins de prévoir un développement anormal des affaires, on peut dire qu'ils le seront longtemps encore. Il est donc à craindre que tous les jeunes Israélites élevés par l'*Alliance* ou par nos écoles ne forment une catégorie de déclassés et de mécontents. Ils iraient grossir les rangs de la classe, déjà si nombreuse, qui vit de la charité publique [1]. Le commerce effréné tend donc à produire, parmi les Israélites tunisiens, des effets analogues à ceux qu'il produit dans les villes d'Europe où les pauvres n'ont guère à se réjouir du progrès.

Il resterait à étudier l'état social des Européens. Les « Vieux Tunisiens » qui jouaient le même rôle que les banquiers juifs eurent la même fortune : aussi quelques-uns accueillirent-ils sans enthousiasme l'arrivée des Français. Quant aux nouveaux immigrés, leur installation est trop récente pour qu'on puisse juger l'état de leurs affaires. La plupart d'entre eux ont dû tenter, soit dans l'agriculture, soit dans l'industrie des expériences coûteuses : aussi leurs espérances ont-elles été déçues. Mais rien ne prouve qu'elles le seront toujours. Le nombre des faillites et des liquidations judiciaires est relativement faible : trente par an pour les unes, vingt-cinq pour les autres [2]. Encore faut-il remarquer que ce nombre contient non seulement les sinistres des négociants européens, mais ceux des Israélites protégés français ; or, les habitudes commerciales de ces derniers augmentent artificiellement le chiffre

1. Outre les institutions de prévoyance que nous étudierons plus loin (chap. de l'État) les Juifs ont fondé, dans ces dernières années, de nombreuses sociétés de secours mutuels : la plus intéressante est la société de *secours matrimoniaux et mutuels*, destinée à fournir des dots ou au moins des trousseaux aux jeunes filles pauvres. — Les Israélites tunisiens ont aussi fondé un hôpital.

2. *Statistique générale de la Tunisie* (1881-1892), p. 97.

des faillites. Si donc il est prématuré de croire que les Européens font en Tunisie de grandes fortunes, il est permis d'affirmer qu'aucune crise générale et durable n'a sévi jusqu'à ce jour. Ajoutons que les premiers colons étaient de grands propriétaires, en état de supporter les frais de leurs installations et de leurs expériences. Aujourd'hui, le nombre des petits colons, des petits commerçants et des ouvriers croît sans cesse et l'on peut déjà, dans les réunions publiques, entendre parler de la « lutte des classes ». Pourtant, les problèmes sociaux présentent à Tunis moins d'acuité qu'en Europe et les colonies européennes ont à cœur d'atténuer les causes des divisions sociales[1].

*
* *

Les perturbations que notre arrivée a produites dans l'état économique des indigènes devaient provoquer des troubles dans leur état moral. Dans les classes inférieures, ces troubles ne sont pas sensibles. Au contraire, les sentiments de la bourgeoisie israélite et de la bourgeoisie musulmane se sont modifiés. Les Juifs enrichis étalent leur joie : ceux même dont la fortune est antérieure à l'occupation française, mais qui la dissimulaient pour éviter la confiscation, s'empressent d'en tirer vanité et ne se font pas faute de railler les Musulmans appauvris. Ceux-ci, frappés de cette révolution dans l'attitude des Israélites, s'imaginent volon-

1. De nombreuses sociétés de secours mutuels se sont créées parmi les Français de Tunis.

tiers que leur décadence n'a pas d'autre cause que les abus du commerce juif. Il est toujours commode d'accuser autrui de son propre malheur. Aussi leur antique haine contre les Juifs s'est-elle exaspérée. Et comme les Arabes s'imaginent que nous protégeons les Israélites, leur haine contre ceux-ci leur inspire un sourd mécontentement contre nous. Ces sentiments s'évanouiraient si les Israélites étaient plus discrets et les Arabes plus actifs. Une première cause de haine disparaîtra si les Juifs s'habituent au travail agricole; une seconde, si les Arabes se décident à perfectionner leur industrie : ils verront alors que leur bonheur ou leur malheur dépend moins du Juif que de leur propre activité. L'exemple du travail créateur donné par nos colons, s'il était suivi, préparerait donc pour un avenir encore lointain l'avènement de la paix entre les indigènes.

CHAPITRE IV

LA FAMILLE

Double contraste entre les familles européenne, arabe et israélite.

I. *Contraste entre la famille européenne et les familles indigènes :* dans celles-ci, absence d'union. — 1° Les mariés ne se connaissent pas. — 2° Les intérêts et les droits des époux sont séparés. — Conséquences : — 1° Excès de pouvoir du mari. — 2° Fragilité du lien matrimonial.

II. *Contraste entre la famille musulmane et la famille israélite.* — A. La famille musulmane ; son idéal : — 1° Volupté (d'où jalousie : la maison arabe, le voile de la femme). — 2° L'intérêt. — 3° L'enfant (son éducation).

III. *Contraste entre la famille musulmane et la famille israélite.* — B. La famille israélite ; son idéal : — 1° L'enfant. — 2° L'intérêt. — 3° Le plaisir.

Conclusion. — Modifications des deux familles indigènes sous l'influence des idées européennes.

Comme les institutions économiques, les institutions domestiques des indigènes contrastent entre elles, et elles contrastent avec celles des Européens.

I.

Au printemps de 1896, deux Américaines, qui avaient fait leur tour d'Europe, voyageaient seules en Tunisie, en quête de sites nouveaux et de mœurs curieuses. Elles promenèrent pendant trois mois par les rues de Tunis leur air garçon et leur costume viril. A chaque pas, un coin de rue, un jeune Maure, une petite Juive, un horizon grandiose les arrêtaient : sur un signe, le domestique arabe déployait un grand parasol, dressait un chevalet, et l'une des sœurs, enveloppée d'un tablier blanc, jetait en hâte sur une toile l'ébauche d'un tableau. Elles observaient les hommes comme la nature : pour saisir les mœurs sur le vif, elles apprenaient l'arabe et pénétraient dans les harems musulmans, dans les intérieurs juifs. Là, tout leur être se révoltait : comment des hommes étaient-ils assez grossiers pour emprisonner les femmes comme des esclaves ou les engraisser comme des bêtes ? Comment des femmes étaient-elles assez lâches pour supporter cette honte ? — Il est probable qu'à leur vue les Musulmanes et les Juives n'étaient pas moins scandalisées : comment des femmes peuvent-elles avoir l'impudeur de voyager seules par le monde ? Comment des hommes sont-ils assez faibles pour permettre aux femmes de peindre les belles couleurs et d'observer les mœurs curieuses ? Jamais sans doute n'éclata plus brutalement le contraste des deux familles.

***

Notre éducation nous porte à croire que la communion des âmes serait l'idéal domestique. Sans doute, ce n'est qu'un idéal, mais il imprime sa marque sur nos institutions. Au contraire, l'unité manque à la famille arabe et à la famille israélite.

Pour que notre idéal soit réalisé, il faut que les deux personnes qui vont s'unir ne soient pas étrangères l'une à l'autre : des fiançailles précèdent chez nous le mariage. Au contraire, avant leur mariage, les époux musulmans et israélites ne se connaissaient pas. Chez les Arabes, l'homme est marié avant d'avoir vu sa femme. Tout mariage européen peut être précédé d'une espèce d'amour, l'amour réduit à l'un de ses éléments désintéressés, l'admiration esthétique. Cet amour même est interdit à l'Arabe [1]. Quand le jeune homme arrive à l'âge nubile, sa mère visite les harems amis et choisit, suivant son propre goût, la femme de son fils. Ou bien le père conclut avec un autre chef de famille une union favorable à ses propres intérêts ; l'intérêt du fils passe au second plan ; son mariage peut avoir été décidé depuis son enfance : il n'a donc pas été consulté. Choisie par la mère ou par le père, l'épouse est inconnue de l'époux : on lui a seulement vanté ses charmes ; il ne peut l'aimer qu'en imagination [2].

1. Pourtant, Sidi Khelil et ses commentateurs autoriseraient le jeune homme, quand l'entente est « probable » entre les deux familles, à voir le « visage et la paume des mains » de la jeune fille.

2. C'est pour cette raison que la jeune fille est inconnue dans la littérature post-islamique. L'amour qu'on y chante, c'est l'amour voluptueux ; la femme qu'on y célèbre, ce n'est pas la vierge rêvée, c'est la maîtresse possédée. Que serait la littérature française sans la vierge et l'amour virginal ? — Barbier de Meynard (*la Poésie en Perse*) cite deux titres de pièces qui

Cette règle subit à Tunis deux exceptions : le mari a vu sa femme quand elle est son esclave ou quand elle est sa parente. L'esclavage est aboli depuis cinquante ans ; pourtant des femmes sont encore achetées à Constantinople, en Asie-Mineure et amenées dans les harems tunisiens. On voile leur origine, on dresse un contrat, on célèbre toutes les cérémonies du mariage légal : en droit elles sont épouses, en fait elles sont esclaves. Par politique, les beys, descendants des conquérants turcs, évitent de s'allier aux familles indigènes : ils importent leurs femmes de Turquie. Le bey actuel est marié à une Circassienne que son prédécesseur avait fait venir d'Orient. Mohamed Sadok mourut pendant le voyage de la belle : son frère, Ali, hérita du trône et prit la femme : cette esclave ne pouvait pas manquer de devenir princesse. Les Tunisiennes n'ont pas le droit de rêver le même sort : on dit que le bey régnant interdit à l'un de ses fils d'épouser une jeune fille appartenant à l'aristocratie locale. Même en dehors de la famille beylicale, les Musulmans obéissent parfois à la même coutume. Au printemps de 1896, une caravane de publicistes et de savants français reçut de deux chefs arabes une hospitalité grandiose : aux fantasias épiques succédaient des banquets gargantuesques : on servait tout entiers des chameaux et des

parlent d'une jeune fille ; mais dans les deux cas, il s'agit d'une chrétienne. — Dans les romans anté-islamiques, la jeune fille joue un rôle plus important : Antar aime sa cousine Abla longtemps avant de l'épouser : noter cependant que ce cas rentre dans l'une des exceptions signalées dans le texte.

sangliers rôtis ! Le plus jeune racontait ses soirées à l'Opéra comme aurait pu le faire un habitué. Ravis, les journalistes s'écrièrent : les Arabes sont francisés ! « La Tunisie française doit beaucoup attendre de ces deux gentilshommes [1] ». Mais le bon jeune homme connaissait Constantinople mieux que Paris : il y avait acheté deux belles Circassiennes, l'une pour son père et l'autre pour lui-même. Est-ce une réforme de la famille arabe qu'il faut attendre de ces deux gentilshommes ?

La famille est plus unie quand les deux époux sont parents. Comme plusieurs générations habitent souvent la même maison, cousins et cousines passent leur enfance côte à côte. C'est seulement à l'approche de la puberté qu'on sépare les sexes : les jeunes filles sont enfermées dans le harem et n'en sortent plus que voilées. Mais comme l'âge de la puberté est aussi l'âge du mariage, l'image de ses parentes est encore fraîche dans l'esprit de l'homme nubile. Aussi les mariages entre cousins sont-ils assez fréquents à Tunis. Le Prophète conseillait pourtant de les éviter : « Mariez-vous à des étrangers [2] », disait-il. Mais d'antiques traditions ont triomphé de ce précepte. Dans un roman anté-islamique, très goûté des Tunisiens, le héros, Antar, apprenant les fiançailles de sa cousine Abla, s'écrie [3] : « Frère de ma mère, tu ne donneras point ta

1. V. *le Temps*, du 26 avril 1896. — Article de M. Gaston Deschamps.

2. Westermarck, *L'origine du mariage dans l'humanité*, trad. fr., p. 330.

3. *Les aventures d'Antar*, trad. fr de Marcel Devic, p. 90.

fille à cet homme. J'ai plus de droits que lui par ma naissance et ma parenté. Je ne permettrai pas que la fille de mon oncle aille loin des siens vivre dans une tribu étrangère. » Ce texte indique l'origine de la coutume : on désirait éviter la dispersion de la tribu. De même, dans les tribus de la Régence, un dicton répète : « Il est fou celui qui épouse une étrangère quand sa cousine attend. » A Tunis même, quand une jeune fille n'épouse pas son cousin, on dit en plaisantant que celui-ci peut l'enlever « même quand elle est sur le coussin » : c'est le moment où, toutes les cérémonies terminées, elle reçoit les félicitations de ses amies. La coutume est si forte qu'on marie parfois les cousins contre leur gré. Un jeune Tunisien dont la sœur était dans ce cas me disait : « Mon père a dû la battre pour l'obliger à aimer son mari ! » Mais le cas est exceptionnel : en général, ces unions sont les plus solides : si la coutume est forte, c'est que l'expérience a prouvé leur solidité. Allah fasse qu'elles se multiplient : leur fréquence, en effet, n'est que relative : dans la grande majorité des cas, le mariage unit deux étrangers.

Bien que les Juives ne soient pas cloitrées, c'est par exception que les mariés israélites se connaissent. Sans doute, les mariages entre parents sont fréquents chez les Juifs. En outre, une même maison abrite souvent plusieurs familles ; les enfants, qui étouffent dans des logis trop étroits, vivent dans la cour ou dans la rue ; les sexes ne sont pas séparés : l'amour peut naître. Pourtant les mariages d'amour ne sont pas en majorité. Les unions sont décidées par les parents[1]; les fiançailles sont brèves chez les Israélites fidèles aux vieux usages; même lorsqu'elles sont longues, les jeunes gens n'ont pas le temps de se connaître, car ils ne se rencontrent, pendant cette période, qu'à des intervalles éloignés. Souvent les négociations se traitent comme des affaires : des courtiers se chargent de présenter aux familles des partis convenables. Et ce ne sont pas des intermédiaires complaisants: ils sont payés par les familles; deux de ses commerçants ont, paraît-il, fait leur fortune à ce métier. Cette institution ne prouve-t-elle pas qu'on attache peu d'importance à l'union morale des époux? Comme le mariage musulman, le mariage israélite unit deux inconnus.

*
* *

Ces époux qui s'ignorent continueront à s'ignorer. Chez nous, les deux êtres sont tellement unis que leurs biens sont confondus et que leurs opinions doivent être communes: la femme n'a pas l'administration de ses biens, elle n'a ni nos droits civils ni nos droits politiques, mais cette inégalité n'est pas seulement une survivance du despotisme patriarcal; elle est une conséquence du principe qui régit notre famille: l'intime union des deux époux. Au contraire, chez les Tunisiens, les intérêts et les droits de la femme demeurent séparés de ceux du mari.

1. Cazès, *Histoire des Israélites de Tunisie*, p. 131.

La famille arabe est le contraire d'une famille patriarcale[1]. La femme mariée peut ester en justice sans l'autorisation de son mari[2]. Tandis que, dans la famille patriarcale des Romains, la femme n'avait pas le droit de paraître devant un tribunal[3], la Musulmane[4] peut témoigner. Son témoignage, il est vrai, ne compte que pour la moitié d'un témoignage masculin : encore a-t-il une valeur. D'autre part, l'épouse conserve l'administration de ses biens ; elle peut les aliéner, les donner même à l'insu de son mari : dans ce dernier cas, celui-ci a pourtant le droit de demander au juge l'annulation des engagements de sa femme[5]. La fortune de la femme ne peut pas servir à payer les dettes du mari, même si elles ont été contractées pour les besoins du ménage[6]. Répudiée, la femme se retire dans sa famille avec sa fortune personnelle qu'elle continue à gérer comme au temps de

1. Il semble que la famille anté-islamique ait été patriarcale. — V. Seignette, introduction au *Code musulman de Khalil*, p. XXXVI et suiv. — Mais la famille actuelle a perdu ce caractère.

2. V. Berge, *De la juridiction française en Tunisie*, p. 90. — *Journal des tribunaux français en Tunisie*, t. VI, p. 98, 250.

3. Fustel de Coulanges, *Cité Antique*, p. 100 et suiv.

4. Son témoignage est seul valable « pour les choses que les hommes ne peuvent pas constater » ; mais il n'est pas admis pour ce qui ne concerne pas les biens (Ettouati, *op. cit.*, p. 219, 220).

5. *Journal des tribunaux français en Tunisie*, t. VI, p. 98, 153.

6. *Id.*, t. VII, p. 278. — Berge, *loc. cit.*

son mariage. Si elle n'a plus de famille elle vit seule et libre. En général, ses parents lui ont constitué un douaire[1]; son mari, une dot : elle peut vivre honorablement. Sa fortune s'augmente par des héritages. Tandis que la femme antique n'héritait plus des parents qu'elle avait abandonnés pour son mari, la Musulmane prend sa part des successions : elle ne recueille jamais que la moitié d'une part masculine, mais si réduite qu'elle soit, cette somme lui appartient, et son mari n'y a aucun droit. Veuve, la femme antique ne reprenait pas sa dot[2]; la Musulmane la conserve. Bien plus, elle hérite de son mari. Sans doute, elle ne touche que le quart de sa fortune[3], tandis que le mari prend la moitié des biens de sa femme décédée : mais elle est, semble-t-il, plus favorisée que la Française qui, hier encore, n'héritait pas de son mari[4]. La femme arabe n'est pas l'égale de l'homme ; il semble qu'en toute circonstance on ait estimé sa valeur à la moitié de celle du mâle. Mais elle conserve, dans la famille, son individualité. L'union des époux n'est pas complète. Il ne faut donc pas féliciter les Musulmanes de leurs droits civils ; il ne faut pas concéder aux Musulmans que nos femmes sont moins bien traitées que les leurs. Si la Musulmane a

1. Westermarck, *op. cit.*, p. 395. — Vérifié à Tunis.

2. *Cité antique*, *ibid.*

3. Encore ce quart est-il partagé entre les femmes du défunt.

4. Si la femme du Musulman est juive ou chrétienne, elle n'hérite pas.

des droits, c'est que son mariage n'est qu'un divorce permanent.

La famille juive paraît plus unie. Est-ce parce que les époux israélites se connaissent mieux que les époux arabes ? En tout cas la femme n'a pas l'administration de ses biens. Elle n'a pas, durant le mariage, d'intérêts distincts de ceux de son mari. S'il fait faillite, elle n'a pas d'autre moyen que le divorce, pour opérer des reprises sur son actif[1]. Pourtant, ses biens sont séparés de ceux du mari ; répudiée ou veuve, elle demeure propriétaire de sa fortune personnelle, et le régime de la communauté est inconnu des Israélites tunisiens[2].

*
* *

Dans ces familles sans union, l'arbitraire marital, la polygamie et le divorce sont des phénomènes nécessaires. Chez nous, l'autorité du chef est souvent limitée par l'amour : ici, elle n'est limitée que par la loi. Notre famille est monogame : comment l'amour serait-il divisé ? Ici, le mari introduit des rivales. Le divorce, chez nous, n'est qu'un accident : comment l'union absolue ne serait-elle pas éternelle ? Ici, le divorce est naturel. Si ces caractères sont moins apparents dans la famille juive que dans la famille arabe, c'est que les époux juifs ont plus de chances de se connaître que les époux arabes : la cause variant, l'effet varie.

1. *Journal des tribunaux français en Tunisie*, t. II, p. 28, 29.

2. *Id.*, t. V, p. 343.

Cette cause n'agit pas seule. La polygamie, par exemple, n'est pas suffisamment expliquée par l'absence de l'amour : nous ne tenons qu'une cause négative, nous chercherons plus tard la cause positive de cette institution. — A son tour, la polygamie réagit sur la tyrannie maritale. Le maître qui n'a qu'un serviteur l'érige en compagnon ; plus le nombre des serviteurs augmente, plus l'abîme se creuse entre le chef et les subordonnés : la nécessité de la discipline, la vanité du supérieur, les rivalités des inférieurs, tout accroît le pouvoir du maître. Cette loi de psychologie générale s'applique dans les harems. — Néanmoins, c'est surtout à l'absence d'amour qu'il faut attribuer l'arbitraire du mari et la fragilité du lien familial.

Le pouvoir du mari musulman est excessif, mais il n'est pas si étendu que le croit l'opinion. De ce qu'il paie une dot à sa femme, on conclut qu'il l'achète : la femme serait la propriété de son mari. Mais le propriétaire d'un objet en jouit sans réserve : il peut en user et en abuser ; il peut le conserver, le vendre, l'anéantir. Le mari, dans le droit musulman, n'a nullement le droit de tuer sa femme ; c'est l'État qui condamne à mort la femme criminelle. Quant à la femme adultère, non seulement le mari n'a pas le droit de la tuer[1], mais il n'a pas le droit de la juger : ces causes

1. Selon Hesse-Wartegg (*Tunis: Land und Leute*, p. 122), le bey serait forcé par l'usage d'acquitter le mari qui aurait tué sa femme adultère et le complice surpris en flagrant délit. Cette opinion n'est nullement confirmée. Il peut arriver que les tribunaux arabes, comme les jurys français, montrent en ce cas

sont de la compétence du cadi, et la procédure donne à la femme des garanties contre la jalousie ou le faux témoignage. L'adultère ne s'établit pas par les preuves ordinaires : deux témoins ne suffisent pas, il en faut quatre. Et ces témoins ne doivent pas se fier aux apparences : les « constats » de nos commissaires de police, qui se bornent à noter que deux personnes étaient, en costume léger, dans une même chambre verrouillée, ne prouveraient pas le flagrant délit à un juge musulman : les quatre témoins doivent avoir vu, dans le même moment[1], se consommer l'union sexuelle. Je regrette de ne pouvoir citer textuellement l'article du Code dont la précision pourrait choquer le lecteur ; mais cette précision montre jusqu'à quel point la femme est garantie contre les soupçons offensants : elle n'est donc pas traitée comme une chose. — Sans doute son mari peut la battre[2]. Mais si la correction est excessive, la femme aura le droit de quitter le domicile conjugal et le cadi sera tenu de prononcer le divorce[3] en sa faveur. Le mari n'est donc pas, comme

de l'indulgence ; il peut arriver aussi que les parents des victimes n'exigent pas la punition du coupable ; mais ils en ont le droit et aucun usage ne peut prévaloir contre ce droit.

1. *Code musulman de Khalil*, trad. Seignette, art. 1557-1559, p. 477.

2. *Journal des tribunaux français en Tunisie*, t. VIII, p. 166.

3. *Ib.*, t. VI, p. 553. — Noter cependant que la décision citée dans la note précédente émane d'un tribunal musulman (Ouzara) tandis que la décision plus favorable à la femme émane d'un tribunal français interprétant le droit musulman.

l'antique *paterfamilias,* le juge sans appel des affaires domestiques : l'unité de la famille n'est pas suffisante pour qu'une telle institution ait pu se conserver. A plus forte raison le mari ne peut-il pas détruire sa femme comme on détruit un objet acquis. De même, il ne peut pas la vendre. Bien plus, il ne peut pas toujours la conserver : la femme, dans certaines circonstances, obtient la rupture du mariage. C'est que le contrat de mariage n'est pas un contrat de vente. Il est vrai que le fiancé paie une dot : à Tunis, cette dot serait, en moyenne, de cent piastres [1] dans les classes pauvres, de mille dans les classes moyennes, de cinq mille dans les classes riches. Mais cette somme n'est pas le prix de la femme. En droit, elle n'est pas payée au père de la jeune fille, mais à la jeune fille même : la femme ne passe pas des mains de son propriétaire naturel, le père, à celles de l'acheteur qui serait le mari. En fait, la somme est remise au père, mais il ne joue que le rôle d'intermédiaire : il représente sa fille que la pudeur virginale empêche de comparaitre. Ce n'est donc pas une vente qui confère au mari son pouvoir.

Les formalités de la demande en mariage confirment cette interprétation du contrat. La jeune fille ne doit pas être mariée de force. Elle doit accepter son mari [2]. Si le jeune homme n'a jamais vu sa fiancée, celle-ci peut avoir vu le jeune homme : le voile des Musul-

1. Soixante francs.

2. C'est au moins une règle du Code hanéfite que la femme libre et majeure, vierge ou non, ne puisse être contrainte au mariage (V. Ettouati, *op. cit.*, p. 230 et note).

manes est comme l'anneau de Gygès : il empêche d'être vue sans empêcher de voir. La jeune fille peut donc avoir du goût ou de la répugnance pour le mari qu'on lui destine. Elle exprimera son sentiment : quand les parents ont décidé le mariage, on appelle des notaires pour dresser le contrat ; si la jeune fille n'a plus son père, un des notaires va lui demander son consentement. Pour l'avoir, on viole la coutume qui interdit aux hommes la vue des femmes : le notaire doit constater l'identité de celle qu'il interroge : il est mis en sa présence. Si le père est encore vivant, il doit demander l'avis de sa fille[1]. Sans doute, il peut la contraindre au mariage ; « il est préférable cependant que la fille soit consultée[2] ». Elle donnera son consentement par son silence, le refusera par une réponse formelle. Si le père abuse de son pouvoir et impose à sa fille un époux indigne d'elle, le cadi intervient pour empêcher ou annuler ce mariage forcé.

Non seulement la femme doit consentir au mariage, mais elle peut stipuler dans le contrat des garanties de sa liberté et de sa dignité. Elle peut demander à son fiancé l'engagement de passer toutes les nuits chez elle : c'est s'engager à ne pas prendre une seconde femme : la fidélité est imposée au mari par-devant notaire : s'il manque à sa promesse, s'il se débauche ou

1. La *Tohfat* d'Ebn-Acem, trad. fr. de MM. Houdas et Martel, art. 359-367.

2. Pourtant le cheikh Ettouati dit que « le père a le droit de contraindre la vierge au mariage, *sans restriction* » (*Recueil de notions de droit musulman*, trad. Abribat, p. 16).

se remarie, la première femme a droit au divorce[1]. Réciproquement, la femme peut réclamer l'autorisation de quitter à son gré le domicile conjugal[2]. Des contrats fréquents lui permettent de ne pas suivre son mari dans toutes ses résidences : les Tunisiennes, qui ne se plaisent pas en province, refusent parfois de suivre un mari que ses fonctions éloignent de la capitale[3]. Ainsi la femme n'est pas une marchandise qu'on échange contre de l'argent : c'est une personne humaine qui ne s'engage pas sans réserver ses droits.

Le mariage conclu, la femme est soumise à l'omnipotence maritale. De l'aveu des Musulmans, le mari parle à sa femme sur un ton brutal : elle répond d'un air résigné. Elle l'appelle *Sidi*, Monseigneur ; il est le maître : aussi ne lui rend-il pas la politesse. Selon des Françaises qui ont souvent assisté, le soir, au retour du mari dans la famille, il n'a jamais un mot agréable pour sa femme. D'après l'opinion courante, il ne l'admettrait pas à sa table. Mais ce détail est inexact. Dès le jour du mariage, le mari et la femme se sont assis à la même table et cette communion se répète durant toute leur vie. Pourquoi la légende contraire s'est-elle établie ? C'est d'abord qu'on a confondu les mœurs des nomades et celles des citadins ; dans certaines tribus, en effet, la femme sert l'homme et mange ses restes.

1. *Journal des tribunaux français en Tunisie*, t. VI, p. 449 ; Ettouati, *op. cit.*, p. 25.

2. *Id.*, t. III, p. 113.

3. C'est la raison qui engage parfois les Musulmans à prendre deux femmes : l'une pour la ville, l'autre pour la campagne.

En second lieu, certains maris, même à la ville, sont séparés de leurs femmes : la maison contient plusieurs générations d'une même famille ; les fils vivent avec leurs pères et les petits-fils avec leurs grands-parents ; à la troisième génération, des cousins de sexe différent se trouvent dans la même demeure ; pourtant, s'ils approchent de la puberté, il leur est interdit de se voir ; dès lors, on sert deux tables, l'une pour les hommes, l'autre pour les femmes. Mais une autre solution est souvent choisie ; on donne à chaque génération un appartement distinct où les hommes et les femmes prennent en commun leurs repas. Enfin, dans certaines familles, le mari reçoit beaucoup d'invités devant lesquels sa femme ne doit pas paraître. S'il en reçoit tous les jours, sa femme est tous les jours séparée de lui. Mais ces cas exceptionnels ne prouvent pas que la femme soit jugée indigne de partager le repas du mari. Néanmoins, elle lui doit une obéissance parfaite ; si elle n'est pas son esclave, elle est sa servante.

Chez les Juifs, l'autorité du mari est moins absolue, mais elle est de même nature. La jeune fille est consultée avant son mariage ; le contrat ne peut pas être signé sans le consentement des deux intéressés. L'expression de ses sentiments est, il est vrai, pleine de réserve : accepte-t-elle ? elle se tait ; refuse-t-elle ? elle pleure : aucune parole ne tombe de ses lèvres. Mais, pour être muette, sa volonté n'est pas moins claire : elle est, en général, respectée.

En acceptant un mari, se donne-t-elle un maître ? Plusieurs coutumes le font croire. Elle ne met guère d'empressement à se rendre dans la maison de son mari.

Le soir des noces, après un repas auquel le mari n'assiste pas, un cortège se forme, aux flambeaux, dans la maison de la jeune fille. Précédée d'enfants, soutenue par des amies, la mariée s'en va lentement chez son époux. Elle doit prendre un air attristé : récemment encore, elle faisait trois pas en avant et deux en arrière [1] pour exprimer son chagrin. La marche était si pénible qu'on emportait un fauteuil où, par moments, la malheureuse se reposait. Bien que cet usage soit oublié, la procession est toujours lente : elle ressemblerait à un cortège funèbre sans les cris aigus des enfants et les rires égrillards des adultes. On arrive enfin. Le mari attend sa femme ; il doit la soulever au-dessus du seuil comme s'il la ravissait ; il doit, dès qu'elle a touché le sol de la maison, poser son pied sur le pied de sa femme pour marquer sa puissance. Il est vrai que la femme a su renverser cette pratique : elle monte parfois sur le pied de son mari [2]. La Juive parait malicieuse : ce n'est pas la seule circonstance où elle raille son maître. Huit jours après le mariage, elle lui sert un poisson dont elle a remplacé l'arête médiane par deux baguettes mises bout à bout. Elle invite son mari à couper le poisson ; mais il a beau frapper de toutes ses forces, le bois résiste. De guerre lasse, il passe le couteau à sa femme, et celle-ci, qui sait où les deux baguettes se séparent, tranche du premier coup le poisson récalcitrant [3]. L'homme est fort, mais la femme est avisée, et

1. Hesse-Wartegg, *Tunis: Land und Leute*, p. 108.
2. Ch. Lallemand, *Tunis et ses environs*, p. 180.
3. La même cérémonie prend souvent une autre forme : le

la force de l'homme ne prévaudra pas contre la sagesse de la femme. Au mari, la force brutale, l'autorité nominale et apparente; à la femme la force gracieuse de l'ironie. Néanmoins, le mari est le maître. Sa femme ne partage pas son repas; dans les familles israélites deux services se succèdent : le premier pour les hommes, le second pour les femmes. Comme la Musulmane, la Juive est la servante de son mari.

* * *

Au moindre caprice, l'Arabe peut congédier cette servante. L'homme répudie la femme à son gré : il n'est pas tenu de donner des raisons; il n'est pas tenu d'en avoir. Il peut divorcer avant d'avoir touché sa femme, avant même de l'avoir vue. Il peut payer la dot et refuser le mariage; c'est une répudiation anticipée[1]. Pourtant les juristes ne conseillent pas de tels abus; le Prophète attire même la malédiction divine sur les répudiations arbitraires. En fait elles sont rares; la dot que paie le mari est une garantie contre le divorce. Quand le mariage est décidé, le fiancé envoie à la jeune fille, dans un coffret de bois plaqué de nacre, la dot convenue. S'il renonce au mariage, si, le mariage conclu, il divorce sans raison grave, la femme retiendra la

mari n'a qu'un couteau ébréché, la femme un couteau tranchant. Le sens est le même.

1. *Journal des tribunaux français en Tunisie*, t. VII, p. 493.

dot[1]. L'intérêt force à la réflexion le mari capricieux ; n'ayant aucune raison pour chasser sa femme, il a une excellente raison pour la garder. La dot n'est donc pas l'instrument de la servitude, mais de la dignité de l'épouse.

De son côté, la femme peut demander le divorce. Quand elle est battue, quand elle est victime d'une injustice, quand le mari ne sait pas partager ses faveurs entre ses femmes et accorder à chacune la « part de Dieu », quand il viole une clause de son contrat, la femme se plaint au cadi et obtient la rupture du mariage. Mais, tandis que l'homme répudie la femme sans donner ses raisons, la femme ne peut pas demander le divorce sans invoquer de motif valable. Se plaint-elle de sévices graves ? le juge ne la croit pas sur parole ; il fait une enquête ; il peut violer l'intimité mystérieuse de la maison musulmane : il y envoie un ménage voisin qui surveille la vie des époux et fait son rapport au tribunal. On prend contre les mensonges de la femme plus de précautions que contre la brutalité du mari. — Demandé par la femme ou décrété par l'homme, le divorce est fréquent : c'est que le lien est fragile.

Chez les Israélites comme chez les Arabes, la dissolution du mariage est ordonnée par le mari. Mais la femme a des garanties contre l'arbitraire. Dès qu'il s'est engagé par contrat, l'homme doit épouser ou

1. Elle retient la moitié de la dot, si elle est répudiée avant la consommation du mariage (Ettouati, *op. cit.*, p. 28).

payer un dédit[1]. Dès qu'il est marié, il ne peut pas divorcer sans payer une somme d'argent égale à la moitié de l'apport de sa femme. En outre, la loi rabbinique le force à réfléchir : une simple parole ne suffit pas pour répudier une femme[2] ; le mari écrit un acte de répudiation signé de deux témoins et cet acte doit être remis à la femme en présence de deux témoins[3] : l'usage porte même à dix le nombre des témoins. Si le mari ne veut pas remettre lui-même à sa femme l'acte de répudiation, il envoie un mandataire ; mais le mandat n'est valable que si l'intermédiaire a reçu deux fois l'ordre de porter l'acte[4]. On donne ainsi au mari le temps de revenir sur une résolution regrettable. Enfin, quand il a divorcé, il doit à sa femme une pension alimentaire[5]. Mais toutes ces précautions juridiques prouvent elles-mêmes la fragilité du lien matrimonial.

*
* *

En opposant à notre conception de la famille celle des indigènes tunisiens, nous n'avons défini ni la

1. *Journal des tribunaux français en Tunisie*, t. V, p. 191 ; t. VI, p. 237.
2. Opinion contraire, non vérifiée, dans Hesse-Wartegg, *op. cit.*, p. 105.
3. *Eben Haezer*, traité Guittin, trad. fr. de Sautayra, t. II, p. 229 et suiv.
4. *Id.*, t. II, p. 265.
5. *Journal des tribunaux français en Tunisie*, t. V, p. 358.

famille musulmane ni la famille israélite, mais nous avons montré ce qui leur manque. C'est une force extérieure, la force de la Loi, qui maintient l'un près de l'autre des êtres toujours prêts à se séparer. Il manque une force intime, capable de fondre ensemble les éléments associés.

II.

Par leurs caractères négatifs, les deux familles tunisiennes s'opposent à la famille européenne ; par leurs caractères positifs, elles s'opposent l'une à l'autre.

La famille peut exister sans amour : sans aller à Tunis on en trouverait la preuve. C'est que la famille satisfait d'autres sentiments : le besoin sexuel, l'intérêt, l'instinct de l'espèce. Le but de l'union est plus ou moins éloigné : la jouissance physique est immédiate ; puis les époux, dans la lutte pour la vie, tirent profit de leur association ; la naissance de l'enfant, qui satisfait le génie de l'espèce, est la fin la plus lointaine du mariage. Un plaisir actuel, l'avenir individuel, l'avenir du genre humain, voilà ce qui pousse l'homme à constituer une famille. Les institutions domestiques varient suivant que les hommes attachent à l'une ou à l'autre de ces fins une importance prépondérante. Si l'imprévoyance est le trait essentiel du caractère arabe, la fin la plus rapprochée doit être la plus vivement désirée des Musulmans : ils doivent chercher dans le mariage moins les joies de la paternité que les satisfactions égoïstes, moins leur intérêt que leur plaisir. Si les Juifs savent prévoir, au contraire, l'effet immédiat de l'union sexuelle doit leur paraître la fin la plus insignifiante du mariage ; la collaboration dans la vie doit être plus estimée ; enfin les enfants doivent être la raison même de la famille. Entre la famille musulmane et la famille israélite, ne retrouverons-nous pas la distance des deux âmes ?

*
* *

« Le mariage est un contrat ayant pour *but unique* de s'assurer, après intervention de témoins, une jouissance physique avec une fille d'Adam... », telle est la définition que donne non pas un homme du peuple, mais un théologien musulman [1]. Le commentateur ajoute que le mariage est « autorisé » même si l'on ne désire pas de postérité. Sans doute les Arabes n'aiment pas les femmes stériles : la stérilité est souvent un motif de divorce [2] ; elle n'est, aux yeux de la Loi, qu'un prétexte sans valeur : l'homme qui répudie une femme pour sa stérilité perd la dot qu'il lui a versée. « Pourquoi annuler le mariage quand son but est atteint ? me disait un professeur de l'Université tunisienne. Et ce but n'est-il pas atteint quand l'union des sexes est possible » ? Les seules causes de nullité, en effet, ce sont

1. Ibn-Arfa, V. *La Tohfat d'Ebn-Acem*, trad. fr. p. 170.
2. Cf. Gl Daumas, *la Vie arabe*, p. 182. — Noter que ce sont les Kabyles, plus que les Arabes, qui répudient les femmes stériles.

les obstacles matériels au rapport sexuel : les juristes musulmans dressent la liste de ces cas : je ne pourrais la reproduire qu'en latin et je le regrette, car elle montre bien que le but suprême, sinon le « but unique » du mariage, c'est la jouissance : est-elle nulle ? le mariage est nul de plein droit.

Pourtant certains auteurs contestent cette définition. « Ce n'est pas seulement le plaisir physique qu'il faut rechercher dans le mariage, écrit un théologien musulman : le mariage est un acte de piété envers Dieu et envers le Prophète, car il est agréable à Dieu et au Prophète de voir se multiplier le nombre des fidèles [1] ». Remarquez que, même dans cette doctrine, l'avenir de l'espèce est oublié : ce ne sont pas des enfants qu'il faut faire, ce sont des Musulmans. Mais l'auteur renonce à sa propre théorie quand il établit le fondement religieux de la famille : il ne parle plus que du plaisir physique : « Un esclave, dit-il, qui laisserait se rouiller les outils que son maître lui a donnés pour cultiver son champ mériterait d'être puni : Dieu a donné à l'homme et à la femme un sexe et le désir sexuel : ceux qui renoncent au mariage négligent les outils donnés par Dieu ; ils méritent donc une punition, car l'existence seule des outils implique l'ordre de les utiliser. » Nous revenons à la définition brutale d'Ibn-Arfa. Du moins celui-ci prenait-il le soin d'ajouter que

1. *Paroles vierges sur les droits de la femme dans l'Islam*, par le cheïkh Hamza Fet Hallah (Boulak, 1889). — Je dois la connaissance de ces textes à M. Mohamed Sellami, professeur au collège Alaoui.

les femmes légitimes, à la différence des autres, sont désintéressées : elles ne font pas « payer la valeur »[1] de leurs baisers. Mais des théologiens tunisiens ne partagent pas cette opinion : la dot payée par le mari, me dit l'un d'eux, n'est pas le prix d'achat de la femme, mais le prix des jouissances qu'elle procure. Le mari s'assure, par contrat, le monopole des baisers d'une femme. A ce point de vue, l'épouse musulmane n'est qu'une maîtresse légitime.

Le mari tient à son monopole. Le souci exagéré du plaisir physique, telle est la cause qui excite la jalousie de l'Arabe, ferme sa maison et voile sa femme. — L'architecture de la maison musulmane n'est donc pas inspirée par le goût esthétique, mais par la jalousie domestique. La maison n'a pas de fenêtre : à peine, dans les vieux quartiers, voit-on, à quatre mètres au-dessus du sol, une étroite lucarne solidement grillée, une autre parfois au-dessus de la porte. A l'arrivée des Maures andalous, un style nouveau fut adopté : au premier étage — jamais au rez-de-chaussée, — des fenêtres plus larges furent percées, mais elles sont toujours munies d'un double grillage de bois et de fer. Des maisons plus récentes encore, ornées d'un balcon, ne sont pas moins hermétiquement closes : derrière les moucharabiehs[2] les Musulmanes sont invisibles. — On peut se passer de fenêtre : on ne peut pas se passer de porte. Mais la porte est toujours fermée : on ne l'ouvre qu'à bon escient. L'étranger admis à pénétrer dans la

1. *La Tohfat, loc. cit.*
2. Grilles de bois.

maison doit attendre dans la rue que les femmes aient regagné leur appartement. Une seule fois j'ai pu visiter une chambre habitée par des femmes : elle était à louer, et le propriétaire était bien obligé d'y introduire les amateurs : mais il avait caché les femmes derrière les rideaux d'un lit, et, sans leurs rires étouffés, je n'aurais pas deviné leur présence. En général, l'étranger s'arrête dans une sorte de vestibule dans lequel s'ouvrent deux portes, l'une sur la rue, l'autre sur la maison : mais ces deux portes ne sont pas dans le même axe : en ouvrant la porte de la rue, on ne peut pas jeter un regard dans l'intérieur de la maison. Souvent, on sépare les deux portes par un couloir étroit et tortu. Près du vestibule, à la place où serait chez nous la loge du concierge, les Arabes ont mis la salle des étrangers. C'est comme une cellule parasite ; elle est juxtaposée à la maison sans en faire partie. Le salon de réception, qui est chez nous le cœur de la maison, n'est ici qu'un appendice. — Entrons dans la maison proprement dite. La lumière ne venant pas du dehors, doit avoir sa source au dedans : toute maison a donc sa cour intérieure, son atrium, son « patio ». Sur chaque côté est construit un appartement : une chambre rectangulaire dont deux coins sont pris par deux cabinets : ce qui reste a donc la forme d'un T : l'une des branches du T est occupée par le lit, l'autre par des meubles ; le pied est garni de divans ; les deux cabinets sont réservés aux femmes. Les murs sont souvent décorés de faïences colorées et d'arabesques sculptées ; les plafonds de bois sont peints et dorés, ce qui a fait dire à un spirituel écrivain que la position horizontale est la meilleure pour apprécier l'architecture des maisons arabes : c'est du lit qu'il faut les voir[1]. La volupté est assez chère aux Musulmans pour que cette plaisanterie cache une vérité. — La femme, qui sort peu, vit dans la cour intérieure : aussi l'accès des terrasses, d'où l'on peut voir dans les cours, est-il interdit aux hommes. Beaucoup de propriétaires arabes insèrent dans leurs contrats de location une clause qui ferme l'escalier des terrasses ; dans certaines maisons, cet escalier n'existe pas. La terrasse n'est donc pas destinée à faire goûter aux Musulmans la fraîcheur des soirs : la maison est fermée par le haut comme par le bas ; la femme est à l'abri des regards indiscrets, qu'ils viennent du ciel ou de la terre.

A la maison, la femme reçoit peu. Elle ne reçoit que des femmes. La chronique scandaleuse dit bien que les adultères sont fréquents : on se servirait du voile même, instrument de la jalousie, pour tromper les jaloux : l'amant, déguisé en femme et strictement voilé, pourrait pénétrer dans le harem à la barbe du mari que la présence d'une étrangère éloigne de sa propre demeure[2]. Mais quel Européen tient la preuve de ces légendes ? Les Arabes prétendent qu'en général leurs

1. Paul Arène, *Vingt jours en Tunisie*, p. 232. « Une fois sur le dos... je comprends le pourquoi de ces appartements étroits et hauts, de ces murs de plus en plus travaillés et riches à mesure qu'ils se rapprochent du plafond, de ce plafond gaufré, doré, aux tons harmonieux et pâlis de cuir de Cordoue et de vieilles reliures, s'épanouissant dans la joie de ses arabesques et de ses couleurs ainsi qu'une fleur géométrique renversée. »

2. Cf. Hesse Wartegg, *Tunis : Land und Leute*, p. 71.

femmes sont fidèles : malgré certains dictons qui ont cours parmi eux, il faut bien les croire sur parole. — La femme reçoit pourtant quelques hommes. Son frère même ne peut pas la voir sans la permission du mari, mais le mari est parfois obligé d'introduire un médecin près de sa femme. Il prend alors ses précautions. Hesse-Wartegg raconte que, « s'il faut tâter le pouls d'une Mauresque, l'eunuque cache le bras et la main, ne laissant voir que le poignet. Faut-il tirer la langue ? l'eunuque couvre de ses mains le visage de la malade et laisse passer la langue entre ses doigts. [1] » Ce dernier détail me parait excessif, mais les autres m'ont été confirmés. Quand le médecin se présente, on cache la malade sous les draps, puis on perce un trou dans le drap pour livrer à l'œil du médecin le point douloureux du corps. S'agit-il d'un mal de gorge ? la précaution est impraticable : il faut bien découvrir le visage. A partir de ce moment, la Musulmane ne se voile plus devant son médecin. Ces usages ne sont adoptés que par les grandes dames. Mais, quelle que soit leur condition, les Musulmanes ne peuvent guère recevoir d'autre homme que le médecin.

Elles rendent encore moins de visites qu'elles n'en reçoivent. La grande dame ne sort pas de sa maison. A de rares occasions, elle monte dans une voiture hermétiquement close que des serviteurs ont traînée jusqu'au cœur de la maison : dans la rue, on attelle les chevaux ; à l'arrivée on les dételle dans la rue ; on pousse la voiture, à force de bras, jusqu'au fond du

1. Hesse-Wartegg, *ibid.*

vestibule : c'est seulement alors que la visiteuse peut descendre. La femme de la classe moyenne sort plus souvent[1] : sur son vêtement, elle jette de blancs « haïks » dont elle s'enveloppe jusqu'aux ongles ; sa coiffure conique retient sur le front un voile de soie noire, à fleurs rouges et blanches, qui tombe jusqu'aux genoux : de ses deux mains elle en relève les bords à la hauteur des hanches de manière à voir le sol sur une longueur d'un pas. Souvent une fillette l'accompagne, voilée, elle aussi, mais d'une voilette rose ou jaune en gaze transparente. Souvent aussi elle est guidée par une servante qui porte le voile des pauvres, plus disgracieux mais plus commode que celui des riches : une épaisse étoffe noire, maintenue par les haïks et le cône de la coiffure, s'enroule deux fois autour de la tête : au premier tour, elle couvre le front et les sourcils ; au second elle écrase le nez et cache les joues, la bouche et le menton : seuls les yeux apparaissent : encore les femmes les plus austères savent-elles les voiler : quant aux coquettes, elles laissent deviner tous leurs traits sous l'étoffe bien tendue. Les vieilles serrent moins étroitement le bandeau qui s'accroche au bout du nez : les rides et le parchemin de la peau se voient dans l'entrebâillement. La pudeur est tuée par l'âge : quelques-unes se promènent les seins à l'air, mais leur visage est toujours à demi caché par

1. Un auteur arabe, Ebn-Omer, distingue : 1° les femmes qui sortent le jour ; 2° celles qui ne sortent que la nuit ; 3° les femmes de haute condition qui ne sortent ni le jour ni la nuit. (La *Tohfat* d'Ebn-Acem, trad. Houdas et Martel, note 129).

un voile mal assujetti : il n'y a que les folles pour montrer à découvert tout leur visage.

Si l'on pouvait demander aux Musulmanes la raison de leur voile, elles répondraient sans doute : « C'est l'usage ! » — Mais quel besoin satisfait cet usage ? — Le besoin religieux, dit-on : toutes les Musulmanes se voilent ; seules les Musulmanes se voilent : c'est parce qu'elle sont Musulmanes qu'elles se voilent. — Nous verrons[1] que les deux prémisses de ce raisonnement sont également fausses. Admettons pourtant que le Prophète ait ordonné de voiler les femmes. Encore faut-il chercher les motifs de ce précepte. Les préceptes du Coran sont de deux sortes : ou bien ils consacrent d'anciens usages, ou bien ils introduisent des nouveautés. Quand le précepte est révolutionnaire, Mahomet ne craint pas de le répéter, de l'expliquer ; quand il est conservateur, ces efforts sont inutiles : du premier coup, les fidèles ont compris. Or, il ne parle du voile que par allusion. Il ne redit pas : « Voilez vos femmes » ; il dit : « Dans tels et tels cas, vos femmes peuvent se découvrir[2]. » Il ne pose pas une règle, il énumère les exceptions : c'est que la règle avait été établie avant Mahomet. En effet, les romans anté-islamiques nous apprennent l'existence du voile. Même s'il est consacré par la religion, le voile doit être expliqué par d'autres besoins que le sentiment religieux.

Quels sont ces besoins ? Suivant l'opinion courante, le voile servirait à protéger l'honneur domestique : la

1. V. chap. de la Religion.
2. Coran, XXXIII, 55.

jalousie des hommes, la pudeur des femmes auraient imaginé cette mesure préventive. Cette théorie n'est pas seulement celle des Français, c'est celle des Arabes : on peut donc dire que la raison actuelle du voile, c'est la jalousie. Mais si le voile est conservé par la jalousie, a-t-il été créé par elle ? Nous avons vu que le voile ne protège pas toujours l'honneur des maris ; la jalousie, en suggérant cette invention, eût été mauvaise conseillère. Sauf dans les classes riches, le voile ne cache pas les yeux ; dans certains pays musulmans, le voile laisse transparaître les traits du visage : quel jaloux serait satisfait d'un masque aussi imparfait ?

Pour expliquer le voile des Musulmanes il faut le comparer aux voiles analogues : les mêmes effets sont produits par les mêmes causes. Chez les Touaregs, les femmes ont le visage découvert, mais les hommes portent un voile identique à celui des Tunisiennes de basse condition. Les Touaregs habitent le désert : ils doivent préserver leur visage contre les tempêtes de sable et contre l'ardeur du soleil ; leurs femmes, qui ne quittent pas la tente, ne sont pas exposées aux mêmes dangers : c'est pourquoi elles ne se voilent pas. Est-il interdit de supposer que les femmes, avant l'islam, portaient le voile pour se défendre du climat d'Arabie ? Habituées à vivre dans l'intérieur de la tente, elles devaient, quand elles en sortaient, souffrir plus que les hommes du soleil et du sable. Elles auront inventé le voile pour le motif qui fait adopter la voilette par les Européennes : c'est pour se défendre du vent et du froid plutôt que pour se cacher ou se parer que nos femmes se voilent le visage : le voile des Musulmanes répond à un besoin physique de même nature.

La jalousie des hommes est moins forte que la ruse féminine. Si le voile n'avait pas préexisté, les Arabes n'auraient pas pu l'imposer à leurs femmes : elles auraient trouvé moyen d'échapper à cette gène. Mais le voile existait : la jalousie masculine s'en est servi : elle a obligé les femmes à le conserver même lorsque le climat ne l'exigeait plus. Les hommes avaient pour eux la force de la coutume ; ils surent y joindre la force de la coquetterie. Comme les travaux des champs empêchent les Bédouines de se voiler, le voile devint un signe de distinction ; montrer son visage devint le fait d'une paysanne ; aussi, dès qu'un Bédouin veut jouer au grand seigneur, force-t-il ses femmes à se voiler. Le voile n'a pas été créé, mais il est utilisé par la jalousie.

Cette explication est incomplète : la jalousie musulmane ne doit pas être exagérée. Elle contribue, elle ne suffit pas à expliquer l'architecture de la maison et le vêtement de la femme. Il est sûr que, lorsqu'on possède quatre femmes et qu'on ne voit en elles que des sources de volupté, on doit avoir quelques soucis. Mais si les Musulmans étaient si jaloux, ils seraient plus amoureux, et leur famille serait plus unie. S'ils étaient si jaloux, ils ne consentiraient jamais à laisser leurs femmes voler en d'autres bras : le divorce serait inconnu. Leur jalousie est donc trop faible pour expliquer entièrement la reclusion de la Musulmane : en étudiant les fonctions de la femme, nous trouverons le complément de l'explication.

*
* *

La famille musulmane n'est pas faite que pour le plaisir : elle sert les intérêts de ses membres. Chacun des associés apporte donc sa part de capital. Le mari donne la maison, les produits de son travail, une dot qui restera la propriété de sa femme ; celle-ci doit quelque chose en échange. Souvent elle est riche : ses parents, sans y être tenus, ont mis leur ambition à lui constituer un douaire. Ils sont obligés de lui fournir un mobilier[1] : c'est, avec ses qualités de ménagère, l'apport social de l'épouse. Au jour fixé, le trousseau de la femme est porté chez le mari : des cérémonies du mariage c'est la seule qu'on voie dans les rues de Tunis. Des mules, des chevaux ou des ânes, suivant la qualité des personnages, sont conduits en procession d'une maison à l'autre. Chaque animal porte un meuble : une armoire, un lit, des coussins ; sur les meubles sont juchés des enfants. Les meubles chancellent, les enfants crient. Aux carrefours, le cortège s'arrête et les hommes qui le conduisent se joignent aux enfants pour entonner un chant d'hyménée. Ce déménagement solennel a pour effet de réunir les capitaux des deux époux.

Pour qu'une société prospère, il ne suffit pas qu'elle

1. Le mobilier, selon certains auteurs, serait payé par la dot constituée par le mari. Celui-ci pourrait contraindre le tuteur de sa femme à employer à cet achat la totalité de la dot. Nouvelle preuve que la dot n'est pas le prix d'achat de la fille.

ait des capitaux, il faut que l'activité de ses membres soit bien réglée. Comment le travail est-il réparti dans la famille musulmane ? Le principe qui fonde la division des fonctions est le même que dans toutes les sociétés : l'homme est chargé des affaires extérieures, la femme des affaires intérieures de la famille. L'homme est soldat, fonctionnaire public, commerçant ; la femme prépare la nourriture et les vêtements, prend soin du foyer domestique et des enfants en bas-âge. Les mœurs, sinon les lois, interdisent à la plupart des femmes tout négoce qui les mettrait en relation avec des étrangers. Sans doute quelques femmes — des négresses surtout, c'est-à-dire d'anciennes esclaves — se livrent, dans les rues de Tunis, au commerce du pain ; mais elles sont une exception. Les bourgeoises évitent même de faire les achats indispensables au ménage : jamais une femme couverte du long voile de soie noire ne s'arrête à la boutique d'un marchand ; ce sont les femmes du peuple, les servantes, les femmes au voile de laine qui s'assoient dans les souks, bavardent et achètent. Souvent on rencontre des Tunisiens assez riches, en robe de laine brodée ou en robe de soie, qui portent un morceau de viande empalé sur une baguette ou un poisson suspendu à un roseau par les ouïes : ils ont acheté pour leurs femmes les matières premières que la cuisine doit élaborer. L'importation, qui met en rapport avec des commerçants étrangers à la famille, relève en principe du département masculin.

Entre les fonctions des deux sexes, nous faisons la même distinction que les Arabes ; pourtant nos mœurs sont différentes. C'est parce que la femme est chargée du ménage, chez nous, qu'elle fait elle-même son marché ; c'est parce qu'elle est chargée du ménage, chez les Musulmans, qu'elle ne quitte pas son foyer. De même, c'est parce que les femmes sont chargées de l'intérieur, les hommes de l'extérieur que nous rendons visite aux femmes ; c'est parce qu'elles sont chargées de l'intérieur que les Musulmanes ne reçoivent pas : recevoir, c'est une fonction diplomatique et la diplomatie est un art masculin. La variété des mœurs ne doit pas faire sourire le sceptique : elle ne s'explique pas par les contradictions de l'esprit humain : des mœurs différentes ne sont souvent que des interprétations différentes de principes identiques.

La fonction de la femme est symbolisée dans les fêtes du mariage. Le soir, les femmes de la maison du mari vont chercher la fiancée et l'introduisent dans la chambre nuptiale. Le fiancé, à son tour, est amené par ses parents et ses amis. Il entre et voit sa femme pour la première fois[1]. Mais cette première entrevue ne doit pas durer longtemps et elle est tout entière consacrée à célébrer des rites et à réciter des prières. Les deux époux boivent à la même coupe[2]. Puis le mari dit sans doute à sa femme qu'elle est chez elle, qu'elle est souveraine du foyer ; pour le lui prouver, il lui abandonne la maison : elle reste seule toute la nuit.

1. Près de la femme se tient la nourrice : le mari doit glisser une pièce d'argent dans la main de la nourrice pour l'éloigner.

2. Remarquer que la coupe n'est pas brisée, comme chez les Juifs.

Le mari rejoint ses amis et passe la nuit chez l'un d'eux. C'est seulement le lendemain que le mariage sera consommé. Il est juste d'ajouter que cette cérémonie délicate n'est pas usitée dans les tribus : dès que la femme a pénétré dans la tente du mari, l'union physique s'accomplit. Les jeunes gens, au dehors, comptent malicieusement le temps qui s'écoule entre l'arrivée de la femme et la sortie du mari triomphant : une sorte de concours de brutalité s'institue : c'est à qui présentera le plus vite à la foule les preuves de la virginité de sa femme. A la ville, cette exposition sanglante n'est faite que le surlendemain du mariage : la femme reste vierge durant la première nuit. — Le lendemain, la fête continue. Dans la matinée, la femme assise sur un coussin élevé au-dessus de l'assistance, reçoit les félicitations de ses amies. Des pâtisseries sucrées et parfumées circulent parmi les invitées. Des almées exécutent leurs danses, et des musiciens juifs, aveugles, les yeux blancs, les accompagnent de leurs mélodies mélancoliques, fausses, criardes et monotones. A l'heure du déjeûner, les invitées se retirent. Le mari reparaît. Le mari et la femme prennent leur repas à la même table : la vie commune a commencé.

De la division du travail vient l'infériorité de la condition féminine. Dans la famille comme dans l'État, le pouvoir militaire veut dominer le pouvoir civil : la force et la gloire donnent l'autorité. La famille, dans cette société longtemps militaire, est gouvernée par un César. C'est la nature de ses fonctions qui confine la femme dans sa maison, et qui, même lorsqu'elle en sort, la sépare par un voile du monde extérieur. Plus que la jalousie des hommes, plus que la volonté de Dieu, la définition des fonctions de la femme a causé son infériorité sociale.

Les fonctions de la femme lui donnent ses habitudes mentales et jusqu'à ses habitudes corporelles. Elle n'a pas besoin de culture intellectuelle. Aussi m'affirme-t-on que des femmes instruites[1] perdent, dans le harem, le goût de la lecture. La femme n'a pas d'expérience puisqu'elle ne sort pas de sa demeure. Elle est, dans les classes riches, abêtie par l'oisiveté et par les commérages de harem ; dans les classes pauvres, abrutie par le travail. Suivant les Américaines que j'ai déjà citées, les Musulmanes parlent « comme des bébés », sur un ton aigu, glapissant, cajolant : ce sont des enfants. — Au physique, leur existence sédentaire leur donne vite un embonpoint excessif. Ce n'est pas que les Arabes aient du goût pour les chairs abondantes[2], mais l'obésité est un effet nécessaire de la vie des Musulmanes : seules les jeunes conservent de la plasticité. Ainsi la définition de la femme musulmane explique la forme de son esprit et la forme de son corps.

Les fonctions intérieures, réservées à la femme, étaient jadis très nombreuses. A l'époque où l'extérieur c'est la guerre, l'intérieur c'est tout le reste. Le mari est soldat : toutes les autres industries incombent à la

1. Par exemple, des Européennes épousées par des Arabes.

2. Hesse-Wartegg, *op. cit.*, p. 72, croit à tort que les Arabes engraissent leurs femmes. Il confond Arabes et Juifs.

femme. Chacune de ces industries est elle-même compliquée. Préparer la nourriture, ce n'est pas seulement cuire les aliments, c'est labourer, semer, moissonner, moudre le grain, faire le pain. Dans certaines tribus, la femme se livre encore aux travaux agricoles : c'est une survivance de l'état militaire : l'homme n'ayant plus à faire son métier de soldat et n'ayant pas d'autre métier, vit de chasse, de razzia ou d'oisiveté, et laisse sa femme à la charrue. — La femme prépare, outre la nourriture, le vêtement ; sa tâche ne consiste pas à donner la dernière façon à une matière déjà préparée : si elle ne tond pas les moutons, elle file la laine, la tisse et coupe les habits. — C'est encore la femme, dans les tribus de l'intérieur, qui pourvoit au besoin d'abri. Elle tisse l'étoffe en poil de chameau, dresse la tente ; elle démolit et reconstruit l'habitation chaque fois que le mari donne le signal d'une migration. Aux portes mêmes de Tunis, on peut assister à ces déménagements radicaux. Le troupeau d'un berger va-t-il paître à quelque distance ? la maison le suit. Et, pendant que son mari, gardant ses moutons, dort ou chante à l'ombre, la femme plie la toile, abat les pieux, charge sur un bourriquet cette charpente et ces murs mobiles, y joint le moulin, les jarres pleines de grain et les plats de bois. Puis elle pousse son âne vers l'endroit désigné. Là, elle plante le piquet, tend la toile avec des pierres, dépose moulin, jarres et plats, étend des nattes sur le sol, fait à la tente un maigre rempart d'épines : et la maison est reconstruite. En deux heures tout est terminé. — « La femme arabe tient lieu du menuisier, du boulanger, du restaurateur, du pâtissier-confiseur, du tisserand, du tailleur, du maçon... Sans compter les détails accessoires qu'on peut appeler d'agrément, la femme assure à l'homme ces trois choses essentielles de la vie matérielle : aliment, vêtement, abri[1]. » Ces lignes résument bien le rôle économique de la femme : elle cultive seule tous les arts de la paix.

La multiplicité et la complexité de ces tâches rendaient nécessaire la polygamie : il fallait autant de fonctionnaires que de fonctions. « J'ai quatre femmes, disait un chef arabe ; la première porte l'eau, la seconde moud le grain ; la troisième fait le pain ; la dernière ne fait pas grand'chose : elle est la plus jeune et ma favorite[2]. » Cet exemple prouve que la division du travail est grossièrement faite. De même, dans les familles tunisiennes encore polygames, toutes les femmes s'occupent de toutes les tâches, mais elles ont chacune leur « jour de cuisine ». Peu importe la méthode suivie dans la répartition : elle est toujours faite. Les Musulmanes ne comprennent pas comment l'Européenne est satisfaite de son sort : elle doit être, disent-elles, excédée de fatigue[3]. La polygamie n'est donc pas simplement l'invention d'hommes voluptueux qui veulent multiplier le nombre de leurs plaisirs par le nombre de leurs femmes. Certains voyageurs prétendent que l'instinct sexuel est particulièrement développé chez les

1. Ct Richard, *De l'émancipation de la femme arabe*. — Cité par Paul Leroy-Beaulieu, *l'Algérie*, p. 246.

2. Cité par Westermarck, *l'Origine du mariage dans l'humanité*, p. 424.

3. Cf. Hesse-Wartegg, *op. cit.*, p. 68. « Les femmes arabes ne sont pas malheureuses. »

Arabes. Mais ce développement, s'il existe, est plutôt l'effet de la polygamie que sa cause. L'obligation de répartir équitablement entre les femmes les jouissances physiques a pu exagérer l'importance du désir sexuel. Mais c'est la fonction qui crée l'organe ; la polygamie est une institution économique qui permet d'établir dans la famille la division du travail ; elle ne satisfait le besoin sexuel que par un choc en retour.

Si la polygamie dépend de causes économiques, une révolution économique doit emporter la polygamie. La division du travail dans la société et l'apparition du commerce enlèvent aux femmes leurs occupations, c'est-à-dire leurs raisons d'être. Dès qu'une famille nomade s'installe à la ville, la femme n'a plus à pourvoir au besoin d'abri : on trouve toutes prêtes des maisons de pierres : l'industrie du maçon supprime le tissage du poil de chameau. — L'industrie du vêtement délivre la femme d'une seconde tâche. Les matières premières, les fils de laine sont expédiés par le commerce européen ; le tisserand indigène fait mieux que la femme et à meilleur compte les étoffes dont elle veut se parer ; des Juifs taillent, cousent, ornent ces étoffes à son goût. Si elle s'en occupe encore, c'est pour passer le temps, comme les bourgeoises européennes ; ce n'est plus une industrie, c'est un art ; ce n'est plus un besoin, c'est un luxe. La Musulmane riche ne fait plus de vêtements : elle brode, elle exécute d'élégants travaux à l'aiguille. Dans les classes pauvres ce luxe est inconnu : avec l'art du vêtement la polygamie disparaît. — Enfin, les industries de l'alimentation ont sur la famille le même contre-coup. On trouve le pain tout cuit : des négresses le vendent au coin des rues. Dans beaucoup de maisons on le pétrit encore, mais on ne le cuit plus : les domestiques portent au four voisin les galettes de pâte préparées par les femmes. Le fournier se charge même d'autres plats : aux jours de fête, des odeurs de viande chaude se répandent dans les rues de Tunis ; on voit, sur le pavé de la rue, le long des maisons, des têtes de moutons, des gâteaux, des massepains. Les clients vont et viennent devant cet étalage improvisé ; ils tâchent de reconnaître, au signe qu'ils ont marqué, le plat apporté le matin. De ses nombreuses fonctions il ne reste plus à la Tunisienne que le soin de préparer le couscouss.

Le rôle économique de la femme diminue : aussi la polygamie tombe-t-elle en désuétude ; si elle subsistait, ce serait chez les riches, la femme serait un objet de luxe qu'eux seuls pourraient s'offrir. En effet, de tout temps chez les princes la femme a vécu dans l'oisiveté : ses fonctions étaient tenues par les esclaves ; plus on avait de femmes, plus on faisait montre de richesse. L'imitation des cours a longtemps conservé la polygamie dans l'aristocratie musulmane. Depuis que l'influence européenne se fait sentir, les riches Arabes, par une sorte de respect humain, renoncent à la polygamie. Le bey de Tunis n'a qu'une femme : son exemple entraîne beaucoup de ses sujets. Quant aux pauvres, ils sont depuis longtemps monogames : quand on n'a guère de ressources on se soucie peu de payer deux fois le même service : l'homme qui peut satisfaire ses besoins économiques en achetant ses denrées au marchand du coin n'a que faire d'une femme qui fabriquerait à domicile les mêmes produits. La polygamie est donc très rare à Tunis : seuls ou presque seuls, les riches Tunisiens qui viennent des provinces sont polygames : à mesure que le commerce européen pénétrera dans l'intérieur, il dispensera les femmes nomades elles-mêmes d'une grande partie de leurs travaux. En fait, sinon en droit, la polygamie aura vécu.

La famille musulmane, pourrait-on dire, n'est pas seulement une institution domestique, c'est une institution économique, car elle varie avec l'état économique des pays musulmans. C'est que l'intérêt matériel de ses membres est la seconde fin de cette société.

*
* *

La famille musulmane ne serait pas une famille si elle ne servait pas à la conservation de l'espèce. Mais la naissance d'un enfant est un effet plutôt qu'un idéal. Sans doute les Arabes ont beaucoup d'enfants ; encore faudrait-il remarquer que le nombre de leurs enfants n'est pas proportionné au nombre de leurs femmes : j'ai connu un Arabe qui avait épousé sept femmes : il n'avait pas sept enfants vivants. Mais la fécondité, quand elle existe, s'explique encore par l'imprévoyance : les Arabes sont trop insoucieux de l'avenir pour obéir aux ordres d'un Malthus. Nous devons donc, dans la liste des mobiles qui expliquent la famille musulmane, attribuer le dernier rang à l'instinct de l'espèce.

L'enfant reçoit de sa mère les premiers soins. Répudiée, la mère continue à élever son enfant aux frais de son ancien mari. Quand seront passés les dangers du premier âge, l'enfant vivra dans la maison de son père ; mais pendant toute sa vie il continuera à voir sa mère. Il ne faut pas croire que la polygamie et le divorce atténuent l'amour des mères pour leurs enfants ni l'amour des enfants pour leur mère. La mère musulmane peut avoir sur le caractère et sur la destinée de ses enfants la plus grande influence. Elle peut reporter sur eux une affection que son mari ne saurait pas récompenser. De l'aveu des jeunes Arabes, les mères musulmanes sont trop bonnes pour leurs enfants. Et l'on comprend que, plus faibles et plus déshéritées que les autres femmes, elles prodiguent à leurs enfants plus de gâteries. Elles chérissent surtout leurs filles, s'attachent à leur faire une jeunesse heureuse, estimant que la maturité leur sera moins clémente. Elles sont récompensées de leur affection. Malgré la discrétion que gardent les Arabes quand ils parlent des femmes, ils laissent deviner leurs sentiments à l'égard de leur mère. On se ferait illusion si l'on croyait que l'infériorité de la condition féminine dispense le fils du respect qu'il doit à sa mère. Même chez nous il n'est pas nécessaire que le mari traite sa femme en égale pour qu'elle soit aimée et vénérée de ses enfants : au contraire, il arrive que l'affection et le respect des enfants pour leur mère soient d'autant plus grands que sa place au foyer est plus humble. Les jeunes Arabes éprouvent des sentiments analogues, ce qui ne les empêchera pas de conserver à l'égard de leurs propres femmes les dures traditions musulmanes. — L'amour maternel peut se manifester dans des occasions importantes : la mère peut faire le bonheur ou le malheur de ses enfants. Comme la vue des femmes est interdite aux hommes, c'est la mère qui choisit la femme de son fils. Sans doute le père décide parfois le mariage de ses enfants sans consulter leur mère ; mais toutes les fois que le mariage n'est pas une « affaire », il est l'œuvre des femmes. On voit que la Musulmane n'a pas perdu sa dignité de mère.

La mère n'est pas l'unique éducateur de l'enfant. Dès quatre ou cinq ans, le jeune garçon est envoyé à l'école coranique. Là, du matin au soir, pendant les premiers jours de la semaine arabe, il apprend à lire et à réciter le Livre Saint. S'il n'a pas d'ambition, son instruction se borne à la connaissance du Coran : suivant que sa mémoire en aura conservé un fragment plus ou moins long, il sera plus ou moins honoré : l'idéal, c'est de pouvoir réciter le Coran tout entier. Le jour où l'enfant sait une série importante de sourates [1] est pour lui un jour de gloire. Il traverse la ville en triomphateur : monté sur un baudet, escorté par ses condisciples qui portent des cierges allumés et crient à tue-tête, il s'avance dignement, tenant à la main un tableau sur lequel sont tracés quelques versets. Les bons Musulmans sourient à cet espoir de l'islam, du sourire qui épanouit le visage des pères européens, le jour des distributions de prix.

En même temps que cette instruction religieuse, l'enfant reçoit une sorte d'éducation technique. Pen-

1. Chapitres du Coran.

dant trois ou quatre jours de la semaine, il déserte l'école ; il passe son temps dans les ateliers : il dévide les écheveaux du tisserand ; il aide le menuisier, il assiste au travail du cordonnier et du brodeur. L'ouvrier tunisien travaille en plein air ; les échoppes ouvrent sur la rue les larges baies qui leur servent à la fois de porte, d'étalage et de fenêtre : l'enfant se blottit, en passant, dans un coin de la boutique, et ses yeux lui donnent peu à peu une éducation pratique. Comme l'industrie musulmane vit de traditions, l'enfant n'a pas d'autre apprentissage à faire pour s'habituer aux travaux de l'âge mûr.

Hors de l'école et de l'atelier, l'enfant est sous la puissance paternelle. Cette puissance, comme la puissance maritale, est souvent exagérée par les auteurs européens. L'enfant, comme la femme, a des droits. C'est une question de savoir si le père a droit de vie et de mort sur son enfant : un lieutenant indigène des tirailleurs algériens, qui avait tué sa fille, fut condamné, il y a quelques années, par un conseil de guerre français ; mais l'arrêt fut porté devant un conseil de revision, sous prétexte que le père avait usé, au point de vue musulman, d'un véritable droit. Cette opinion vient d'une fausse assimilation de la famille arabe à la famille antique. Non seulement le père n'a pas le droit de tuer son fils, mais il n'a pas le droit de le frapper : le fils battu peut se plaindre au cadi et faire condamner son père.

A la puberté, le Musulman est majeur. Il a, dès lors, la capacité civile[1]. Le produit de son travail lui appar-

1. *Journal des tribunaux français en Tunisie*, t. VI, p. 217 ; cf. année 1893, p. 112.

tient en propre ; il peut se marier sans le consentement de son père[1]. Beaucoup plus tôt que le jeune Européen, il a la libre administration de ses biens et le gouvernement de sa personne. C'est seulement quand il se montre incapable de gérer sa fortune que le père peut se plaindre ; encore n'intervient-il pas directement : il porte l'affaire devant le cadi ; le père et le fils traitent de puissance à puissance, et le juge est leur arbitre. Dès lors, le père n'a plus droit qu'au respect. Le fils, quel que soit son âge, ne s'assied pas, ne boit pas, ne fume pas, ne parle pas en présence de son père sans y être invité ou autorisé par lui ; mais ce sont là des témoignages de déférence plus que des actes de soumission. Le jour du mariage, le père conduit son fils jusqu'au seuil de la chambre nuptiale en lui imposant les mains. Mais ce souvenir de l'âge patriarcal[2] n'a plus de sens pour les Tunisiens modernes : aussi le père se fait-il parfois remplacer dans cette fonction quasi-sacerdotale par un autre membre de la famille. En droit et en fait, le Musulman pubère n'a pas d'autre maître que lui-même.

La jeune fille reçoit une éducation sommaire : à quoi bon l'instruire, puisqu'elle n'aura ni à tenir un commerce, ni à s'entretenir avec des étrangers ? Destinée à

1. Il va sans dire que ce droit n'est pas souvent utilisé.

2. Autre souvenir du même âge : la succession au trône beylical n'est pas réglée comme dans les États Européens : c'est le membre le plus âgé de la famille qui succède au bey défunt : ce n'est pas nécessairement son fils ni même son frère. Cette loi se comprend dans une famille étendue comme la famille patriarcale.

vivre dans l'intérieur de la maison, elle y est élevée par sa mère. Elle ne quitte la maison que pour aller chez une maîtresse d'école où elle apprend la couture et la civilité[1]. Son père lui enseigne parfois la lecture du Coran, mais le plus souvent c'est la mère qui lui récite et lui fait retenir les passages essentiels du Livre Saint : il faut que, devenue mère à son tour, elle sache transmettre la prière à ses enfants. A ces rudiments se borne l'éducation de la jeune fille. C'est un problème, pour les théologiens, de savoir si les femmes ont le droit d'apprendre à écrire : aussi ignorent-elles l'écriture. A l'approche de la puberté, la jeune fille ne sort plus, même pour aller à l'école. Elle n'est plus formée que par les conseils d'une mère qui, elle-même, ne connaît pas le monde et n'a vu, de sa vie, que deux ou trois hommes, son père et ses maris. Faut-il s'étonner que la femme demeure enfant ?

*
* *

La famille musulmane est maintenant définie. C'est une société fondée non sur l'amour mais sur des appétits et des intérêts. L'appétit charnel, le besoin économique en expliquent les particularités les plus importantes, celles qui fixent son caractère au milieu des divers types de familles humaines. C'est une société destinée à fournir à ses membres des voluptés et des

1. V. *Revue tunisienne*, juillet 1896 ; article de M Mohamed Sellami sur la Femme musulmane.

moyens d'existence : par surcroît, elle leur donne des enfants.

III.

Pour exposer les causes psychologiques de la famille israélite, nous devons renverser l'ordre suivi pour la famille musulmane. La famille est destinée à perpétuer l'espèce : cette proposition, tout à fait insuffisante pour caractériser la famille arabe, donne l'essence de la famille juive. En second lieu, les Israélites voient dans le mariage une association profitable à leurs intérêts. Quant à l'effet immédiat de l'union des sexes, il paraît oublié : l'effet lointain attire seul l'attention de ce peuple prévoyant.

*
* *

« Celui qui ne se marie pas, dit le Code rabbinique[1], est considéré comme coupable d'*homicide*. » Le célibat est un crime contre la vie humaine. D'autres civilisations méprisent le célibataire : les Musulmans sont pour lui presque aussi sévères que les Juifs ; les Européens n'ont pas pour les vieux garçons et les vieilles filles la considération qu'ils réservent aux gens mariés. Mais dans notre société le célibataire est simplement tenu pour un être dont l'âme se dessèche et dont la vie risque de manquer de dignité ; les Musulmans craignent

1. *Eben Haezer*, t. I, p. 39 de la trad. franç.

en lui un voleur de la propriété domestique ; pour les Juifs, le célibataire est un criminel. Il ne tue pas, mais il s'abstient d'engendrer : qui ne crée pas détruit. Le célibat est un crime contre l'humanité future.

La multiplication de l'espèce est la fin dont la polygamie, le divorce, l'endogamie et le lévirat sont les moyens. Les Juifs sont polygames comme les Arabes, mais leur polygamie n'a pas la même cause : aussi n'a-t-elle pas la même nature. Elle vient, chez les Arabes, d'un besoin voluptueux et d'un besoin économique. Même les restrictions que la loi apporte à la polygamie des Musulmans présentent ce double caractère : il n'est interdit à l'Arabe de prendre plusieurs femmes que s'il ne peut pas les satisfaire ou s'il ne peut pas les entretenir. Ces règles sont écrites dans la loi juive, mais elles sont accessoires. Au contraire, la loi fondamentale de la polygamie juive est absente des livres musulmans ; la voici : la polygamie est permise « s'il y a certitude que la première femme ne peut plus enfanter, même quand elle aurait déjà des fils[1]. » Dans certaines communautés où la polygamie avait été supprimée, elle a pu être rétablie quand des familles menaçaient de s'éteindre. L'avenir de la famille, tel est le but de la polygamie. Une seule femme suffit-elle à l'assurer ? la polygamie disparaît. Les Israélites peuvent s'engager, par contrat de mariage, à ne pas épouser une seconde femme si la première leur donne des enfants « vivants et bien portants[2] ». Et comme

1. *Eben Haezer*, t. I, p. 44, note 11.
2. *Eben Haezer*, t. I, p. 44, note 13.

les Juives sont souvent fécondes, la polygamie est souvent inutile : aussi les Israélites tunisiens sont-ils monogames : on estime à une dizaine seulement, dans une population de quarante mille âmes, le nombre des familles polygames. La polygamie n'est chez les Juifs qu'un expédient destiné à perpétuer la famille.

Polygames comme les Arabes, les Israélites divorcent comme les Arabes; mais leur divorce n'a pas le même principe. Sans doute certains motifs de répudiation sont communs aux deux sociétés : l'adultère est partout une cause valable de divorce ; de même l'incompatibilité d'humeur, la brutalité ou le dégoût physique. Mais la stérilité qui, chez les Arabes, n'est pas une cause légale de nullité, suffit chez les Juifs pour dissoudre l'union. Non seulement on peut donner une rivale à la femme stérile, mais, après dix ans, on peut annuler le mariage. L'enfant étant le but de la famille, la femme qui ne peut pas devenir mère doit disparaître de la famille.

Du même principe dérivent les restrictions à la liberté du mariage : tout mariage qui nuirait à l'espèce est interdit. La vieillesse est stérile : les jeunes filles n'ont pas le droit d'épouser des vieillards ni les jeunes gens de vieilles femmes[1]. On croit le mélange des races dangereux pour l'avenir de l'espèce : le Talmud répète que les mariages mixtes ne donnent que des filles : il est donc interdit d'épouser des étrangers ; c'est pour ce seul motif, c'est dans l'intérêt exclusif de

1. *Eben Haezer*, traité Ichoth, chap. III, art. 9.

l'humanité future que les Juifs sont endogames[1]. Que leur opinion soit vraie ou fausse, peu importe : c'est leur opinion qui les guide : les mariages mixtes, nuisibles à l'espèce, seraient contraires au but de la famille.

Réciproquement, les mariages consanguins passent pour être féconds ; il est donc recommandé de choisir pour femme une parente : les unions consanguines seraient trois fois plus nombreuses parmi les Juifs que dans les autres peuples : elles sont, en effet, très nombreuses à Tunis. Le Code rabbinique autorise le mariage dans des cas où une dispense nous serait nécessaire : l'homme veuf peut épouser la sœur de sa femme décédée ; l'oncle peut épouser sa nièce [2]. Quant aux mariages entre cousins, ils sont non seulement autorisés mais conseillés : ils ont la réputation d'être féconds en enfants mâles : ils répondent donc au but de la famille.

Enfin, le même souci de l'avenir explique l'institution du lévirat[3]. Quand un homme meurt sans enfant, son frère consanguin, même s'il est déjà marié, doit épouser la veuve : les enfants nés de ce mariage seront tenus pour les descendants du premier époux. Les règles du lévirat prouvent que l'enfant est le but de cette coutume : si la femme est enceinte à la mort de

1. *Eben Haezer*, t. I, p. 88. On voit comment l'homogénéité de leur race dépend de leur théorie de la famille, et celle-ci de leur prévoyance.

2. Le neveu ne peut pas épouser sa tante, car en ce cas l'autorité du mari serait neutralisée par le respect dû à la tante.

3. *Eben Haezer*, t. I, p. 309 et suiv.

son mari, on attend, pour la soumettre au lévirat, la naissance de l'enfant : est-il vivant ? elle en est dispensée ; est-il mort-né ? elle épouse son beau-frère. Si le mari avait un enfant illégitime, sa veuve est soustraite au lévir. Le frère du défunt peut refuser d'épouser la veuve : mais ce refus, qui lui enlève l'héritage de son frère, lui attire une humiliation publique. La veuve le fait comparaître devant le tribunal, détache et jette à terre la chaussure de son beau-frère et crache devant lui en disant : « Ainsi est fait à l'homme *qui n'édifie pas la maison de son frère...* » — « Mon beau-frère, a-t-elle d'abord déclaré au rabbin, refuse de *rendre à son frère un nom en Israël*[1]. » Ces paroles donnent son sens à la cérémonie : c'est le refus de perpétuer la famille qui est un déshonneur. — En fait, cette cérémonie du déchaussement a perdu son caractère ; ce n'est plus qu'une formalité. C'est que le lévirat, même à Tunis, est tombé en désuétude. La nouvelle femme pouvait troubler la famille du lévir. Elle pouvait n'avoir aucun goût pour son beau-frère ou ne lui inspirer aucune affection : dans ces deux cas, le lévirat était une gêne pour les survivants. Enfin il pouvait déplaire au mort lui-même : le mari peut avoir une sorte de jalousie posthume ; en ce cas, il répudie sa femme à son lit de mort : c'est la dispenser du lévirat[2]. Malgré la décadence de l'institution, on voit encore à Tunis des « lévirs » et des « déchaussés » : on aura recours à

1. V. les détails de la cérémonie dans *Eben Haezer*, t. II, p. 335 et suiv.

2. *Eben Haezer*, t. II, p. 258.

l'expédient tant qu'il sera indispensable pour empêcher la mort de la famille.

Si l'enfant est le but principal du mariage, les enfants doivent être très nombreux. En effet, la population des Juifs tunisiens, en dépit de sa mauvaise hygiène, croît avec rapidité. Les familles de cinq enfants et plus ne sont pas rares ; le fils unique est une exception. Aussi la communauté sera-t-elle doublée dans un délai rapproché.

Comment l'enfant, si désiré, est-il accueilli ? On lui donne une éducation qui développe son esprit d'initiative. Autant on prend soin de ses premières années, autant on lui accorde ensuite d'indépendance. La mère doit l'allaiter de son sein : riche ou pauvre elle s'acquitte de ce devoir. Puis, l'enfant fréquente l'école rabbinique, où il apprend à lire le livre de la Loi. Muni de ces connaissances sommaires, il fait son apprentissage industriel ou commercial. A treize ans, date de l'émancipation civile et religieuse, l'enfant n'est plus à la charge de la famille : son père peut le renvoyer de la maison ; il a le droit de ne plus subvenir à son entretien. L'enfant dispose du fruit de son travail ; il peut le léguer par testament ; il administre sa fortune ; il peut acquérir des immeubles : la loi lui défend seulement de les vendre : on lui permet bien de s'enrichir, mais on le garantit contre le gaspillage, on ne met d'entraves qu'à ses caprices, on stimule son activité raisonnable. En fait, son père le garde dans son propre magasin ou même il lui donne un magasin ; des jeunes hommes de dix-huit ans sont à la tête d'une maison de commerce ; chez nous, ces cas sont exceptionnels : c'est seulement la mort prématurée d'un père ou une raison analogue qui force les jeunes gens à prendre la direction d'une maison. Chez les Juifs tunisiens c'est de propos délibéré que les pères engagent leurs fils dans la vie industrielle et commerciale. Ainsi, cet enfant, but de la famille, n'en est pas le souci : son éducation se fait en pleine vie. Si les Israélites n'ont pas d'autre idéal que de vivre et de revivre, n'ont-ils pas raison de donner à leurs fils le goût de l'initiative et de l'action personnelle ?

*
* *

Si important qu'il soit, l'enfant n'est pas le tout de cette famille. La famille juive, comme celle des Arabes, est une association d'intérêts et d'activités. Tout mariage est précédé d'un contrat dans lequel sont définies les fonctions des deux époux : l'enfant y est à peine nommé ; le contrat n'est que l'acte constitutif d'une société de travailleurs : comment chaque époux contribuera à fournir la nourriture, le vêtement, le logement, l'argent de la famille, voilà ce qui est établi dans ce contrat. On n'y parle que de l'avenir des deux fiancés, de la part qu'ils prendront à l'activité et à la fortune de leur association.

Les Israélites commencent toujours par déterminer les échéances les plus éloignées : le contrat prévoit d'abord la fin de la vie commune : que deviendront les époux à la dissolution du mariage ? Pour « assurer » la femme contre la mort ou les caprices du mari, celui-ci doit lui constituer une dot : cette dot légale n'est pas très élevée : elle est, paraît-il, à Tunis, d'environ deux cents francs [1] : elle ne suffirait pas à faire vivre une veuve. L'usage s'est donc établi d'ajouter à la dot légale une somme plus importante : comme la femme apporte elle-même une dot [2], le mari lui donne en toute propriété une somme égale à la moitié de cet apport. Les biens de la femme, administrés par le mari pendant la durée de l'union, mais qu'il ne peut pas aliéner sans donner à sa femme une hypothèque sur ses propres biens, sont donc composés de trois éléments : la dot légale, l'apport de la femme, l'« augment » ajouté par le mari. Veuve ou répudiée, la femme reprend cette fortune. — De son côté, le mari risque de perdre, par la mort de sa femme, avec le fruit de leur labeur commun, la dot et l'augment qu'il a payés. Pour éviter cette perte, on décide que le mari hérite seul de sa femme [3] : c'est une règle absolue ; le contrat de mariage ne peut pas stipuler une renonciation du mari à la succession de sa femme ; même lorsque la femme laisse des enfants, le mari recueille la succession tout entière [4]. Ainsi le mariage est une opération avantageuse pour tout homme raisonnable ; il n'est désastreux que pour le capricieux qui divorce.

1. Sautayra, le traducteur du *Code rabbinique*, dit qu'à Oran la dot légale n'est que de quinze francs, à Alger de trente.

2. *Eben Haezer*, t. I, p. 165 ; traité Kidouschin, chap. LVIII.

3. *Eben Haezer*, t. I, p. 165 ; traité Kidouschin, chap. LVII.

4. *Journal des tribunaux français en Tunisie*, t. V, p. 433.

L'avenir des deux époux est assuré : au jour de la rupture, la fortune de la femme sera « augmentée » ; l'homme héritera de sa femme. Chacun tirera profit de l'association.

Le mariage n'est pas moins avantageux pour la durée de la vie commune : il impose à chacun des devoirs, mais la réciprocité des obligations est profitable aux deux parties. L'homme [1] doit à sa femme la nourriture, le vêtement, l'abri, les soins médicaux ; « la femme doit à son mari un travail productif [2]. » La femme n'est pas un objet de luxe, c'est un associé, un compagnon de travail. « Quelle que soit la condition de fortune du mari, la femme devra toujours travailler ; elle ne peut pas rester oisive [3]. » Ni dans le code musulman ni dans les codes européens on ne trouverait l'interdiction de la paresse : le Musulman, l'Européen riches tirent vanité de l'oisiveté de leur femme : la femme israélite, si riche qu'elle soit, doit travailler. Chacun des deux époux profite du travail de son associé.

Un trait achève de donner au mariage israélite le caractère d'une société industrielle : le contrat peut être modifié, du consentement des époux, pendant la durée du mariage [4]. Dans le droit français, le contrat est immuable ; on craint sans doute que le mari n'abuse

1. *Eben Haezer*, t. II, p. 44
2. *Id.*, t. II, p. 73 ; traité Ketouboth, chap. LXXX, art. 1.
3. *Id.*, t. II, p. 73 ; traité Ketouboth, chap. LXXX, art. 2.
4. *Id.*, t. II, p. 23, notes.

de son pouvoir pour imposer à sa femme des clauses iniques. La loi juive, à tort peut-être, n'a pas la même crainte : partant de ce principe que le mariage est une association d'intérêts, elle conclut que les deux parties pourront modifier les clauses au gré des intérêts communs. C'est en vue de l'avenir que cette règle est posée : une société économique doit se plier aux circonstances ; sa forme doit varier suivant les situations économiques[1].

La division du travail est faite chez les Juifs comme chez les Musulmans. L'homme est le ministre des relations extérieures ; la femme est le ministre de l'intérieur. Mais le Juif n'aime pas la guerre comme l'Arabe ; il n'est donc pas soldat : il est industriel et commerçant ; la Juive n'a pas les fonctions industrielles de la Musulmane ; elle n'est que ménagère : si riche qu'elle soit, elle ne doit pas confier à des serviteurs le soin de préparer le lit et de mêler le vin et l'eau dans le verre de son mari. La séparation des pouvoirs est si complète qu'elle fait obstacle à la réunion la plus naturelle des époux : sauf dans les familles qui ont subi l'influence européenne, le mari et la femme prennent leurs repas séparément. Peut-être les Israélites tunisiens ont-ils imité la mode musulmane en lui donnant une fausse interprétation et une extension exagérée. Peut-être leur coutume n'est-elle que le symbole de la sépa-

1. Pour achever de peindre ce caractère de la famille juive, il faudrait rappeler que le contrat de fiançailles stipule un « dédit », et que le mariage est préparé par des « courtiers ». — Voir la première partie de ce chapitre.

ration des fonctions domestiques. Dans les fêtes du mariage, la cérémonie du poisson, qui exprime le pouvoir des deux époux, indique aussi leur tâche respective : l'homme est fort, et pourtant il ne réussit pas à couper le poisson : c'est que cette tâche appartient à la femme.

Cette division du travail explique les habitudes corporelles des Juives comme celles des Musulmanes. La vie sédentaire, la maternité et l'allaitement ont pour effet de donner à la femme de l'embonpoint. Mais cet embonpoint qui est, chez les Arabes comme chez nous, la conséquence de la maturité féminine, devient chez les Juifs un idéal : c'est le signe des aptitudes domestiques. Une jeune fille ne se mariera donc facilement que si elle est très grasse. Aussi l'engraisse-t-on. On la gave de couscouss, de « chair de jeune chien, de foie de cheval, de boulettes de graisse oléagineuse[1]. » Ses traits, aimables pendant l'enfance, s'épaississent à l'âge nubile : on ne distingue plus sa mâchoire proéminente : le menton est noyé dans les replis de la chair ; elle perd ses formes provocantes et son air effronté : elle paraît succomber sous le poids ; sa marche dandinante, sa respiration pénible, sa pâleur de cire inspirent la pitié. Les sceptiques, à sa vue, se récrient sur les contradictions de l'esthétique humaine : Beauté pour les Juifs, laideur pour les Européens ! Mais ce n'est pas la beauté que les Juifs tunisiens demandent à la femme, c'est la qualité de mère et de ménagère :

1. Jacquinot d'Oisy, *Autour d'un rhamadan tunisien*, p. 50.

leur Vénus n'est pas obèse ; l'embonpoint n'est que le signe de la vertu domestique[1].

*
* *

Si nos déductions sont justes, le plaisir physique, si important aux yeux des Musulmans, doit être insignifiant pour les Juifs. C'est à peine si quelques symboles de la cérémonie nuptiale font allusion à l'acte physique du mariage : le rabbin brise la coupe dans laquelle ont bu les époux[2]. Pour ceux des Israélites qui sont fidèles aux institutions de la race, la volupté n'a aucun prix.

Comme le besoin physique préoccupe moins les esprits, la femme n'est pas recluse ni la maison fermée. Les Juives portent le costume des Musulmanes, mais elles ne se voilent pas ; les Juifs habitent les maisons des Arabes, mais ils en ouvrent la porte : leurs familles étouffent dans ces prisons ; aussi les femmes et les filles s'entassent-elles aux fenêtres ; les enfants vagabondent dans les rues, en quête d'air et de lumière. Les femmes sortent, surtout aux jours de sabbat. Elles reçoivent :

1. Hesse-Wartegg (*Tunis : Land und Leute*, p 104) écrit : « Nulle part, sauf peut-être chez les nègres de l'Afrique équatoriale, la *beauté* de la femme n'est, comme chez les Juifs tunisiens, estimée au poids. » — Mais les Juifs tunisiens, comme les nègres, ne se soucient pas plus de la *beauté* de la femme que de toute autre beauté.

2. Hesse-Wartegg prétend (*op. cit.*, p. 108) que le soir, quand la femme pénètre chez son mari, on jette à ses pieds une cruche qui se brise en morceaux. Je n'ai pas pu vérifier ce détail.

aux circoncisions, aux mariages, la famille invite ses amis. Huit jours avant son mariage, la jeune fille donne un repas à ses compagnes ; le jour de la cérémonie, le fiancé est accompagné, de la synagogue à la maison de sa fiancée, par un cortège d'amis ; les assistants boivent à la coupe qui sert à symboliser l'union : le mariage est une fête publique. Le rempart que les Arabes établissent entre la famille et la société n'existe pas pour les Juifs : c'est qu'ils sont moins jaloux, étant moins voluptueux.

L'éternité de l'espèce et la durée de l'individu, voilà ce que les Juifs demandent à la famille : elle leur donne du plaisir par surcroît.

*
* *

La ville de Tunis présente trois types contraires d'institutions domestiques : l'union, principe de la famille française, manque à celle des Arabes et des Israélites : voilà une première antithèse. Et voici la seconde : la hiérarchie des sentiments satisfaits par la famille est pour les Juifs l'inverse de ce qu'elle est pour les Arabes : du plaisir surtout, réclament ceux-ci, du pain ensuite, des enfants s'il plaît à Dieu ; des enfants surtout, disent les autres, du pain ensuite, du plaisir si l'on y songe. — Ce double contraste sera-t-il éternel ?

Dès maintenant, on peut noter que l'évolution des trois familles obéit à une même loi. Placé au second plan par les législateurs, l' « intérêt », dans les trois civilisations, passe trop souvent au premier rang dans les mœurs. La famille, pour tant d'hommes, Arabes,

Israélites ou Européens, n'est qu'une société de secours mutuels instituée par la nature! Mais cette ressemblance est superficielle : en est-il de plus profondes? Les Juifs et les Arabes abandonnent-ils, pour accepter le nôtre, leur idéal domestique?

Sur les Juifs, l'influence européenne est manifeste. Quelques Israélites vont jusqu'à soutenir que l'alliance avec des chrétiens ne serait pas impie. Ils croient que l'endogamie leur a été imposée par les autres peuples; repoussés de toutes parts, les Juifs se seraient résignés à se marier entre eux; puis la coutume aurait pris le caractère obligatoire d'un précepte religieux. Si notre théorie de la famille israélite est juste, l'endogamie a des causes plus profondes; néanmoins il faut noter cette opinion qui tend à détruire l'ancienne coutume : mais elle n'est professée que par un très petit nombre d'esprits. Des modifications plus sensibles se sont produites : la durée des fiançailles s'allonge; beaucoup d'Israélites arrivent à concevoir l'immoralité de la polygamie; ils relèvent la femme : dans certaines familles, elle s'assied à la table de son mari. Sa vie devient de moins en moins sédentaire; elle cherche même à perdre la forme que son ancienne existence donnait à son corps : au lieu de désirer un embonpoint artificiel, elle serre sa taille dans le corset européen. Sans doute cette mode témoigne d'un changement de goût plutôt que d'un changement d'idéal domestique. Néanmoins cette réforme extérieure serait impossible sans une réforme morale : si la Juive réussit à changer de corps, c'est qu'elle aura changé d'âme.

Les Arabes tiennent à leurs coutumes; pourtant la

famille musulmane est déjà modifiée. En fait, la polygamie n'est plus qu'une exception. Il est vrai qu'elle est toujours approuvée par les hommes et par les lois. Aucun « Vieux Musulman » n'est persuadé qu'elle soit immorale. Les Arabes croient volontiers qu'elle est un préventif contre l'adultère et la débauche; ils expliquent, ils excusent les mauvaises mœurs des Européens par la monogamie: à les entendre, nous serions tous monogames en droit mais polygames en fait: n'est-il pas préférable, disent-ils, d'accorder les mœurs et les lois? Ils ne voient pas que ce raisonnement conclut à légaliser la débauche. — Tous ne tiennent pas ce langage: quelques-uns pensent qu'une interprétation sincère du Coran corrigerait le droit musulman. Le Coran n'ordonne pas la polygamie: il la tolère dans le cas où le mari peut être juste envers ses femmes. Mais qui peut se vanter d'être juste? Et s'il est prouvé que cette justice très spéciale est un idéal inaccessible, pourquoi les théologiens, interprètes ingénieux du Coran, n'interdiraient-ils pas la polygamie? Même en ce cas, la monogamie, devenue légale, n'aurait pas le sens élevé qu'elle prend chez nous; elle ne serait pas le symbole de l'union absolue.

Cette union, pourtant, certains Musulmans la désirent. C'est pour cette raison qu'ils réclament pour la femme une éducation plus sérieuse: elle serait plus aimée, disent-ils, si elle était plus instruite; ce n'est pas qu'ils veuillent des femmes savantes, mais ils souhaitent des épouses capables de partager leur vie intellectuelle et morale: la Musulmane, fleur étiolée, doit s'épanouir: « l'Épanouissement de la fleur », tel est le titre d'un article écrit récemment par un théologien pour démontrer que le droit coranique ne s'oppose pas à l'éducation de la femme[1]. — Quelques jeunes gens sont plus audacieux : ils voudraient, avant de se marier, connaître leurs fiancées. Cet usage est-il contraire au Coran bien interprété ? On m'a raconté qu'une ancienne coutume tunisienne permettait aux jeunes gens de choisir eux-mêmes leur femme : près de la « Porte des Filles » (Bab Benat) s'élevait, paraît-il, une sorte de palais matrimonial. Une fois l'an, on y exposait les filles nubiles, et les jeunes gens désireux de se marier pouvaient les voir et demander leur main. Les jeunes Arabes dont je parle ne se contenteraient pas, j'espère, d'une entrevue si rapide. Mais s'ils faisaient des disciples, une vraie révolution transformerait la famille musulmane.

Est-ce à dire que toutes les institutions domestiques seraient uniformes ? Si francisée qu'elle soit, la famille juive demeure juive ; elle conserve son principe original : parmi les Israélites de Tunis, on ne trouverait guère de Malthusiens. A plus forte raison la famille arabe conserverait-elle le souvenir de ses particularités. L'influence européenne, sans effacer la physionomie des institutions indigènes, aura peut-être pour effet salutaire de cimenter les liens domestiques. C'est en ce sens que nous devons agir.

1. *L'Épanouisssement de la Fleur* ou *Étude sur la femme dans l'Islam*, par Mohammed Essnoussi ; Tunis, 1897.

CHAPITRE V

L'ÉTAT

Multiplicité des États Tunisiens.

I. *L'État musulman.* — Son idéal : réprimer l'injustice ; les magistrats : le bey, le chara, l'ouzara ; les tribunaux inférieurs ; la police. — L'État musulman n'a pas d'autre fonction : l'assistance, les grands travaux ne sont pas services d'État : la Djemaïa des habous. — Les finances : incohérence des impôts musulmans ; percevoir l'impôt devient la fin du gouvernement. — Forme du gouvernement : absolutisme, pas de division du travail, faiblesse. — Explication psychologique.

II. *L'État israélite.* — Son existence. — Son idéal : prévenir l'injustice : impôts, assistance, tribunal israélites. — Forme de ce gouvernement. — Explication psychologique.

III. *L'État européen.* — Systématisation administrative.

IV. *Influences réciproques.* — 1° de l'État musulman sur l'État européen ; 2° de l'État européen sur la politique musulmane ; 3° sur la politique israélite.

L'État idéal, arbitre des nationalités tunisiennes.

Supposons qu'un Tunisien naïf ait affaire au gouvernement de son pays : il va chez son caïd, mais celui-ci l'adresse au « contrôleur » français ; aussi le lendemain, pour un procès, se présente-t-il devant les juges français, mais on le renvoie à son cadi. Le pauvre homme conçoit des doutes sur sa propre nationalité. Pourtant la nationalité a des signes visibles : ne peut-on pas la reconnaître aux couleurs du drapeau ? Il se promène donc dans les rues de la ville, s'arrête aux édifices publics et interroge le pavillon : le pavillon est tricolore. « Je suis, dit-il, citoyen de la République ! » — Un coup de vent : le drapeau se retourne : il a changé de couleur : sur fond rouge se détachent en blanc le croissant et l'étoile : « J'avais mal vu, s'écrie le naïf Tunisien : mon maître est le sultan ! » — Au palais du gouvernement, les deux drapeaux ont disparu : une grande bannière verte, traversée de haut en bas par une bande brune sur laquelle se croisent deux cimeterres d'argent, flotte à la cime d'un mât : c'est l'étendard de Son Altesse. Nouveau drapeau à chaque consulat ; et ce n'est pas un vain ornement, c'est le signe d'une puissance : chaque consul est un souverain et règne sur des sujets. Notre Tunisien est-il Israélite ? il est peut-être « protégé » par l'un de ces drapeaux consulaires ; mais sûrement il appartient à un État sans drapeau, l'État juif, qui n'est pas le pire des États tunisiens. — Voilà pour un pays bien des gouvernements !

I.

En formant des États, les hommes se proposent de réaliser la justice. Mais, pour atteindre cet idéal, on peut suivre deux méthodes : supprimer les injustices commises, ou empêcher de les commettre, on peut réprimer ou prévenir. Mais pour prévenir il faut prévoir : l'État musulman doit donc se borner à réprimer : tel est, en effet, l'unique idéal du gouvernement des beys[1].

1. Même lorsque les exemples seront empruntés au temps

L'injustice peut venir soit de l'étranger soit de l'intérieur : pour la réprimer, il faut donc avoir des soldats et des magistrats : la guerre et la justice furent pendant longtemps les deux seules attributions du gouvernement beylical. C'est à la guerre que les beys doivent leur trône[1], et jusqu'au milieu de notre siècle ils sont vécu dans les combats. Mais brusquement la guerre permanente a pris fin. De cette longue période militaire, le gouvernement beylical n'a gardé que l'apparence du césarisme : les vieux militaires conservent, dans la retraite, les dehors du métier ; or, les beys sont des soldats retraités. Mais, en dépit de son air farouche, leur gouvernement est paternel. On le voit à la manière dont ils remplissaient, de 1850 à 1881, la seule fonction qui leur était restée, la fonction judiciaire.

Le bey, grand justicier, « cadi des cadis », rendait personnellement la justice. Le spectacle de ce tribunal, la procédure suivie, tout présentait un caractère patriarcal. Partout où va le bey, il donne audience. Au palais d'Hammam-Lif où la cour passait parfois l'été, il n'y avait pas de prétoire : le tribunal suprême s'installait sous une tente au bord de la mer[2]. A la ville, le bey, tout en présidant les débats, fumait

présent, il s'agira toujours dans ce § I du pouvoir des beys autonomes. Malgré des modifications, on peut encore saisir aujourd'hui des traits de son ancien caractère.

1. Le chef de la famille, Hussein, fut élu bey par ses troupes en 1705.

2. Hesse-Wartegg, *Tunis ; Land und Leute*, p. 122.

son narghilé[1] : c'est un patriarche qui, familièrement, distribue des corrections à ses enfants. Le bey juge d'après l'équité plutôt que d'après le code ; il ne juge pas seulement les procès, il les instruit. « Une marchande de fruits vint se plaindre à Ahmed-Bey qu'on lui volait ses figues sur l'arbre. Il la pria d'introduire un grain d'orge dans celles qui restaient..... Puis il fit acheter par ses gens toutes les figues du marché. Les grains d'orge décelèrent facilement les coupables[2]. » Les plaideurs aimaient cette justice à la Salomon. Hesse-Wartegg raconte[3] qu'il vit un jour deux plaideurs, le jugement rendu, se précipiter en criant aux pieds du bey : il crut que tous deux protestaient contre la sentence ; au contraire, tous deux, le perdant comme le gagnant, rendaient grâce à la justice du souverain.

Aujourd'hui la procédure est plus formaliste : aussi le bey se borne-t-il à prononcer les sentences proposées par ses tribunaux. Il intervient encore dans les causes capitales : le jour de l'expiation, il confronte le meurtrier avec les parents de la victime ; il demande une dernière fois à la famille si elle consent à accepter le prix du sang : sur son refus, le bey, silencieux, étend la main, et le coupable est conduit à la mort. Le bey n'a pas le droit de grâce[4] : aucune grâce n'est jamais

1. *Id.*, p. 118.
2. Faucon, *La Tunisie*, t. I, p. 187, note 1.
3. *Op. cit.*, p. 118.
4. L'opinion contraire, venant d'une confusion, se trouve dans plusieurs ouvrages. Récemment le bey a gracié un meurtrier.

faite, mais le meurtre peut s'expier soit par la mort soit par le paiement d'une somme fixée par la famille offensée. Si la famille accepte l'indemnité, le bey ne peut pas ordonner la mort ; si elle refuse, le bey ne peut pas ne pas l'ordonner. Non seulement le bey n'a pas le droit de grâcier, mais il n'a pas, pourrait-on dire, le droit de juger. Il déclare l'accusé coupable, mais c'est la famille qui fixe la peine ; le bey n'est qu'un juré ; c'est la partie lésée qui juge. L'État musulman accorde à la famille le droit de se venger : c'est une survivance de l'âge patriarcal.

Le bey est seul juge ; mais ses arrêts sont préparés par des magistrats. En principe, il n'existe qu'un tribunal, le Chara, qu'on appelle souvent « tribunal religieux » : il est, en effet, composé de théologiens et il juge d'après le Coran et les Interprètes. Mais le nom de tribunal « religieux » nous fait songer à une officialité ou à l'inquisition ; le Chara n'est rien de tel : les juges, quoique théologiens, ne sont pas des pontifes, mais des laïques ; ils dépendent du pouvoir politique : le bey peut leur retirer la connaissance d'une affaire pour l'évoquer à son propre tribunal, il peut reviser tous leurs jugements ; il les nomme et les révoque. Ce corps de jurisconsultes ressemble beaucoup plus au Parlement de l'Ancien Régime qu'à une cour ecclésiastique. C'était, avant notre arrivée, la seule puissance capable de limiter l'absolutisme beylical. En effet, le magistrat a droit à cer-

Mais c'était un pendu ressuscité : on a voulu lui épargner une seconde exécution. J'ignore si le bey a, dans ce cas, consulté la famille de la victime.

tains égards de la part du bey lui-même : une fois qu'il a revêtu les insignes de sa charge, il est dispensé de baiser la main de l'Altesse : dans leurs entrevues, tous deux se baisent à l'épaule, comme des égaux[1]. Les juges ont donc eu la tentation de se croire les égaux des souverains. De même que le Parlement faisait des remontrances au roi de France et consacrait une jurisprudence à laquelle les rois eux-mêmes avaient l'habitude d'obéir, de même le Chara imposait aux beys l'observance de la tradition orthodoxe dont il était l'interprète. Sans doute, pendant la vie du souverain, il était difficile de lutter contre sa volonté, mais le Chara, éternel, attendait la mort du coupable pour annuler ses actes arbitraires. Quand le bey avait confisqué les biens d'un courtisan disgracié pour les donner à un favori, le Chara déclarait illégales confiscation et donation[2], et, même lorsque la prescription avait couvert l'injustice, il autorisait les victimes à demander réparation[3]. Mais les beys n'ont pas toujours toléré cette opposition : ils révoquaient les juges indépendants ; le souvenir de ces luttes n'est pas perdu pour les magistrats encore vivants.

Le bey limita le pouvoir du Chara en créant un tribunal concurrent, l'Ouzara[4] ou Ministère. De même les rois de France n'instituèrent-ils pas, à côté des Parle-

1. V. *Dépêche tunisienne*, du 21 avril 1896.

2. *Journal des tribunaux français en Tunisie*, t. VIII, p. 50.

3. *Id.*, t. VI, p. 370, 373, 343.

4. De ouzir, vizir, ministre. En province, le *cadi* a les fonctions du chara, le *caïd* celle de l'ouzara.

ments, une justice administrative ? L'Ouzara vit peu à peu sa compétence grandir ; il juge les affaires correctionnelles et criminelles, les affaires civiles et commerciales. Il ne reste plus au Chara que les affaires relatives au statut personnel des Musulmans et à la propriété foncière indigène. Les causes capitales doivent passer tour à tour devant les deux tribunaux[1]. Tout ce qui est immuable dépend du Chara ; tout ce qui change dépend de l'Ouzara. Les institutions domestiques (mariage, divorce, succession, tutelle des enfants dont les parents sont morts ou divorcés) sont soumises à la loi coranique ; elles sont conservées par le Chara. Au contraire, les règlements de police sont modifiés par les circonstances ; la propriété mobilière a pris un développement que le Prophète ne pouvait pas prévoir : les affaires de ce genre sont traitées par l'Ouzara[2]. Cet exemple prouve qu'on a tort de croire à l'immutabilité absolue des institutions musulmanes : précisément parce qu'elles sont l'œuvre d'esprits imprévoyants, elles ont dû se plier au gré des événements : la décadence du Chara et les progrès de l'Ouzara étaient nécessaires dans l'évolution spontanée de la justice musulmane.

La procédure des deux tribunaux dépend de leur caractère : au Chara, elle est immuable ; à l'Ouzara

1. V. De Dianous, *Notes de législation tunisienne*, p. 78.
2. Cf. P.-H.-X., *la Politique française en Tunisie*, p. 368. L'auteur compare la différence du Chara et de l'Ouzara à celle du droit primitif des Romains (Les Douze tables) et du droit prétorien.

elle est perfectible. Au Chara, toute plainte doit être écrite par des notaires ; elle est présentée au cadi qui la communique au défenseur ; celui-ci donne sa réponse dans la même forme. Le débat écrit peut s'éterniser[1] : le demandeur riposte à la réponse de son adversaire par un mémoire notarié, et le défendeur réplique de la même manière. Enfin le cadi, après avoir lu tous les actes, interrogé les parties, entendu les témoins, rend son jugement. On a prétendu[2] que « le cadi doit discuter la sentence avec les parties, la modifier au besoin jusqu'à ce qu'elle soit acceptée de chacun » ; ce détail me paraît erroné, mais la procédure du Chara donne naissance à tant d'abus qu'on a pu en exagérer le nombre sans tomber dans l'invraisemblance. Les jugements ne sont pas conservés[3] : le tribunal n'a pas de greffe ; aussi arrive-t-il qu'un plaideur mécontent d'une sentence, introduise une nouvelle instance comme si l'affaire n'avait pas été jugée[4]. La procédure est lente

1. M. Abribat dans la traduction d'Ettouati (p. 226, n. 1) dit qu'il n'est pas rare de voir les parties *passer de longs mois* à récuser réciproquement leurs témoins ; on peut juger, par ce détail, de la longueur des débats.

2. P.-H.-X., *op. cit.*, p. 367. Si le récit de l'auteur est exact, le Chara lui-même se transformerait : les Européens n'ont plus besoin de faveurs spéciales pour y pénétrer ; en outre les plaideurs qui à l'époque dont parle l'auteur, devaient s'agenouiller devant le Chara, sont aujourd'hui assis.

3. V. Berge, *De la juridiction française en Tunisie*, p. 12.

4. Le perdant peut en effet, s'il n'a pas été déclaré déchu par le magistrat, introduire une nouvelle instance fondée sur de nouvelles preuves et la même affaire peut donc être jugée plusieurs fois par le même magistrat (V. Ettouati, *op. cit.*, p. 228, n. 1).

et coûteuse : ce n'est pas que les frais de justice soient élevés : la justice est gratuite [1] ; mais une même affaire exige des déplacements nombreux, puisque le cadi se borne, pendant plusieurs audiences, à prendre connaissance des pièces produites par les parties. A chaque pas, il faut recourir aux notaires qui font payer leur ministère. Encore s'ils donnaient à leurs actes une indéniable authenticité : mais ils « écrivent tout ce qu'on leur demande d'écrire... ; il n'est pas rare, dans un procès, de voir des actes notariés produits par chacune des deux parties, identiques en tout, sauf que l'un énonce des faits inconciliables avec les affirmations de l'autre ; on découvre parfois que ces dépositions contradictoires et contemporaines ont été passées par les mêmes témoins [2]. » Quels que soient les dangers de cette procédure, elle a pour les Arabes un grand mérite : elle est antique.

La procédure de l'Ouzara est plus moderne. Si elle avait admis la publicité des débats, elle eût ressemblé, jusqu'à ces derniers temps, à la procédure des tribunaux anglais. Plaintes, témoignages, plaidoiries étaient entendus par un juge unique qui n'avait d'autre mission que de tout écrire : l'idéal de ce magistrat, c'était d'être un greffier intelligent. Pas de mise en scène : dans un bureau qui ressemble à tous les bureaux, un « rapporteur » semblable à tous les bureaucrates, écrit sous la dictée des parties et des témoins. Mais ce greffier est puissant : sans avoir provoqué de débat public et con-

1. *La Tunisie : Histoire et description*, t. II, p. 42.
2. Berge, *op. cit.*, p. 79.

tradictoire, dans le secret de son cabinet, il imagine pour chaque procès une solution qu'il propose à son supérieur hiérarchique (chef de section), et celui-ci décide à son tour quel projet de jugement sera présenté au Souverain. Mais cette procédure a été modifiée.

Le caractère de la justice beylicale se retrouve à tous les degrés. Le Férik juge, à la Driba, les affaires de simple police : c'est devant lui que sont amenés les ivrognes et les tapageurs nocturnes; c'est lui qui fait emprisonner les débiteurs, sur la demande des créanciers[1] ; sa compétence est assez étendue, car il peut infliger jusqu'à six mois de prison[2]; pourtant c'est un officier de police plutôt qu'un juge. — Plus importante est la juridiction commerciale. Autrefois, chaque corporation nommait des délégués[3] chargés de régler les contestations entre industriels, entre commerçants, entre marchands et clients. De ce tribunal, présidé par un « amine »[4], on pouvait appeler à celui du chef de la ville (cheïkh el medina). Aujourd'hui, l'institution disparaît. Il y a encore des amines pour chaque corporation, mais seuls les fabricants de chechias ont

1. De Dianous, *Notes de législation tunisienne*, p. 78.

2. *Id.*, *ibid.*

3. Il n'y avait pas d'élections : à chaque décès, les survivants choisissaient leur nouveau collègue.

4. Ce nom leur venait de la formule par laquelle ils terminaient leur jugement : « Qu'il en soit ainsi ! » (Amine). V. Lallemand (*Tunis et ses environs*, p. 97) : cet auteur a fait, avec le concours du cheïkh El-Medina, une enquête auprès de tous les amines tunisiens.

conservé les délégués[1] qui assistent l'amine. De même, l'antique procédure est abolie. Elle était très simple, si nous en croyons Hesse-Wartegg[2] : « L'amine des boulangers doit examiner le pain au point de vue du poids et de la qualité. Chaque jour on peut le voir parcourir le souk, suivi de deux zaptiehs dont l'un porte une balance, l'autre une corde, un nerf de bœuf ou un bâton. A chaque boulanger il s'arrête et pèse le pain. Le poids est-il trop faible ? le maître boulanger est saisi en pleine rue, jeté à terre, et les policiers lui appliquent sur la plante des pieds cinquante ou cent coups de bâton, suivant le jugement de leur chef. » L'amine des vivres n'était pas plus embarrassé pour apprécier la qualité du café : il jetait, paraît-il, le marc dans l'eau froide et il déclarait le café falsifié s'il ne le voyait pas surnager : alors il ordonnait de répandre dans la rue la denrée défectueuse[3]. Bien que ces procédés soient aujourd'hui abandonnés, il faut les noter parce qu'ils marquent le caractère de l'amine : comme le bey, il tranche sommairement les difficultés avec une sévérité inflexible et familière.

La police, comme la justice, est sévère et paternelle. De bonne heure, la loi du talion fut adoucie. Maltzan prétend qu'à l'époque où il visitait la Tunisie, on ne distinguait pas l'homicide involontaire de l'homicide volontaire : il cite le cas d'un jeune homme qui aurait été pendu pour avoir, dans l'ivresse, blessé mortelle-

1. Lallemand, *op. cit.*, p. 119.
2. Hesse-Wartegg, *op. cit.*, p. 81.
3. Lallemand, *op. cit.*, p. 75.

ment l'un de ses amis. Il est possible que la loi considère le meurtrier ivre comme un meurtrier volontaire : le Coran défend trop rigoureusement les liqueurs enivrantes pour que l'ivresse soit une excuse devant des juges musulmans. Cette circonstance a pu induire en erreur le voyageur allemand. Mais les juges tunisiens distinguent l'homicide par imprudence du meurtre volontaire : le premier n'est pas puni de mort, mais d'une amende *fixée par la loi;* le second entraine la peine capitale à moins que la famille de la victime n'accepte une indemnité *qu'elle fixe elle-même*[1]. Le talion n'est donc pas appliqué à la lettre : on tient compte de l'intention du coupable.

La peine capitale est aujourd'hui la pendaison; mais il est faux de croire que la loi musulmane interdise la décapitation : elle ne prohibe, suivant les théologiens tunisiens, que le feu et les supplices qui retardent la mort. En effet, on prend soin d'adoucir l'horreur de l'exécution ; on tient compte des dernières volontés du condamné : la corde au cou, l'un d'eux, pris d'une crainte pudique, demandait au bourreau de nouer l'un à l'autre les pans de sa robe : paternel, le bourreau obéit.

Les autres condamnés sont traités sans plus de rigueur. Récemment encore, on rencontrait dans les rues de la Goulette des hommes qui, deux à deux, jamais séparés, se livraient à des occupations modestes mais honnêtes, balayaient les rues et, dans le port,

1. En ce cas, la peine est commuée en celle des travaux forcés à perpétuité.

tournaient les ponts. La population leur était bienveillante; eux-mêmes étaient gais et volontiers narguaient le passant. Pourtant ils avaient aux pieds de lourdes chaînes; ils étaient rivés l'un à l'autre : c'étaient des forçats.

A plus forte raison la police est-elle clémente pour les simples délinquants. Voici un convoi de prisonniers qui débouche sur la place du Palais beylical; les uns sont entassés sur des charrettes, les autres suivent à pied : tous sont couverts d'une épaisse poussière à laquelle on devine la longueur de l'étape. Mais, malgré la fatigue, ils ne se plaignent pas : quatre spahis suffisent à escorter ces soixante hommes. Arrivés à la place, les spahis mettent pied à terre et font asseoir leurs prisonniers sur deux files le long du trottoir; des vieillards, les reins brisés par les cahots de la route, ont peine à descendre de leur charrette; l'un d'eux s'abat : « il est mort », dit une voix dans la foule. Un spahi s'approche, aide à relever le misérable et, débonnaire : « Assieds-toi, Sidi », lui dit-il. Tous sont rangés : le chef de l'escorte les compte. Puis le convoi se remet en marche vers la prison voisine. Un grand diable de spahi, vénérable dans sa barbe blanche, fait circuler les badauds : « Barr'ha, Sidi ! » crie-t-il. Je lui demande le pays de ces malheureux : ils viennent de Sousse, de Kairouan, de toutes les provinces. Je ne puis pas savoir leurs crimes : je m'éloigne. Mais le vieux spahi me rappelle pour me serrer la main, comme s'il voulait me remercier de l'intérêt que je porte à ses prisonniers. Puis il continue son office : « Barr'ha, Sidi ! — Circulez, Monseigneur ! » Combien de sergents de ville, fruits de la civilisation européenne, lancent leur « Circulez ! » sans ajouter « Monsieur ! » C'est que le sergent de ville représente un pouvoir qui, pour être démocratique, est loin d'être paternel. Le spahi, au contraire, est l'image du gouvernement des beys. De loin, sa silhouette est dure, anguleuse : on croit lui voir sur la tête un casque pointu ; les joues, le menton disparaissent sous l'armure. De près, on voit que le casque est un capuchon et que l'armure est en laine. L'appareil formidable d'un pouvoir absolu, les mœurs accommodantes d'un pouvoir paternel, tel était le gouvernement beylical.

*
* *

La justice est le seul service que ce gouvernement ait cherché à rendre à son peuple. S'il s'occupe d'agriculture, c'est pour augmenter ses ressources, ce n'est pas dans l'intérêt public. Ni l'enseignement, ni l'assistance, ni les grands travaux ne sont services d'État.

Pourtant, une « administration » musulmane, celle des habous, n'entretient-elle pas des écoles et des hôpitaux, ne construit-elle pas des ponts et des routes ? Mais cette administration, surveillée par l'État [1], n'est pas un organe de l'État ; sa caisse n'est pas alimentée par l'État ; elle ne gère que des intérêts privés. Elle assure aux philanthropes l'exécution de leurs dernières volontés ; elle est un office central des legs

1. Remarquez que cette surveillance est de date récente et que le mot « administration » des habous traduit mal le terme arabe : *Djemaïa*, « assemblée ».

charitables. Qu'un homme pieux veuille bâtir une mosquée ou un pont, il constitue « habous » l'une de ses propriétés dont les revenus, éternellement perçus par la Djemaïa, serviront à exécuter son testament. Parmi ces personnes charitables, on trouve des princes et des princesses [1], mais c'est de leur fortune privée, non du Trésor public, que sont tirés leurs dons. La preuve que l'administration des habous est une société privée, c'est que, comme tout particulier, elle paie à l'État des impôts [2].

L'initiative individuelle, si généreuse qu'elle soit, ne peut pas organiser dans un pays un système complet d'institutions. La Djemaïa des habous disposait, en l'an 1309 de l'hégyre (1891-92), d'un million environ [3]. La même année, le budget de la Tunisie s'élevait à vingt-cinq millions; les habous possèdent donc une fortune égale aux quatre centièmes de la fortune publique. Or, cette somme sert à payer les traitements des imams, des lecteurs du Coran, des mouedzines, des professeurs et des juges; les frais de construction et d'entretien des mosquées, chapelles, hôpitaux, ponts, fontaines et remparts [4]. Le budget des habous comprend notre budget de l'instruction publique, des cultes [5], de l'assistance [6], des travaux publics et une

1. *La Tunisie, Histoire et description*, t. II, p. 28, note 1.
2. *Statistique générale de la Tunisie* (1881-92), p. 220-21.
3. *Id.*, p. 80.
4. *Id.*, p. 79.
5. L'État donne cependant des subventions aux imams. V. *La Tunisie (Agriculture*, etc.), t. II, p. 252.
6. L'État n'assiste guère que les chérifs (descendants du Pro-

partie du budget de la guerre : les sommes consacrées à ces services dans le budget français s'élèvent à quinze pour cent du budget total. Et il y faut joindre les ressources de la charité et de l'enseignement privés. Il faut donc ou que les besoins des Musulmans ne soient pas aussi pressants que les nôtres ou qu'ils ne soient pas satisfaits. Sans doute les Arabes n'éprouvent pas autant que les Français le désir de s'instruire. Mais ils ont tout autant que nous besoin de routes et d'hôpitaux. Or, non seulement les professeurs, les juges et les imams sont chichement payés, mais les ressources de l'assistance sont insuffisantes. Elles s'élèvent au maximum, pour la ville de Tunis, à cent trente mille francs par an. Cent mille francs sont consacrés à l'entretien de l'hôpital musulman. Cet hôpital reçoit en moyenne douze cents malades par an ; mais ce nombre paraît peu important quand on remarque que la population européenne, deux fois moins nombreuse que la population musulmane, a envoyé plus de quinze cents malades à son hôpital en 1892. Il est donc probable qu'il y a, parmi les Arabes, des malades privés de secours. Quant aux victimes de la misère, on est certain de ne pas réussir à les sauver. Trente mille francs seulement leur sont réservés. Cette somme doit servir d'abord à loger, nourrir et entretenir cinquante hommes et trente femmes (surtout des aliénées), puis à délivrer des secours à domicile « à plus de deux cents individus des deux sexes. » Outre que ces secours sont minimes

phète); mais il ne dépense pour cela que 27,000 francs par an (V. *La Tunisie, Agriculture*, etc., t. II, p. 252.

(neuf sous par tête), la Djemaïa ne peut pas répondre à toutes les demandes : plus de cent solliciteurs attendent, pour recevoir un secours, la mort des deux cent quatre-vingt pensionnaires. Enfin, malgré ses précautions, l'administration est en déficit : il faut détourner de leur destination d'autres revenus pour compléter la dotation de ce chapitre : en cinq ans le déficit s'est élevé à près de cent mille francs [1].

Les mêmes lacunes, avant notre arrivée, se remarquaient dans les travaux publics. La route n'existait pas[2] ; on ne connaissait que la *piste*, le sentier tracé par les piétons, les cavaliers et les chariots. Quand la piste rencontrait un ruisseau, on tâchait de le franchir à gué, à moins qu'un homme bienfaisant n'eût chargé la Djemaïa de construire un pont. Mais le généreux donateur ne s'est pas trouvé partout où le pont était nécessaire. C'est au hasard des bonnes volontés individuelles que les travaux publics sont entrepris. Entre la piste et la route, la différence est la même qu'entre l'État beylical et l'État européen : la succession fortuite des hommes et des chevaux trace la piste au jour le jour ; au contraire, pour construire une route et surtout un réseau de routes, un plan préalable est nécessaire ; ce n'est plus le hasard des circonstances, c'est la volonté prévoyante des hommes qui décide. Imprévoyants, les beys ne pouvaient tracer un plan d'administration systématique.

1. V. Béchir Sfar, *Assistance publique en Tunisie.*

2. En 1883, il n'existait en Tunisie que 4 kilomètres de route, construits en 1860 par un ingénieur français. (V. *La Tunisie, Histoire et description*, t. II, p. 103 et 121.)

Travaux publics, enseignement, assistance, aucun de ces rouages de l'État moderne n'appartient à l'État beylical. Il laisse aux particuliers le soin de prévenir le mal social soit en soulageant la misère soit en prenant souci des intérêts matériels ou moraux de la nation. Son idéal n'est pas dans l'avenir : il n'a pas à prévoir les injustices futures mais à réprimer les injustices passées.

* * *

Les impôts donnent aux États les moyens d'atteindre leur idéal. Le bey, qui rend gratuitement la justice, doit percevoir les impôts pour payer ses magistrats[1] et pour subvenir à ses propres besoins. Comment ces impôts sont-ils établis?

La politique financière des beys fut, on s'y attend, imprévoyante. Il ne faut pas leur demander de dresser un budget : un budget prévoit les recettes et les dépenses de l'année future : mais à Tunis on ne prévoit pas : on dépense et on reçoit sans compter. « Vivoter », vivre au jour le jour, sans programme préconçu, telle fut la seule politique financière des beys : un perpétuel opportunisme[2].

Le seul impôt coranique, c'est la dîme. Mais les beys

1. Les magistrats de l'Ouzara et les caïds, car les magistrats du Chara sont payés par les habous ; pourtant, ils reçoivent aussi une subvention de l'État (V. *La Tunisie*, *Agriculture*, etc., t. II, p. 252).

2. Ce mot est pris dans son sens étymologique.

ajoutèrent à la dîme toutes les taxes que leur suggéra l'imagination, et ils modifièrent la dîme au gré des circonstances. La perception de la dîme força l'État à devenir, malgré lui, commerçant, industriel, agriculteur. D'abord, dans ce pays où la propriété mobilière est peu estimée, l'argent est très rare : le Trésor dut accepter des paiements en nature : l'État a donc ses magasins de céréales et d'olives ; il est marchand de blé, fabricant d'huile. En second lieu, la décadence de l'agriculture [1] appauvrit le Trésor : où il n'y a rien, le fisc perd ses droits. Dans le Nord, l'olivier, mal cultivé, devient stérile ; aussi doit-on renoncer à répartir l'impôt d'après le nombre des arbres [2] : on décide que la dîme sera proportionnelle à la récolte. Et, pour avoir une récolte, l'État en vient à cultiver lui-même les terres de ses sujets : il est obligé de produire les objets qu'il veut taxer. Une administration publique (le service de la forêt d'oliviers) laboure les olivettes, taille les arbres [3] et récolte les fruits pour le compte des particuliers. Ainsi, cet État, peu soucieux des intérêts publics, fait parfois, dans son propre intérêt, la besogne de ses sujets.

Malgré ces mesures, la dîme ne suffit pas : d'autres

1. Causée soit par l'insouciance des agriculteurs, soit par les exactions des caïds (V. par ex. Lanessan, *La Tunisie*, p. 171 et passim.).

2. Procédé employé dans le Centre et dans le Sud où les oliviers étant plus prospères donnent une récolte sensiblement équivalente : la taxe par pied n'est donc pas injuste.

3. V. Paul Bourde, *Rapport sur le service de la Ghaba* (Ghaba signifie forêt d'oliviers).

impôts sont perçus. Mais ils ne forment pas un ensemble systématique : ils ont été imaginés « au jour le jour, sous la pression des besoins[1] ». Tels sont, en particulier, les impôts indirects ou mahsoulats : on pourrait dresser la liste chronologique des décrets qui les instituent, mais non le tableau logique des objets qu'ils frappent. La ferme des impôts indirects s'appelle « ferme des mahsoulats et *produits divers* » : et ce terme contient tout ce qu'il vous plaira d'y mettre. « Cette terminologie vague, dit un arrêt du tribunal de Tunis, a pour but de n'omettre aucune perception en évitant d'en faire une énumération limitative[2]. » N'est-ce pas dire qu'elle permet toutes les interprétations, même les plus arbitraires? L'État serait incapable de donner une formule plus précise : dans l'incohérence des décrets personne ne voit clair. C'est que « la législation n'a pas été établie d'un seul jet par la mise en pratique d'un système préalablement élaboré par la théorie[3] ».

Ces impôts incohérents ont pourtant un caractère commun : ils frappent la richesse visible : plus un produit se montre, plus il est taxé. On a soutenu que ce système était destiné à favoriser les riches aux dépens des pauvres, que le nécessaire était plus imposé que le superflu[4]. Mais les beys n'avaient pas de desseins si

1. *Journal des tribunaux français en Tunisie*, t. VI, p. 138. — Article de M. Berge.

2. *Id.*, t. I, p. 39.

3. *Id.*, article précité.

4. M. de Lanessan (*La Tunisie*, p. 242) soutient cette thèse.

perfides : ils n'avaient pas de dessein. Si les aliments nécessaires au pauvre sont plus imposés que les objets de luxe, c'est qu'ils sont plus visibles, circulent plus souvent et en quantités plus palpables. Le fisc prend ce qu'il trouve : toute richesse publiquement offerte ou publiquement transportée est une richesse taxée, et elle est d'autant plus taxée qu'elle échappe plus difficilement à l'œil des publicains. Les mêmes principes sont appliqués par la douane : le vin dont il est difficile de dissimuler la quantité payait, à l'importation, un droit égal au dixième de sa valeur ; les autres produits ne payaient que 8 0/0 ; enfin, la bijouterie, invisible, ne payait que 1, 1/2 et même 1/4 0/0. Cette méthode dispense de chercher un système financier.

La douane rendait bien : on abusa de la douane. Dans un moment de gêne, on établit des taxes à l'exportation. Si l'on en croit Maltzan[1], ces droits n'existaient pas en 1852, sous Ahmed-Bey. Mais, si récents qu'ils soient, ils ont causé des dommages auxquels le protectorat n'a pas encore pu remédier : le plus important des commerces tunisiens, celui des huiles, est encore entravé par la douane d'exportation. — Cet expédient n'est pas le pire. A chaque crise financière, la monnaie subit des altérations : aussi la piastre perdit-elle en trente ans les deux tiers de sa valeur : elle est tombée de 1 fr. 80 à soixante centimes. A chaque crise, on contracte un emprunt[2] : aussi la dette,

1. Maltzan, *Sittenbilder aus Tunis und Algerien*, p. 45.
2. V. la liste dans P.-H.-X., *La Politique française en Tunisie* ; Faucon, *La Tunisie*...

en 1869, s'élevait-elle à plus de 160 millions[1], somme douze fois supérieure aux ressources annuelles de l'État. Mais les altérations de la monnaie et les emprunts sont des expédients à la portée de toute imagination. Au contraire il semblait que jamais cervelle musulmane n'aurait pu concevoir le projet de violer le Coran pour infliger à des Musulmans la capitation. Pourtant, depuis Mohamed-Bey, les Musulmans tunisiens paient cet impôt (mejba) : il est même très élevé et il a atteint, sous les beys autonomes, le taux de soixante-douze piastres (quarante-trois francs) par tête. En l'instituant, le bey prit, il est vrai, quelques précautions : l'impôt, déclara-t-il, serait provisoire : les théologiens en seraient exemptés ; de même les habitants des cinq grandes villes, dont on pouvait craindre la résistance. Malgré tout, la capitation demeure impopulaire. On accuse le bey Mohamed d'avoir cherché dans cet impôt des ressources pour ses plaisirs. Il avait peut-être une intention plus honorable : selon certains Musulmans, il voulait simplifier le système fiscal et soulager son peuple en substituant cet impôt unique à toutes les taxes incohérentes et arbitraires que prélevaient les caïds[2]. Mais, loin de supprimer les abus, la capitation les multiplia : les autres impôts ne furent pas abolis et

1. De Dianous. *Notes de législation tunisienne*, p. 104. — Cf. *La Tunisie* (*Agriculture*, etc.), t. II, p. 204 : les revenus de l'État s'élevaient alors à 13 millions et demi par an et « le service des intérêts et amortissement exigeait 19 millions et demi. »

2. V. Snoussi, *Revue tunisienne*, n° 9, janvier 1896, p. 112 : *Lettre sur la Mejba*.

les caïds trouvèrent dans la perception de la mejba l'occasion de nouvelles exactions : la loi n'ayant pas fixé l'âge[1] auquel le Tunisien est soumis à l'impôt, le caïd put à son gré faire payer des enfants et oublier des hommes mûrs. Quelle qu'ait été l'intention du fondateur, la capitation est donc le dernier des expédients auxquels les beys aient pu songer : leur politique financière les met en rébellion contre l'islam.

Était-il donc besoin de tant d'expédients et de tant d'impôts pour assurer l'unique service de l'État musulman ? Non sans doute, mais les impôts ne servent pas seulement à payer les agents du pouvoir, ils servent à entretenir le bey, sa cour, sa garde et ses favoris. Les finances, dans un État bien constitué, ne sont qu'un moyen de gouvernement ; mais à Tunis elles sont devenues la fin même de l'État. Ce n'est pas pour rendre la justice qu'on perçoit l'impôt : il est perçu pour lui-même. Voilà pourquoi la question financière devint l'unique problème politique dans les dernières années de la Tunisie autonome. Et il était naturel qu'un État imprévoyant arrivât à oublier la fin en vue de laquelle il était institué.

*
* *

Tous les caractères que nous avons notés contribuent à donner sa forme au gouvernement beylical. Un pouvoir réduit aux fonctions militaire et judiciaire ne peut être qu'un pouvoir monarchique : et l'absolutisme du

1. De Dianous, *Notes de législation tunisienne*, p. 115.

monarque n'est limité que par l'autorité qu'il accorde lui-même aux officiers et aux magistrats ses collaborateurs. C'est ainsi qu'en théorie chaque bey, à son avènement, devait faire reconnaître sa souveraineté par le divan des soldats; de même les jurisconsultes avaient droit à ses égards. C'est seulement lorsque l'État se charge des « intérêts » publics que les « intéressés » demandent à prendre part au gouvernement : une monarchie administrative est une monarchie qui se transforme en démocratie. Mais l'État beylical, loin d'administrer les intérêts de ses sujets, oublie ses devoirs envers eux; l'intérêt du souverain devient le seul intérêt de l'État : loin de devenir démocratique, le pouvoir beylical devait tendre à l'absolutisme. En effet, l'influence des juristes et des officiers diminue à mesure que les soucis pécuniaires du bey l'emportent sur ses devoirs de juge et de soldat. A mesure que décroît le nombre de ses fonctions, l'État beylical exagère son absolutisme.

Ce gouvernement absolu, réduit à un petit nombre d'attributions, est un gouvernement amorphe. Le travail politique n'est pas divisé. Les soldats sont gendarmes et publicains. Avant notre arrivée, les impôts étaient perçus par les troupes : l'héritier présomptif, avec le titre de bey du camp, partait en campagne, deux fois l'an, pour recueillir les contributions des provinces mal soumises. Sur son chemin, ce général-trésorier rendait la justice. L'impôt, perçu par les soldats, était gardé par les soldats. On voit encore sur une colline, à quelques pas des murs de Tunis, un fort autour duquel sont creusés de grands trous : ces fosses sont-elles des ouvrages de défense ? y plantait-on des chevaux de frise ? Non, ce sont des silos où les beys conservaient les produits en nature de la dîme des céréales. Ce fort est moins destiné à défendre la ville qu'à veiller sur le Trésor : c'est un fort fiscal [1].

Tous les agents du pouvoir cumulent de même les fonctions. Le premier ministre, qui fut souvent le souverain réel du pays, s'occupe de toutes les affaires. Et le « ministre de la plume » n'est qu'un autre premier ministre. Il est impossible de délimiter ses attributions. Au XVIIe siècle il était le « chef des secrétaires [2] » ; il jouait en même temps le rôle de comptable. Par accident, il devint militaire et commanda l'armée en l'absence du bey [3]. Aujourd'hui il dirige l'administration centrale, de concert avec le premier ministre. Dans les provinces, les caïds ou gouverneurs sont à la fois préfets, receveurs des finances, officiers de police et juges. Leurs lieutenants ou khalifas, leurs subordonnés les cheïkhs des tribus possèdent, sauf le pouvoir judiciaire, toutes leurs attributions : ce sont des chefs politiques, des publicains et des policiers. L'État n'a pas des fonctions assez nombreuses pour qu'il soit utile de diviser le travail.

Mais ce défaut d'organisation ruine l'autorité du monarque absolu. Chaque caïd, dépositaire de tous les

1. V. Ch. Lallemand, *Tunis et ses environs*, p. 27.

2. V. *Revue tunisienne*, avril 1896, p. 199, note 2. *Soixante ans d'histoire de la Tunisie* (1705-1765) par Mohamed Seghir ben Yousef, traduction de MM. Serres et Lasram. — Cf. l'origine de nos « secrétaires d'État ».

3. *Id.*, p. 202.

pouvoirs, est un souverain dans sa province ; de même chaque cheïkh dans sa tribu. Les agents du bey se dispensent de lui obéir, ou bien ils dépassent ses ordres : aux impôts qu'il fixe ils ajoutent d'autres impôts ; ils introduisent des « usages » qui augmentent les charges édictées par les lois. Aussi les peuples, malgré la douceur de leur caractère, se soulèvent-ils périodiquement ; certaines tribus sont même dans un état de rébellion permanente. Le pouvoir beylical est un absolutisme tempéré non seulement par la désobéissance de ses agents mais « par l'insurrection[1] » de ses sujets.

Tous ces traits forment un ensemble en apparence incohérent. Pourtant ils s'enchaînent les uns les autres. Si l'État beylical est anarchique, c'est qu'il est amorphe ; s'il est amorphe c'est qu'il n'a guère d'attributions ; s'il a peu de fonctions, c'est que l'intérêt du souverain prime les intérêts publics, c'est aussi que l'idéal social paraît se réduire à la répression de l'injustice. Pourquoi enfin ce but même est-il oublié ? pourquoi des fins plus lointaines ne sont-elles pas conçues ? c'est que l'avenir préoccupe aussi peu le bey que ses sujets : ce gouvernement est fait à l'image de ce peuple.

II.

Tandis que le bey oubliait ses devoirs sans oublier

1. Rapport du ministre des affaires étrangères au Président de la République (1881-90).

ses droits, l'État israélite s'imposait des charges sans réclamer le plus rudimentaire des droits, le droit à l'existence.

Qu'est-ce en effet que l'État juif tunisien ? Les Israélites ne sont-ils pas soumis au bey ? ne sont-ils pas justiciables des tribunaux musulmans ? ne paient-ils pas l'impôt fixé par le bey ? Avant notre arrivée, ils avaient même dans l'État musulman plus de charges que les Arabes : ils devaient à l'islam, sous peine de mort, un respect que les Musulmans n'avaient pas pour le judaïsme. Ils n'étaient pas toujours protégés par la justice du bey. Ils payaient des impôts spéciaux, un impôt collectif, des droits de douane plus élevés que ceux qui frappaient musulmans et chrétiens. Ils étaient corvéables : des travaux d'utilité publique ont souvent été exécutés par les Juifs[1]. En revanche, le gouvernement prenait parfois la défense de leurs intérêts : une guerre contre Venise aurait été entreprise pour venger des Israélites[2]. Les Israélites avaient accès à certaines fonctions : depuis un temps immémorial, le receveur général des finances était Israélite. Les Juifs vivaient donc de la vie publique des Musulmans.

Pourtant ils formaient une tribu séparée. Cette tribu était, comme toute tribu, administrée par un caïd : le caïd recueillait l'impôt et le versait à la caisse du receveur général, c'est-à-dire à sa propre caisse, le caïd des Israélites et le receveur général du bey ne faisant qu'une seule et même personne. Agent financier comme

1. Cazès, *Histoire des Israélites tunisiens*, p. 98.
2. Rousseau, *Annales tunisiennes*, p. 200.

tous les caïds, le caïd des Juifs était en même temps un agent politique. Il proposait au bey la nomination du grand rabbin, des notables, des notaires. Il avait sur les décisions du Conseil de la communauté un droit de veto. Il était juge : il condamnait à l'amende, à la bastonnade, à la prison. Toutes ces fonctions sont celles des gouverneurs musulmans : ce caïd est un fonctionnaire beylical. Mais il suffit que les beys aient donné aux Israélites un gouverneur spécial pour que l'État juif ait pu créer, à côté de l'État musulman, des institutions inconnues des Arabes.

L'idéal de l'État israélite, ce n'est pas de réprimer, c'est de prévenir l'injustice.

L'injustice est souvent l'œuvre de la misère : il faut donc combattre la misère : la communauté juive de Tunis n'est qu'un vaste bureau de bienfaisance. Elle tire ses ressources de l'impôt établi sur la viande de boucherie. Les Israélites paient aujourd'hui quarante centimes d'impôt par kilogramme de viande et la communauté perçoit chaque année à l'abattoir une somme que la statistique officielle évalue à cent mille francs [1], mais qui paraît dépasser le double. En outre, vingt mille francs seraient produits par une sorte d'impôt

1. *Statistique générale de la Tunisie* (1881-92), p. 90. — Mais les *Archives israélites* ont publié une lettre d'un correspondant tunisien bien informé qui évalue à 235.000 francs le revenu de l'impôt sur la viande. D'après la *Statistique*, la subvention de la communauté à l'école de l'Alliance israélite ne serait que d'un millier de francs ; d'après les *Archives*, elle serait de 35,000 francs : l'importance de l'école fait supposer que ce dernier chiffre n'est pas exagéré.

proportionnel sur le revenu [1]. Cette somme a le caractère que nous avons refusé au budget des habous musulmans : tandis que les ressources de l'assistance musulmane viennent des bonnes volontés individuelles, celles de la charité israélite sont fournies par un impôt obligatoire. Du 13 octobre 1890 au 12 octobre 1891, plus de soixante mille francs [2] ont été prélevés sur cette somme pour être distribués aux indigents et aux malades. Mais il n'y a pas moins de *six mille* indigents à secourir : la communauté ne donnerait donc en moyenne que dix francs par an à ses pauvres. C'est qu'elle a d'autres dépenses : elle distribue des secours au moment de la Pâque. Enfin elle paie les frais de la justice et de l'enseignement israélites. Les juges du tribunal rabbinique touchent à sa caisse un traitement dérisoire de soixante francs par mois [3]. Le séminaire hébraïque reçoit une maigre subvention proportionnée à son importance. L'École de l'Alliance israélite est mieux partagée. Assistance et enseignement, telles sont les principales dépenses de l'État israélite.

Le comité de bienfaisance prévient les injustices en soulageant les misères ; le tribunal rabbinique les prévient en apaisant les querelles et en prévenant la misère même. Sans doute il peut réprimer : il prononce des condamnations qui sont exécutées par les autorités

1. La *Statistique* officielle ne mentionne pas cet impôt, il a d'ailleurs perdu son caractère obligatoire.

2. Chiffre de la *Statistique :* il faut probablement le doubler pour avoir la vérité.

3. L'État beylical dépense aussi 7,440 francs pour le tribunal rabbinique. — V. *La Tunisie* (*Agriculture*, etc.), t. II, p. 252.

musulmanes. Mais en général il se borne à concilier : c'est un tribunal d'arbitrage. Ses arrêts sont dictés par l'équité naturelle plus que par la justice positive. La jurisprudence n'existe pas : le juge n'a pas le droit de motiver une sentence sur un précédent vieux de plus de trente-trois ans. On reconnaît le trait essentiel de l'âme juive, son dédain du passé, son désir de modifier ses institutions à mesure que se modifient les circonstances. Mais cette méthode convient mieux à des arbitres qu'à des juges. De même le code rabbinique recherche la paix plus que la justice. Il conseille au créancier de ménager son débiteur, de lui accorder des délais tant que des intentions malhonnêtes ne sont pas évidentes. Il interdit de saisir les instruments de travail : le créancier peut, le soir, prendre les outils de son débiteur pour être sûr qu'ils ne seront pas vendus pendant la nuit, mais il doit les restituer dès le matin pour permettre au débiteur de s'acquitter par le travail. — Enfin, la constitution du tribunal prouve son caractère : ordinairement, un juge unique entend l'affaire, mais les plaideurs peuvent réclamer trois juges : en ce cas, le grand rabbin préside et chaque partie choisit un assesseur parmi les autres rabbins-juges : ce tribunal est composé comme un jury d'honneur.

Le tribunal rabbinique n'est pas seulement pacificateur, il est bienfaisant : il combat la misère. Son code interdit aux Israélites les abus de la concurrence : dès l'époque où il leur fut permis d'habiter la ville arabe, les Juifs s'engagèrent à ne pas mettre de surenchère aux loyers des maisons occupées par des coreligionnaires[1] ; en outre, « tout Israélite qui loue le premier un immeuble à un non-israélite acquiert sur cet immeuble un droit de préemption que doivent reconnaître ses coreligionnaires[2] ». De même, les rabbins s'efforcent de détourner les Israélites des industries encombrées : leur rôle est donc toujours d'éloigner la ruine de leur communauté : le tribunal a la même fonction que la caisse de bienfaisance.

Puisqu'il a des finances, des écoles, un tribunal, un comité de bienfaisance, l'État israélite peut se passer d'une reconnaissance officielle : il existe. Il a sa forme qui dérive de sa fonction : n'étant ni militaire, ni policier, il n'a aucune raison d'être monarchique ; puisqu'il surveille les intérêts des particuliers, les particuliers doivent prendre part au gouvernement de leurs intérêts : en effet, l'État israélite est régi par une commission de huit membres. Autrefois, cette commission était dédoublée : le budget des recettes était établi par une assemblée de cinq notables choisis parmi ceux qui payaient à la caisse des pauvres cent piastres au moins par an ; une seconde sous-commission, composée de rabbins, dressait la liste des indigents et fixait le budget des dépenses. Aujourd'hui les deux commissions réunies forment le gouvernement de la communauté.

Cet État — ou, si l'on veut, cette commune revêtue de droits régaliens — est plus fort que l'État beylical. Il n'a pas d'insoumis : les quarante mille Juifs tunisiens, sans exception, paient leur viande deux fois

1. Cazès, *op. cit.*, p. 131.
2. *Id.*, p. 110.

trop cher pour subvenir aux besoins de la communauté. Pourtant, l'État israélite a connu les querelles politiques ; ce n'est pas un, c'est deux États que les Juifs, hier encore, formaient dans l'État tunisien. Les plus riches, les « Livournais[1] », avaient exigé, au début du XVIIIe siècle, un temple, un tribunal, une boucherie et un cimetière distincts de ceux des « Tunisiens ». Pendant un temps, il y eut même deux caïds[2]. Quand le « schisme » prit fin, les Livournais conservèrent leurs finances particulières. Et même quand la France eut ordonné, en 1888, la fusion des deux caisses, un cinquième des revenus totaux continua à alimenter le trésor illégal des Livournais. Cette situation n'a pris fin qu'en l'année 1895. L'union est-elle définitive ? En tout cas, on voit que rien n'a manqué, pas même la division, à l'État israélite de Tunis.

S'il y a deux méthodes pour réaliser la justice, — réprimer et prévenir, — la première qui n'exige aucune connaissance de l'avenir devait être adoptée par les Musulmans ; la seconde, qui implique prévoyance, pouvait être suivie par les Juifs. Prédominance de la justice chez les uns, prédominance de l'assistance chez les autres, tel est le trait qui explique le détail de leurs institutions politiques et la forme même de leur gouvernement ; il est fait, chez les deux peuples, à l'image des gouvernés.

III.

Aux deux États indigènes manque également la cen-

1. Cazès, *op. cit.*, p. 120.
2. *Id.*, *ibid.*

tralisation administrative des États européens. L'État juif est une collection de communautés dispersées dans la Régence ; il n'avait aucun intérêt et il n'aurait pas eu le droit de les relier les unes aux autres. L'État musulman, par définition, ne pouvait pas concevoir un plan général d'administration. Au contraire, la France, « protectrice » de la Tunisie, introduit dans ce pays les méthodes et les fins de l'État moderne ; elle veut satisfaire les intérêts matériels et moraux des Tunisiens, et pour y arriver, elle étend sur le pays un réseau complet et systématique d'institutions.

On trouvera dans les rapports officiels[1] le détail de cette œuvre. Son caractère seul doit nous retenir : au caprice incohérent de l'administration musulmane, elle fait succéder l'exécution d'un plan délibéré. Sans doute, les ressources financières ne permettent pas de tout exécuter d'un coup, mais le programme est tracé pour un long avenir. C'est surtout dans l'œuvre des administrations purement françaises qu'on devine un dessein préconçu. Les travaux publics ont entouré la Régence d'une ceinture de phares dont les feux éclairent tous les points de la côte ; ils ont relié toutes les villes par des routes et ils ont entrepris de les relier par un réseau de voies ferrées ; les ports les plus importants sont creusés ; ceux de Tunis, de Bizerte et de Sfax sont livrés à l'exploitation ; celui de Sousse sera prochainement terminé ; on songera ensuite aux mouillages moins im-

1. V. en particulier l'ouvrage publié par les soins de la Résidence à propos du Congrès de Carthage : *La Tunisie*, 4 volumes.

portants de Gabès et de Tabarka. Un réseau de courriers postaux et de lignes télégraphiques a été établi avec la même méthode. De même encore, en agriculture, on étudie méthodiquement les produits de chaque région[1] pour rendre à toutes leur prospérité. Nous sommes, en cette matière, plus hardis en Tunisie qu'en France. L'État s'est fait agriculteur et marchand pour encourager les initiatives individuelles. Il achète et revend à prix coûtant les moutons destinés à perfectionner les races indigènes. Il plante les arbres destinés au reboisement et il les vend à perte. Mais, s'il est, pour ainsi dire, plus socialiste, il n'est pas moins méthodique. — De même enfin, un réseau d'écoles est créé. A notre arrivée, l'enseignement français était donné par des congréganistes à Tunis et sur quelques points du littoral. En 1885, toute la côte est garnie d'écoles : Bizerte, Sousse, Monastir, Sfax, Gabès et Djerba sont pourvues, ainsi que les deux plus grandes villes de l'intérieur, le Kef et Kairouan. Dans les deux années qui suivent, on complète cette ceinture ; on crée des écoles à Tabarka, à Hammamet, à Mehdia ; mais, en même temps, on pénètre dans l'intérieur ; les stations de la ligne ferrée d'Algérie : Béjà, Souk-el-Arba, Ghardimaou, reçoivent des écoles ; on s'installe même en pleine Khroumirie, à Aïn-Draham. A partir de 1888, on avance de plus en plus dans l'intérieur, on

1. V. les rapports de M. Paul Bourde sur la *Culture de l'olivier dans le Centre et le Sud de la Tunisie*, sur la *Culture de l'olivier dans le Nord*, sur l'*Elevage du mouton* ; son *Projet d'enquête sur le cactus considéré comme plante fourragère*.

va jusqu'au désert. La marche est méthodique et progressive, comme celle de tous les services français du nouveau gouvernement.

Des réseaux bien coordonnés d'administrations publiques, voilà ce que la France a donné à l'État tunisien : leur établissement dénote un souci des « grands desseins et des vastes pensées » qui contraste heureusement avec l'opportunisme du gouvernement beylical[1].

1. L'État français, en Tunisie, s'est volontairement modifié ; il a tenté dans la Régence des expériences intéressantes : si elles ne sont pas indiquées dans le texte, c'est qu'elles ne sont pas, par essence, propres à la Tunisie : on aurait pu les tenter dans n'importe quel autre « champ d'expériences ». Elles sont, en outre, connues : il suffit de les rappeler. 1° Expérience politique : *le gouvernement du protectorat*. On sait qu'il consiste à utiliser les administrations indigènes en les « contrôlant ». Le gouvernement protecteur exerce d'ailleurs deux droits régaliens : il entretient une armée et des magistrats. Remarquer que ces deux pouvoirs, dits souverains, sont les seuls que les beys exerçaient avant notre arrivée. — 2° Autre expérience politique : *séparation des Églises et de l'État*. — 3° *Expériences judiciaires :* *a*) le jury d'assises délibère avec les juges, se prononce avec eux sur la peine à appliquer ; *b*) il n'y a pas de justice administrative ; *c*) il n'y a pas de tribunaux de commerce ; *d*) les juges de paix ont une compétence étendue. — 4° *Expérience administrative :* simplification des actes relatifs à la propriété foncière grâce à l'*Act Torrens :* tous les actes étant inscrits sur un même titre qui contient tout l'état civil d'une propriété. — A cette expérience se rattache celle du *Tribunal mixte*. — V. sur ces expériences *La Tunisie* déjà citée. — On peut regretter que quelques-unes n'attirent pas davantage l'attention du Parlement : leur succès permet de penser qu'elles seraient appliquées en France avec profit.

IV.

Les trois États tunisiens vivent-ils en paix? Sans doute, des difficultés peuvent surgir dans l'interprétation des décrets qui déterminent les attributions des tribunaux français et des tribunaux musulmans [1]. Mais ces difficultés ne sont pas insolubles. En général, les trois États s'accordent précisément parce qu'ils n'ont pas le même idéal ni la même méthode. Non seulement ils s'accordent, mais ils s'imitent: l'État musulman influe sur l'État français autant que l'État français sur l'État musulman, et d'autre part notre politique modifie celle des Israélites.

Le gouvernement musulman déteint sur le gouvernement européen. Déjà Hesse-Wartegg et Maltzan [2] remarquaient en plaisantant que les chrétiens ont plus emprunté aux Musulmans que les Musulmans aux chrétiens. Les consuls, en effet, étaient des souverains qui se bornaient, comme le bey, à rendre la justice ou à l'entraver [3]. Le gouvernement protecteur a sans doute assumé d'autres tâches, mais il a été contraint, dans les administrations qu'il trouvait établies, d'imiter les méthodes musulmanes. C'est ainsi que la justice indigène n'est « organisée » dans la Régence que

1. V. Borge, *De la juridiction française en Tunisie*, p. 37, 45, 46, 49, 57.

2. Hesse-Wartegg, *Tunis: Land und Leute*, p. 137.

3. P.-H.-X., *Politique française en Tunisie*, p. 363. — *La Tunisie, Histoire et Description*, t. II, p. 64, 65.

depuis quelques mois : jusqu'à présent, les Arabes n'avaient pas de tribunaux hiérarchisés ; de même les décrets et les usages qui servent de lois aux juges musulmans ne sont pas encore codifiés. L'administration des finances, comme celle de la justice, subit l'influence des routines antiques ; on n'a pas pu renoncer à l'incohérence des taxes beylicales ; on se borne à éliminer peu à peu les expédients les plus dangereux, les fermages d'impôts et la douane d'exportation. Aucun système logique n'est proposé : bien qu'elle soit aux mains des Français, cette administration ne paraît pas guidée par des vues générales.

Pour des raisons analogues, l'administration politique conserve les coutumes arabes : nous n'y introduisons pas la division du travail. A côté du premier ministre, déjà doublé par le ministre de la plume, nous avons placé un ministre de la plume français, le secrétaire général du gouvernement tunisien, flanqué lui-même de deux secrétaires généraux adjoints. Ces fonctions ne sont pas mieux définies que celles du premier ministre. De même les « contrôleurs civils » que nous avons placés près des caïds surveillent toute l'administration de ces gouverneurs musulmans ; comme eux, plus qu'eux [1] ils cumulent les fonctions. Sans doute, il était nécessaire d'employer cette méthode puisqu'on voulait conserver aux chefs indigènes leur autorité : et l'expérience a justifié jusqu'à présent cette tentative.

1. Car ils sont, en général, vice-consuls de France et ils surveillent l'administration des fonctionnaires français de leur circonscription.

Elle a pourtant ses dangers : elle nous obligera à conserver des rouages inutiles. Dès maintenant, le bey n'a plus de fonction ; ses ministres n'ont eux-mêmes qu'une autorité nominale ; les caïds savent bien que le secrétaire général français est plus puissant que le premier ministre ; à leur tour, les indigènes comprennent que le « contrôleur » français est plus puissant que le caïd. Dans quelques années, nous aurons deux administrations, l'une active, l'autre oisive ; les contrôleurs auront enlevé aux caïds leurs fonctions administratives ; les tribunaux musulmans et les juges de paix français leur auront pris leurs fonctions judiciaires, et leurs fonctions fiscales seront entre les mains des agents que la direction des finances commence à envoyer dans les provinces : que restera-t-il au caïd ? Or, malgré le préjugé, l'administration générale de la Tunisie coûte déjà fort cher ; le bey et sa famille reçoivent une dotation de près de deux millions ; l'administration centrale exige une somme voisine de trois millions [1] ; plus de quatre millions et demi, dans un budget de vingt-un millions, sont donc consacrés au pouvoir exécutif et à ses agents ; c'est plus d'un cinquième du budget. En France, les mêmes services ne demandent qu'un quatorzième du

1. Chiffres de 1892 dans la *Statistique générale de la Tunisie* (p. 243) : Bey, famille beylicale, palais : 1,730,000 francs (chiffres ronds) ; administration générale : 2,900,000 francs ; total : 4,630,000 francs. Chiffre duquel il faut déduire 368,400 francs consacrés à la magistrature et 91,500 francs destinés au clergé, mais auquel il faut ajouter 330,700 francs destinés aux contrôleurs civils. — Ces chiffres ont été dépassés depuis 1892. — V. *La Tunisie* (*Agriculture*, etc.), t. II, p. 250 et suiv.

budget, 241 millions sur trois milliards[1]. Si l'on veut éviter des dépenses qu'un budget aussi modeste que le budget tunisien ne pourrait supporter longtemps sans danger, il faudra modifier l'administration actuelle.

Non seulement l'administration française imite l'administration musulmane, mais le gouvernement français devient autoritaire comme celui des Musulmans. Pour éviter de reproduire des légendes contentons-nous de rappeler à ce sujet des faits publiés. On peut lire, dans la *Dépêche tunisienne* du 3 janvier 1896, un discours où le Résident général déclare à ses compatriotes que les institutions républicaines sont un « *habit* » qu'on porte en France, mais qu'on peut dépouiller en Tunisie. Un représentant de la République devrait croire, semble-t-il, que les institutions républicaines ne tiennent pas seulement à la peau, mais au cœur de la France. Mais le Résident général, qui contrôle le gouvernement arabe, n'est lui-même contrôlé que par les bureaux du quai d'Orsay; or, une loi de psychologie générale veut que tout homme en possession d'un pouvoir peu contrôlé tende à en reculer les limites[2].

Si le gouvernement est à Tunis plus autoritaire qu'en France, ce n'est pas seulement parce que les gouvernants sont plus ambitieux mais parce que les institutions sont moins démocratiques. Les Français

1. Chiffres donnés par le rapport général de M. Krantz sur le budget de 1897.

2. On trouvera maintes applications de cette loi dans les *Principes de colonisation*, de M. de Lanessan.

perdent à Tunis une partie de leurs droits politiques [1]. Ils sont électeurs, mais ils n'élisent pas leurs municipalités [2]. Ils sont électeurs, mais leurs représentants ne sont pas législateurs : les corps élus sont simplement « consultatifs ». Telle est la Chambre *consultative* du commerce du Nord, telle la Chambre *consultative* d'agriculture [3] du Nord, telle les deux Chambres mixtes *consultatives* du Centre et du Sud. Ces Chambres ont cependant quelque importance politique. Au 1er janvier et au 14 juillet elles viennent haranguer le Résident général [4] et lui exposent les vœux de la colonie. Deux fois par an, on convie leurs bureaux, auxquels se joignent les membres français des municipalités, à venir « conférer » avec les agents du pouvoir. La « Conférence consultative » est le Parlement des Français de Tunis. Depuis quelques années, ses pouvoirs grandissent : les chefs de services lui présentent des rapports. Enfin, depuis l'année 1896, tous les Français sont représentés à la Conférence : aux deux collèges électoraux des agriculteurs et des commerçants on a joint un « troisième collège » qui comprend tous les Français qui n'appartiennent pas aux deux pre-

1. Il est vrai qu'ils sont dispensés de deux ans de service militaire, mais cette dispense n'est accordée qu'aux colons qui s'engagent à habiter dix ans le pays.

2. Ces municipalités sont mixtes : elles comprennent des étrangers et des indigènes.

3. Remarquer que pareille institution n'existe pas en France.

4. Elles reprennent ainsi la tradition inaugurée, avant l'occupation, par les « députés de la nation ». — Les « députés de la nation » existent encore dans le Levant.

miers : les ouvriers, les médecins, les avocats et les fonctionnaires civils forment les catégories les plus importantes de ce troisième collège. Cette organisation est-elle définitive ? il ne faut pas le souhaiter. Elle est étrange : qui songerait à classer les habitants d'un pays en ces trois groupes : les agriculteurs, les commerçants et... les autres ? C'est que la Conférence n'a pas été conçue en une fois mais modifiée sous la pression des circonstances. Ses divisions ne sont pas seulement arbitraires, elles sont dangereuses : partout où le corps électoral forme plusieurs collèges, des querelles éclatent entre eux : est-il bon de favoriser à Tunis la scission des fonctionnaires et des colons ? Il faut donc espérer une réorganisation du petit Parlement tunisien.

Est-ce à dire que la Conférence doive faire des lois ? Plusieurs le demandent : on rêve pour la Tunisie le régime du Canada ou des États australiens. Mais dans les colonies autonomes de l'Angleterre, la population est homogène ; en Tunisie, les Français sont entourés d'étrangers et d'indigènes dont on ne peut négliger les intérêts. Même si les Français étaient seuls, il serait utile de séparer le pouvoir représentatif et le pouvoir législatif. Quand ces deux pouvoirs sont confondus, comme en France, les coalitions d'intérêts privés risquent de primer l'intérêt public : la loi, au lieu de régler les appétits, n'est que la résultante des plus gros appétits. C'est que les représentants des intérêts, qui sont en même temps législateurs, jugent les causes dont ils sont les avocats. Est-ce conforme à la justice ? De même, à Tunis, l'agriculture, le commerce et le

« troisième collège » nomment des représentants qui défendent leurs intérêts : pourquoi seraient-ils appelés à juger la valeur réelle de leurs plaidoiries ? il est trop évident qu'ils les trouvent excellentes. Pourquoi jugeraient-ils celles de leurs collègues ? ils sont intéressés en l'affaire : l'impartialité leur manque. Il est donc utile de les confiner dans leur rôle d'avocats. Tout acte de l'État doit être une sentence : les élus de la colonie doivent éclairer de tout leur pouvoir le gouvernement qui rendra l'arrêt ; les différents partis, dans la discussion des lois, doivent exposer leurs opinions ; mais pour que l'arrêt soit équitable, les avocats ne doivent pas être appelés à le rédiger. En retour, le magistrat devant lequel ils plaident ne doit pas usurper leurs fonctions, il ne doit pas prendre part au débat : on rêverait à Tunis un ministre qui ne prendrait la parole ni pour plaider ni pour quereller mais seulement pour juger : pour être moins brillant, ce rôle n'en serait pas moins noble.

*
* *

Si notre gouvernement doit se modifier en Tunisie, nos idées politiques modifient celles des Musulmans. Depuis longtemps, dans l'islam, on attribue à la politique la prospérité des États européens et la décadence des États musulmans. Aussi essaie-t-on d'imiter la politique européenne. A Tunis, l'initiateur du mouvement fut Ahmed-Bey : après un voyage en France, il nous emprunta quelques-unes de nos institutions.

D'abord, Ahmed-Bey habilla sa cour d'uniformes européens; il institua dans les services civils une hiérarchie dont les degrés correspondaient aux grades de la hiérarchie militaire. Et comme, sauf la couleur des pantalons, tout, dans l'uniforme civil, était identique à l'uniforme militaire, on vit les généraux fourmiller à la cour beylicale. Aussi les Européens s'imaginent-ils souvent que les Arabes aiment le panache. Mais c'est un goût de fraîche date et d'origine européenne.

Ahmed-Bey ne se contenta pas de réformer l'étiquette et l'uniforme : il réorganisa l'armée, créa au Bardo une école polytechnique et dans la Régence des forteresses et des poudrières [1]. Il voulut aussi donner des encouragements à l'industrie : il créa à Djedeïda une manufacture de drap. Son attention aurait même été attirée vers les intérêts intellectuels du pays : selon Jacquinot d'Oisy [2], c'est à Ahmed-Bey qu'on doit la bibliothèque de la Grande Mosquée. Il faut donc reconnaître que si Ahmed-Bey imitait l'extérieur de nos institutions, il s'efforçait aussi d'en reproduire l'esprit.

Le libéralisme fut, après Ahmed-Bey, le caractère qui, dans la politique européenne, frappa le plus vivement les novateurs musulmans. Le bey Mohamed, en 1857, donne à ses sujets une *Constitution* qui proclame l'égalité de tous devant la loi. En même temps,

1. V. *La Tunisie, Histoire et Description*, t. II, p. 51 et suiv. Remarquez que cette organisation militaire date précisément de l'époque où la guerre permanente cesse en Tunisie : elle n'a pas d'autre cause que le besoin d'imiter l'Europe.

2. *Autour d'un rhamadan tunisien*, p. 209.

elle établit une assemblée de notables qui devait conseiller le souverain. Cette Constitution n'a pas vécu, mais, malgré cet échec, c'est encore dans le parlementarisme qu'un grand réformateur, le général Kheïr-ed-dine, voyait le salut de l'État beylical. Il était partisan de la Constitution de 1857 et il regrettait surtout le temps où les théologiens exerçaient un contrôle effectif sur les décisions des beys. Lui-même était pour le souverain un conseiller très indépendant : son humeur déplut et son système politique disparut avec lui.

Mais Kheïr-ed-dine est le maître de tous les « jeunes Tunisiens » qui, aujourd'hui, réclament des réformes[1]. C'est encore le libéralisme qui les séduit. De notre France c'est le libéralisme qu'ils aiment ou qu'ils envient. La presse leur paraît un excellent moyen de diriger l'opinion. Aussi la plupart des journaux arabes de Tunis sont-ils dirigés ou rédigés par des jeunes gens de ce parti. Ces journaux sont-ils ce qu'ils devraient être ? En général, ils se bornent à donner, d'après les journaux turcs, des nouvelles de Constantinople, d'Égypte, des autres pays musulmans : on y joint quelques faits divers tunisiens; mais l'état de l'Europe préoccupe peu les lecteurs. Pourtant, les articles de fonds répandent quelques idées modernes. Mais certains jeunes Musulmans trouvent insuffisante la partie originale de ces journaux ; ils rêvent des publications plus littéraires et plus savantes : ils voudraient répandre des idées neuves sur l'agriculture et

1. V. Béchir Sfar, *Assistance publique musulmane en Tunisie*, p. 24, note 1.

l'industrie, des idées justes sur l'histoire et la politique. Ces journaux seraient lus : le soir, dans les cafés, les Arabes ne lisent pas seulement des romans, ils s'occupent des événements publics ; c'est le sujet des entretiens lorsque des amis se réunissent pour passer la soirée : et l'on sait que cet usage est très répandu à Tunis. Des journaux intéressants auraient donc des lecteurs : ils seraient des instruments de progrès ; voilà pourquoi des jeunes gens rêvent une presse analogue à celle que rêvaient les fondateurs de la presse européenne, une presse sincère, instructive et indépendante.

En même temps qu'une presse, les « jeunes Tunisiens » demandent des lois. Ils ont une confiance exagérée dans la puissance du gouvernement. Se plaint-on devant eux de l'insouciance des agriculteurs arabes ? « Qu'on les force, répondent-ils, à employer des méthodes modernes. Les Arabes sont habitués à obéir : il ne faut pas craindre de leur donner des ordres. » Même réponse si l'on exprime le désir de voir grandir dans nos écoles le nombre des élèves musulmans. Si l'on constate la décadence de l'industrie et la ruine de la bourgeoisie arabe, ils ont toujours une solution prête : des lois peuvent tout réparer. Tandis que le « Vieil Arabe » a confiance dans la force de l'habitude, le « Jeune Tunisien » voudrait lutter contre les mœurs par des lois : sans se douter que cette foi dans le gouvernement est très révolutionnaire, il croit à l'omnipotence de l'État.

Aussi aspire-t-il à collaborer au gouvernement de son pays : tout jeune Musulman instruit espère trouver une place dans l'administration. Et ce n'est pas seulement pour passer dans un bureau une vie paisible qu'il est séduit par le fonctionnarisme : en général, c'est pour hâter les progrès de l'État beylical. Sans doute, ce désir ne se confond pas toujours avec celui de faciliter notre tâche; plus d'un n'apprend l'art de gouverner à la française que pour se substituer aux Français. Mais, quelle que soit l'intention secrète, tous travaillent à réformer l'administration musulmane. Quelques-uns songent même, fidèles disciples de Kheïr-eddine, à réclamer pour les Arabes une sorte de Parlement. Quand les colons français demandent un *Conseil colonial,* les Arabes ripostent en proposant un *Conseil indigène.* Sans doute il serait difficile d'appeler tous les Bédouins devant l'urne électorale, mais, si le Parlement arabe est une chimère, les « Jeunes Tunisiens » croient réalisable l'idée d'une Assemblée de notables musulmans. Ce serait un premier pas vers les institutions libérales.

Les « Jeunes Tunisiens » auraient un moyen de prouver leur goût pour les institutions libérales : ce serait de demander la naturalisation française. On s'est souvent étonné que le titre de citoyen français n'ait pas pour les Arabes plus de séductions. Mais la naturalisation, en leur donnant nos droits politiques, leur imposerait nos devoirs civils : la famille qui est réglée chez nous par le Code est pour eux régie par le Coran : prendre le nom de Français, ce serait rejeter celui de Musulman. Aussi quelques jeunes Arabes proposent-ils un compromis. Ils accepteraient nos impôts, surtout l'impôt du sang, tous les devoirs du citoyen français, et ils demanderaient nos droits politiques. Mais ils conserveraient leurs institutions domestiques : tous les chapitres de notre Code qui règlent le mariage seraient lettre morte pour les Français musulmans. Il est probable que des juristes jugeraient étrange cette proposition. Elle est pourtant séduisante. Pourquoi des hommes qui n'auraient pas le même idéal domestique ne pourraient-ils pas avoir le même idéal politique ? Si l'unanimité des croyances religieuses n'est pas indispensable à l'unité d'une nation, pourquoi l'uniformité dans les mœurs privées serait-elle nécessaire ? C'est seulement lorsque cette « demi-naturalisation » sera instituée qu'on pourra juger la sincérité et le loyalisme des Musulmans francophiles.

*
* *

Les Israélites, comme les Arabes, ont leur parti « jeune tunisien » : il est même très nombreux. Pourtant, ils ne demandent guère plus que les Arabes le titre de citoyen français. Tandis que les Musulmans combattent sous nos drapeaux sans réclamer l'honneur dont leur conduite les rend dignes, les Israélites accepteraient volontiers l'honneur sans le sacrifice : ils sont rares — et ils sont d'autant plus méritants — ceux que la perspective du service militaire n'empêche pas de devenir Français. Quelques-uns cependant voudraient que le décret Crémieux fût appliqué à la Tunisie[1] : les Israélites, pensent-ils, ont donné assez de preuves de leur goût pour la civilisation européenne : la France devrait les naturaliser en masse.

1. P.-H.-X., *Politique française en Tunisie*, p. 440, note. L'auteur prétend à tort que ce vœu est général.

Mais les partisans de cette opinion sont, parmi les Israélites, une infime minorité. La plupart, instruits par les excès de l'antisémitisme algérien, demandent au contraire à rester Tunisiens. Ceux mêmes que les haines religieuses chassent d'Algérie n'usent pas toujours en Tunisie du titre de citoyen français et se contentent de celui de protégé. On ne peut que louer cette attitude : les Israélites sont plus nombreux dans la ville de Tunis que dans l'Algérie tout entière : s'ils se mêlaient à la vie politique, ils exciteraient plus de méfiance que leurs coreligionnaires algériens. Si douloureuse que soit cette réflexion, plusieurs Israélites, naturalisés Français et très attachés à la France, ont dû la faire ; et leur influence a pu jusqu'à présent empêcher les Juifs tunisiens de réclamer des droits politiques.

A défaut de droits politiques, ils demandent la protection de la France. Sauf pour les questions de statut personnel, les Israélites, demeurés sujets tunisiens, sont justiciables des tribunaux arabes : ils s'en plaignent amèrement. Il est facile de croire, en effet, qu'un Juif, en procès avec un Arabe, ne trouve pas à l'Ouzara des juges bienveillants. Si l'Arabe est le débiteur, les magistrats musulmans, par des lenteurs sinon par des injustices, décourageront le créancier. Aussi les Juifs ont-ils imaginé un ingénieux moyen d'amener leurs débiteurs arabes devant les tribunaux français : ils cèdent fictivement leurs créances à des Européens[1], et, comme les procès entre Arabes et Eu-

1. V. Ch Martineau, *De l'influence des cessions de créance*

ropéens sont jugés par les magistrats français, ils peuvent espérer de rentrer dans leurs fonds. Mais ils préféreraient avoir le droit de s'adresser directement à nos tribunaux. En effet, ils ne peuvent pas toujours échapper aux juges arabes : en matière correctionnelle, l'Ouzara seul est compétent ; et il n'est pas tendre pour les Israélites. Il y a deux ans, un boucher juif passa sept semaines en prison, avant toute enquête, parce qu'il était soupçonné de blasphème à l'égard d'un grand saint musulman, Jésus-Christ : le malheureux avait crucifié un rat ! Supposez qu'on arrête en France pour blasphème tous les paysans qui crucifient les chouettes. Les magistrats musulmans, sans se demander si cet acte était impie ou cruel ou absurde, furent trop heureux de conserver un Juif pendant deux mois dans leurs geôles. L'affaire émut vivement, et à juste titre, tous les Israélites tunisiens. C'est pour éviter pareilles iniquités qu'ils demandent à relever des tribunaux français : c'est le seul article de leur programme politique.

*
* *

Plusieurs drapeaux flottent sur les murs de Tunis, mais un seul État y gouverne, l'État français. Il a pour idéal de concilier les différentes nationalités. Être équitable, voilà sa tâche. Tâche difficile, car il est moins

sur la compétence de la juridiction française en Tunisie (*Journal des tribunaux français en Tunisie*, 1893, p. 307 ; cf. t. VI, p. 267).

commode d'être équitable que de le paraître. Les Français se croient volontiers sacrifiés aux Italiens et aux Arabes ; les Arabes se croient tous sacrifiés aux Israélites ; les Israélites sentent la défiance qu'ils inspirent même au gouvernement qu'on accuse de les favoriser. Le seul moyen de dissiper ces impressions, c'est d'écouter avec une égale sollicitude les vœux et les doléances de chacun. De même que le gouvernement doit être, au-dessus des partis en lutte, l'arbitre des intérêts et des droits des Français, de même il doit être, au-dessus des nationalités tunisiennes, l'arbitre de leurs intérêts et de leurs droits. On verrait sans déplaisir des représentants autorisés des Italiens et des Maltais, des Musulmans et des Juifs défendre leur cause, comme ceux des Français, auprès du Résident Général : ce serait une preuve de notre souci de la justice. Or, l'État, à Tunis comme ailleurs, n'a pas d'idéal plus élevé que d'assurer à tous la justice.

CHAPITRE VI

LA RELIGION

I *Les dogmes.* — Double contraste entre les trois Dieux. — 1° Allah ; sa Toute-Puissance ; le fatalisme. — 2° Jéhovah : indétermination de l'avenir. Explication psychologique des trois Dieux. — Le prosélytisme dans les trois religions. La tolérance.

II. *Les prêtres et les temples.* — Simple contraste entre le culte chrétien et les cultes indigènes. — 1° Pas de clergé musulman. — Les théologiens : jurisconsultes, juges, professeurs. — Imams et mouedzines. — La mosquée. — 2° Pas de sacerdoce israélite. — Les rabbins : juges, professeurs, officiants, circonciseurs et sacrificateurs. — Synagogues privées et synagogues publiques. — 3° L'imitation réciproque des cultes : vestiges d'anciennes fonctions sacerdotales chez les Israélites ; influence de l'Europe sur les cultes musulman et israélite.

III. *Les pratiques et les superstitions.* — Caractères communs aux trois religions. — 1° Les pratiques : réglementation des besoins physiques ; instruments de prières ; pélerinages ; fêtes religieuses. — 2° Les superstitions : le culte des saints ; les talismans.

Conclusion.

Tunis est le siège d'un Congrès permanent des religions. Évêques, popes, pasteurs, imams, rabbins et sorciers s'y coudoient. On peut imaginer la rencontre, à un carrefour, de cinq ou six dieux ennemis. La place de la Résidence, où s'élève la cathédrale catholique et d'où partent les voies qui aboutissent aux cimetières indigènes, serait le décor naturel de ce spectacle. De l'église sort lentement une imposante procession. Derrière la croix s'allongent des files d'enfants, guidés par des Frères. Puis viennent les confréries laïques : des « pénitents » italiens ou maltais sont massés autour de leurs bannières ; la peau ridée, les moustaches raides, l'air jovial, ils ressemblent à des figurants d'opérette : ils ont coiffé la calotte ecclésiastique et ils se prélassent dans des camails bleu tendre, marron ou violet : mais le chapeau tyrolien et la chemise rouge de Garibaldi siéraient mieux à leur physionomie. Drapés dans leurs burnous, les Pères Blancs s'avancent. Enfin, au milieu d'un clergé chamarré d'or, sous le dais doré, l'ostensoir d'or aux mains, paraît l'archevêque de Carthage, Primat d'Afrique, la deuxième tête de la chrétienté[1]. — Sans éclat et sans ordre, à gauche, un second cortège se montre : le rythme des chants n'est pas régulier : les paroles se confondent et les notes se heurtent : pourtant ce chœur naïf donne une impression profonde de mélancolie résignée. Des hommes passent, rapides ; aucun prêtre ne se distingue au milieu d'eux ; sur une civière un cadavre est roulé dans une natte ; sur la natte, quelques fleurs sont semées. Et les Musulmans, sans accorder un regard à la procession catholique, suivent leur chemin. — Au dernier plan, une foule silencieuse paraît se dissimuler. A peine entendons-nous quelques voix na-

1. Le cardinal Lavigerie a fait graver dans sa cathédrale un texte pontifical attestant que le siège d'Afrique est le premier après Rome.

sillardes. Un cercueil est soutenu par une vingtaine de mains pieuses : c'est un enterrement israélite. — Tout à coup, de gros tambours tonnent comme des canons : des castagnettes de fer font un bruit strident : voici des drapeaux rouges et verts : des nègres, qui portent des offrandes au tombeau d'un saint, dansent en grimaçant. Sur le trottoir, une vieille Anglaise à lunettes, coiffée d'un chapeau plat, distribue, pour le compte de son Dieu, des prospectus illustrés. Assis à la terrasse d'un café, des Européens boivent, regardent et rient.

Les cérémonies terminées, allons interroger quelques-uns de ces hommes. Oublions leurs livres saints, lisons dans leur âme leur religion vivante. Cherchons, d'après leurs paroles et leurs actions, en quoi s'opposent, en quoi s'accordent leurs croyances et leurs pratiques.

I.

Par leur théologie, le christianisme, l'islamisme et le judaïsme présentent à Tunis un double contraste. L'abbé, le cheïkh[1] et le rabbin n'ont pas seulement trois dieux différents, mais trois dieux contraires. En apparence, ces trois divinités possèdent des attributs analogues : Jésus n'adorait-il pas le Dieu d'Abraham,

1. Le mot cheïkh, qui désigne parfois des chefs politiques, désigne aussi les hommes qui connaissent la loi : littéralement, il signifie, paraît-il, *vieillard*. (Cf. *prêtre*).

et Mahomet le Dieu de Jésus ? En réalité, chacune a son « caractère dominant » qui l'oppose aux deux autres.

L'essence du Dieu chrétien, c'est la Bonté : il se sacrifie pour sa créature. Aussi est-il aimé : allez à l'église maltaise de Tunis et voyez les femmes en prière : sous la cape noire, les yeux brillent, des larmes coulent : le corps prosterné n'a pas l'attitude de la soumission : il n'est pas rigide et immobile : il n'obéit plus à la volonté mais à la passion : il est tombé alangui : l'adoration est un acte d'amour.

Allah et Jéhovah sont moins aimables que redoutables. — Le Musulman se prosterne pendant la prière, mais ses mouvements sont réglés par la volonté : ils symbolisent son absolue soumission ; les bras sont croisés sur la poitrine « comme ceux d'un esclave devant son maître » ou allongés le long du corps « dans l'attitude d'un cadavre[1] ». Devant Dieu l'homme renonce à toute volonté, l'obéissance est le devoir suprême, car la Toute-Puissance est l'essence d'Allah. Comme le Dieu des chrétiens, Allah est le Père ; c'est le chef de la grande famille universelle ; mais pour les

1. La première attitude est celle des Hanéfites, la seconde celle des Malékites. Faut-il attribuer le même sens au rite des Wahabites (Djerbiens et Mzabites) qui ôtent leur culotte pour prier ? (V. Pellissier, *Description de la Régence de Tunis*, p 173 ; cf. Maltzan, *Reise*..., t. I, p. 108 : il appelle les Wahabites « les sans-culotte tunisiens ».) Cet usage, que les persécutions ont détruit à Tunis, mais qui est conservé à Djerba, peut rentrer dans la liste des cérémonies destinées, selon Spencer, à prouver à un maître absolu une soumission sans réserve.

Arabes, père ne signifie pas bonté, père signifie puissance. Un père, c'est un maître. Avant Mahomet, c'était un maître absolu. Le Prophète a restreint le pouvoir du père dans la famille, mais il a conçu Dieu dans le ciel à l'image du patriarche qu'il détruisait sur la terre : il l'a conçu Tout-puissant.

L'Unité même d'Allah dérive de son Omnipotence. On sait avec quel zèle les Musulmans défendent l'unité divine. A leurs yeux, les chrétiens, qui admettent en Dieu trois personnes, frisent le polythéisme. C'est l'Unité de Dieu que les mouedzines proclament cinq fois par jour, du haut de tous les minarets du monde musulman. C'est l'Unité de Dieu que redisent sur leur chapelet, des milliers de fois par heure, les frères des congrégations musulmanes. Or, Allah n'est Un que parce qu'il doit être Tout-puissant. S'il avait des associés son pouvoir serait limité. Mais le monde, comme la famille, ne peut avoir qu'un chef.

La Toute-Puissance prévaut sur la Justice et la Bonté. « Dieu, disent les théologiens[1], est comme le maître d'une immense maison. » L'univers, outre le monde visible, comprend sept paradis et huit enfers. Dieu, qui les a créés, en est le souverain propriétaire. Mais, pour exploiter ce domaine, il doit avoir des esclaves : ce sont les hommes. Chacun a sa tâche : « Les uns sont attachés à la personne du maître, les autres sont relé-

1. La matière de ce chapitre m'a été fournie par des conversations avec des théologiens tunisiens. J'ai parfois cité textuellement leurs paroles : elles sont placées entre guillemets sans autre référence.

gués dans les écuries » ; les uns habitent le septième ciel, les autres peinent dans les enfers. Ce ciel et cet enfer ne sont pas destinés à récompenser ou à punir les hommes ; les hommes seront heureux ou malheureux selon qu'ils auront été désignés pour remplir un emploi agréable ou pénible. Étonnez-vous, devant des théologiens musulmans, de l'injustice et de la cruauté d'Allah : ils semblent ne pas comprendre ; ils déclarent que Dieu est parfois bon, toujours juste : c'est que pour eux la justice consiste à assigner à chacun sa place dans le monde : adapter les hommes aux divers emplois de son domaine, voilà la justice d'Allah. Les relations des hommes avec Dieu sont les relations de l'esclave avec son maître : c'est la famille arabe, avec son cortège d'esclaves, qui a inspiré cette conception théologique. L'inégalité qui régnait dans la famille avant l'islam se retrouve dans la famille universelle. La bonté et l'équité fléchissent devant l'omnipotence d'Allah.

Si Dieu fait tout, l'homme ne fait rien : il n'est pas libre : est-il responsable ? On exagère souvent en France le *fatum mahumetanum*. La plupart des Musulmans admettent une doctrine intermédiaire entre le fatalisme et la théorie de la liberté. Le Coran contient à ce sujet des versets contradictoires [1], et, dans un entretien [2], le Prophète déclare que ni les fatalistes ni

1. Cf. Dozy, *Histoire de l'islamisme*, p. 200 ; Gl Daumas, *la Vie arabe*, p. 405 ; H. de Castries, *L'Islam*, chap. v.

2. On sait que l'orthodoxie musulmane tient grand compte, pour interpréter le Coran, des Entretiens — ou Hadith — attribués à Mahomet.

leurs adversaires n'entreront au paradis[1]. De même, un illustre commentateur, Abou-Hanifa, pensait qu'« il n'y a ni fatalité absolue ni indépendance absolue[2]. » Doser le fatalisme et la liberté, accepter assez de fatalisme pour conserver à Dieu sa toute-puissance, mais assez de liberté pour fonder la responsabilité morale, telle est la doctrine qu'on enseigne à l'Université musulmane de Tunis[3].

La dose de liberté varie suivant les auteurs. Malgré le préjugé, il y a des divergences, voire des hérésies dans l'islam. Une école a proclamé la liberté absolue et déclaré que Dieu ne prévoit même pas les actions des hommes ; mais cette doctrine hétérodoxe n'est plus soutenue en Tunisie. Au contraire, une doctrine de la liberté est encore adoptée par les Wahabites : ils croient que Dieu prévoit les actions humaines, mais ne les crée pas : l'homme est l'auteur de ses actes. Mais les Wahabites sont hérétiques, car s'ils admettent l'Omniscience ils rejettent l'Omnipotence divine, l'essence même d'Allah. — La Toute-puissance est sauvegardée dans une troisième doctrine qui néanmoins accorde une place à la liberté. Dieu aurait créé les actes

1. Cité par Dugat, *Philosophes et théologiens musulmans*, p. 21.

2. *Id.*, p. 260. — Cf. encore l'opinion d'Ali et celle de Ghazzali dans Gobineau, *Les religions et les philosophies dans l'Asie centrale*, p. 72.

3. Le fatalisme absolu n'est pas non plus la croyance populaire ; le langage a créé, sur ce point, des illusions. La résignation des Musulmans, exprimée par tant de formules, a plus de causes psychologiques et politiques que de causes religieuses.

des hommes mais indirectement : il a créé la volonté qui, à son tour, crée les actions. Dieu est la cause première : il a tout créé. Mais il s'est servi d'un intermédiaire qui a sa part de responsabilité : c'est la volonté. C'est ainsi que chez nous les préfets, agents des ministres, sont tenus pour les auteurs des ordres qu'ils ont transmis. Cette théorie est professée par quelques savants : sans être hérétique, elle n'est guère orthodoxe. — La pure doctrine musulmane déclare que Dieu a fixé tous les événements de la vie humaine, mais l'homme paraît avoir le choix des moyens qui les produisent. Dieu indique le but nécessaire ; quel que soit le chemin qu'il prenne, l'homme y arrivera, mais il peut choisir son chemin. Que le soldat s'enfuie ou qu'il combatte, il périra si Dieu l'a décidé : mais il est libre de s'enfuir ou de combattre. — Cette lâcheté ou ce courage ne sont-ils pas imposés par Dieu ? — Cette question embarrasse les théologiens musulmans. L'un me répond que le problème n'est pas résolu : l'autre dit nettement : « Oui, tout est déterminé, les résolutions comme les mouvements, la volonté de combattre comme la mort qui suit le combat. — Alors, où réside la liberté humaine ? — Elle n'est qu'apparente. Tout est déterminé, mais l'homme ignore le destin fixé par Dieu : cette ignorance explique la croyance à la liberté. Supposez un prestidigitateur qui, ayant couvert de papier la lame d'un couteau, fait croire au public que ce papier est tranchant comme l'acier : c'est une illusion. De même l'homme se croit libre : c'est que la fatalité se recouvre d'une apparence de liberté. Mais il suffit de cette apparence pour fonder la responsabilité. Est responsable, en effet, celui qui se croit libre. Voici un malade dont le doigt est agité d'un tremblement convulsif; ce n'est ni volontairement ni volontiers qu'il remue le doigt; il ne se croit pas libre : il n'est pas responsable. Si au contraire un motif conscient produit l'acte, l'homme est responsable. Un criminel n'est pas condamné s'il peut prouver qu'il a commis son crime avec répugnance; mais, s'il y a pris plaisir, il doit expier son forfait. » Les théologiens musulmans, comme d'autres, veulent donc réconcilier la liberté et le fatalisme. La doctrine même qui réduit le libre arbitre à une illusion prétend sauvegarder la responsabilité. On n'a pas le droit de lui reprocher de tuer l'activité : « lorsqu'un vol se commet, ne croyez pas que la victime se borne à se croiser les bras en s'écriant : Allah, que ta volonté soit faite ! Elle agit, elle court sus à son voleur. Et celui-ci n'attend pas du destin l'impunité ou le châtiment : il agit, il s'enfuit, et il a des remords. » Les Musulmans, en dépit des légendes, agissent comme les partisans de la liberté. Mais ils croient que l'activité humaine n'a pas sa source dans l'homme : l'homme ne peut pas revendiquer la moindre parcelle de la Toute-Puissance divine.

Allah est tout-puissant : pourquoi les Arabes ont-ils choisi ce Dieu ? C'est qu'il est adapté à leur âme. Quand nous croyons au libre arbitre, c'est pour expliquer l'imprévu de la vie humaine : les lois naturelles nous paraissent violées, chez l'homme, par une puissance capricieuse. Les Arabes croient au fatalisme pour la raison qui nous fait croire à la liberté. Ce n'est pas seulement dans la vie, c'est dans l'univers qu'ils trouvent de l'imprévisible. Et s'il y a partout de l'imprévu, n'est-ce pas qu'au-dessus de tout règne une puissance capricieuse ? Dieu seul possède le libre arbitre. Les Arabes érigent en dogme leur caractéristique mentale, l'imprévoyance.

*
* *

L'âme juive et l'âme musulmane sont orientées en sens inverse : Jéhovah doit tourner le dos à Allah. En effet, dans leur définition de Dieu, les rabbins n'octroient à la Toute-Puissance que le dernier rang. Sans doute Dieu est puissant : pourquoi voyons-nous avorter les événements les mieux prévus, les projets les mieux étudiés, si Dieu ne joue aucun rôle dans le monde ? Les erreurs de nos prévisions prouvent que l'homme n'est pas le seul artisan de sa destinée. Mais nos espérances ne sont pas toujours déçues ; nous pouvons parfois exécuter notre programme : c'est que Dieu nous abandonne quelque pouvoir. De l'impossibilité de prévoir, les Musulmans concluent : Dieu fait tout, l'homme rien. De la possibilité relative de la prévision, les Israélites concluent : les événements sont l'œuvre commune de l'homme et de Dieu ; l'homme est donc libre ; il a le « choix », disent les rabbins, entre la bonne et la mauvaise voie.

Libre, l'homme rendra compte de ses actions. Dieu jugera l'âme immortelle : nous trouverons dans une vie supra-terrestre la récompense de nos vertus et la punition de nos fautes. Les Israélites, qui vivent plus d'espérances que de souvenirs, ne pouvaient éviter de songer à la vie future. Mais, moins poètes que les Arabes, ils prévoient avec la raison plus qu'avec l'imagination : au lieu de décrire les sept ciels avec leurs houris ils se bornent à dire : les bons seront récompensés, les méchants punis. Il est vrai qu'ils nourrissent des espérances plus concrètes : ils attendent l'*ère messianique : le bonheur sera réalisé sur terre* ; « le lion et la gazelle seront réconciliés ; les années de sécheresse ne suivront plus les années fertiles, la paix et la prospérité seront universelles. » L'attente est si vive, parmi les Israélites tunisiens, qu'à des époques relativement récentes, plusieurs Messies ont fait leur apparition : l'un d'eux fut mis à mort par les Musulmans : « ils redoutaient, me dit un rabbin, que l'ère messianique n'amenât la suprématie des Israélites. » Et comme je lui demandais si l'avènement du Messie est proche, il répondit : « Les livres saints annoncent que le Messie viendra au moment où le vice règnera parmi les hommes. Or, nous sommes au dernier degré du crime : le Messie ne saurait tarder. » Voilà jusqu'à quel point Jéhovah permet à ses fidèles de prévoir et d'espérer.

Puissance, justice, bonté, ces attributs sont secondaires. La nature de Dieu, c'est le Mystère. On ne sait rien de son essence : il est l'Éternel, Jéhovah, « ce qui a été, ce qui est, ce qui sera : » voilà sa définition approchée ; encore faut-il éviter de l'énoncer : pourquoi vouloir fracturer l'arche sainte ? Dieu est caché : il est l'Ineffable. Or, en s'interdisant de préciser son essence, on s'abstient de déterminer son influence sur les volontés : l'homme reste en partie maître de son avenir.

Les trois divinités sont définies : elles s'opposent deux à deux. L'homme conçoit de deux manières son idéal religieux : le bien est surnaturel ou naturel : on peut s'efforcer de dépasser l'humanité, on peut se contenter de la cultiver. Le premier idéal est celui des chrétiens. Mais l'homme ne peut pas, de lui-même, dépouiller l'humanité ; la grâce divine est nécessaire : cette conception inspire donc le désir d'être aidé dans la conquête du bien par un sublime auxiliaire : le chrétien a besoin d'être aimé : son Dieu est tout Amour. A l'exemple des religions antiques, l'islamisme et le judaïsme adoptent la seconde définition de l'idéal : la nature humaine contient en elle-même le germe du bien et la promesse du bonheur. Mais par quel moyen atteindre cet idéal ? chacun choisit suivant son esprit. L'Arabe refuse de prévoir ; il ne cherche pas à réaliser un plan préconçu ; il attend les événements, se réjouit du bonheur, se résigne au malheur imprévus ; amoureux de paix et de sérénité il assiste impassible au spectacle du monde : son Dieu tout-puissant agit pour lui et lui fait des loisirs. L'Israélite n'a d'yeux que pour l'avenir : il trace des plans et veut les mettre à exécution ; l'idéal pour lui c'est l'activité : son Dieu laisse l'avenir aux entreprises des hommes. — Besoin d'amour, besoin de paix, besoin d'action, ces trois aspirations expliquent ces trois Dieux.

*
* *

La différence des trois âmes empêche le rapprochement des trois dogmes. Leur conflit ne pourrait se résoudre que par la ruine des trois religions ou par le triomphe d'une seule. Mais ces deux solutions sont également invraisemblables. L'heure du scepticisme n'a pas encore sonné. Sans doute l'indifférence est goûtée par de nombreux esprits, surtout parmi les chrétiens et les Israélites. Aux jours de fête, beaucoup de jeunes gens sont conduits à la synagogue par le respect humain ou les convenances familiales plus que par la foi. Leur attitude les trahit: vêtus à l'européenne, ils se croient trop civilisés pour être croyants, et ils ne cachent pas assez leur mépris ironique pour les pratiques auxquelles se livrent, à leurs côtés, de bons vieillards en burnous bleus qui sont leurs pères. Mais le conflit des religions n'engendre le scepticisme que dans les esprits déjà disposés à l'incrédulité; il fortifie la foi des autres. Le Français (et le Juif qui l'imite), voyant l'évêque, le cheïkh et le rabbin, se demande comment ces trois hommes peuvent tous les trois posséder la Vérité; l'Arabe prend en pitié l'évêque et le rabbin et répète avec zèle la formule de l'islam.

Le conflit cessera-t-il par le triomphe d'une religion? L'islam a fait de nombreux prosélytes. Au XIIIe siècle, les Juifs, qui formaient à Hammamet et à Kairouan des communautés florissantes, furent contraints de quitter leurs villes ou de se convertir au mahométisme. C'est ainsi que Kairouan, interdite à tout non-musulman, serait devenue ville sainte. A Hammamet, des coutumes juives subsistaient récemment parmi la population devenue musulmane: les magasins étaient fermés le samedi et les femmes, le vendredi soir, nettoyaient le seuil de leur maison[1]. Mais la force ne réussit pas à détruire le groupe compact des Israélites tunisiens. Les chrétiens, au contraire, étaient peu nombreux. Pendant des siècles, ils durent choisir entre l'esclavage et l'islam. Beaucoup se résignaient sans peine à l'abjuration: toute doctrine qui évite l'effort est un piège où l'esprit aime à tomber. Aussi les renégats chrétiens se comptaient-ils par milliers au XVIe et au XVIIe siècles. Ils se comptent aujourd'hui par dizaines. L'islam ne fait plus de conquêtes que dans le Soudan noir. Donnant le bonheur à bon marché, il séduirait tous les hommes si nos habitudes sociales n'avaient accru le nombre de nos besoins et favorisé notre amour de l'action: nous ne pouvons plus nous contenter d'un bonheur paresseux. Aucune conversion à l'islam dont j'aie eu connaissance n'était inspirée par le sentiment religieux. Tantôt ce sont des déserteurs français qui, réfugiés parmi les tribus du désert, doivent passer à l'islam pour éviter le soupçon d'espionnage. Tantôt ce sont des hommes de plaisir qui désirent goûter les joies de la polygamie. Tantôt ce sont des blasés: tel ce Français, fils d'un ministre du second empire, qui, las du monde, devint mouedzine puis gardien d'un tombeau sacré: il est vrai qu'il s'était fait trappiste, puis mormon, avant de finir ses jours dans le burnous d'un musulman. C'est parmi ses pareils que les chefs de l'islam pourraient recruter le plus grand nombre de néophytes sincères, mais ils se soucient peu de ces recrues.

1. Cazès, *Histoire des Israélites en Tunisie*, p. 84.

Le dogme des Israélites est trop abstrait pour séduire : l'homme désire voir son Dieu. Dans la Bible, Jéhovah prend une forme ; chez les Juifs tunisiens, il est moins concret : aussi fait-il peu de prosélytes. En trois ans, une seule conversion m'a été signalée : celle d'un Italien dont le père, d'origine israélite, avait embrassé le catholicisme pour épouser une chrétienne : c'était moins une conversion que le retour d'un renégat. Pas plus que les Musulmans les rabbins ne font effort pour augmenter le nombre des croyants.

Le christianisme fait-il plus de progrès? — Les catholiques ont tenté d'évangéliser les Musulmans. Le maréchal de Mac-Mahon, gouverneur de l'Algérie, reprochait au cardinal Lavigerie, de surexciter, par sa propagande, le fanatisme musulman. Le cardinal baptisa, en effet, quelques Mahométans : au séminaire de Carthage est attaché un médecin nègre qui est chrétien ; en 1896, un Arabe fut ordonné prêtre par le Primat d'Afrique. Le cardinal avait sauvé de la famine, en 1867, des orphelins dont plusieurs devinrent catholiques. Il employait, pour conquérir les Arabes, toutes les séductions : non seulement il mettait toute son éloquence à leur prouver la supériorité de la morale chrétienne, mais il ménageait habilement la transition entre la mosquée et l'église : il habillait ses Pères Blancs à l'arabe ; il remplaçait l'ogive et le plein-cintre par l'arc en fer à cheval des édifices musulmans. De là vient un style nouveau dont la cathédrale de Carthage est un échantillon[1]. Cette architecture ne séduisit

1. Cf. N.-D. d'Afrique à Alger, et N.-D. de la Garde à Marseille.

pas plus les Musulmans que les artistes. — Alors le cardinal changea de méthode : il crut qu'on pourrait attirer les Musulmans par la charité. Ses prêtres devinrent des médecins. L'un d'eux me disait qu'il leur est interdit d'évangéliser les indigènes. En revanche ils parcourent la campagne en quête de souffrances. Peut-être n'ont-ils pas de bréviaire, mais ils portent une pharmacie. Ils ont si bien gagné la confiance des Arabes qu'ils pénètrent dans leurs maisons et soignent leurs femmes. La charité réussira-t-elle mieux que les sermons? il est permis d'en douter. Les Arabes pensent qu'Allah est tout-puissant qui se sert des infidèles pour leur donner ces bienfaits : c'est Allah qu'il faut remercier. Longtemps encore la vaste basilique de Carthage sera vide ; longtemps encore les missionnaires, qui passent leurs loisirs à fouiller les ruines de la cité punique, rendront plus de services à l'archéologie qu'à la religion.

Les missions protestantes ont encore l'ardeur apostolique qui animait, au début de sa carrière, le cardinal Lavigerie. Aussi sont-elles suspectes au gouvernement comme l'était le cardinal au maréchal. Elles ont installé plusieurs sièges en plein quartier musulman, et leurs membres prennent, par tous les moyens, contact avec les indigènes. Les hommes, très instruits, au courant des mœurs arabes et des détails du Coran, sont chargés des prédications théologiques. Les femmes parlent l'arabe et visitent les Musulmanes. Dans les conférences, elles ne se bornent pas à chanter des hymnes; elles prennent la parole et complètent, par des récits, les démonstrations des pasteurs. Les missionnaires s'adressent aux Juifs comme aux Arabes. Anglais ou Suisses pour la plupart, ils prêchent en français, en italien, en arabe. Leurs temples provisoires, installés dans des boutiques, n'ont d'autre ornement que des inscriptions en trois langues. Leur éloquence est familière : « Voulez-vous aller à Marseille ? s'écriait un jour un orateur : vous ne prendrez pas le bateau de la Compagnie Touache, qui est lent, mais le paquebot transatlantique, qui est rapide. Voulez-vous aller au ciel ? la voie que je vous indique est la plus prompte. » — Même adaptée à l'intelligence de l'auditoire, cette éloquence serait sans doute insuffisante : aussi toutes les ressources de la réclame sont-elles mises au service de la religion. Chacun s'est laissé prendre, en lisant le journal, à ces récits d'apparence honnête dont la conclusion envoie le lecteur chercher une pilule, une tisane ou un savon : telles sont les publications des missionnaires : on lit sans défiance un récit de la guerre de sécession, un fait divers plein d'actualité : à la fin, c'est un appel de Jésus. De même, tout badaud s'est arrêté, sur les boulevards, devant ces projections lumineuses qui montrent tour à tour des caricatures et des annonces : on subit les annonces pour s'amuser des caricatures. C'est ainsi qu'un soir je vis, chez les pasteurs, un public nombreux de petits Juifs assister, bouche bée, entre deux morceaux d'orgue, à une série de projections. A la porte, on lisait sur une affiche : « Ce soir, *la Voie large et la Voie étroite*, lecture illustrée à l'aide de la lanterne magique ». Les jeunes Israélites subissaient le sermon pour s'amuser des images. Cette propagande ingénieuse n'est pas plus efficace que la propagande discrète des catholiques.

Les trois religions demeurent séparées. Mais leur contact leur inspire la tolérance. Celle même qui passait pour fanatique, la religion musulmane, a perdu son aiguillon. Les Musulmans tunisiens ont toujours montré pour les cultes étrangers plus de mépris ou de dédain que de colère. Néanmoins, à des dates encore récentes, des Juifs subirent des violences. Aujourd'hui, de tels excès seraient impossibles. Sans doute, les Musulmans ne traitent pas comme des égaux ceux qui n'auront pas la chance d'entrer dans le septième ciel. Mais les plus instruits daignent discuter avec les chrétiens les mérites comparés des deux religions, et il est difficile de faire comprendre nos mystères à ces partisans d'un dogme aussi simple et aussi clair que le dogme musulman : comment un fait-il trois? Comment Jésus est-il né ? Sa mère est-elle déesse ? Quel est son père ? ils ne sortent pas de ces questions embarrassantes. La querelle demeure toute pacifique ; au lieu de lire dans le Coran les versets qui ordonnent la guerre sainte ils retiennent surtout ceux qui conseillent la paix. Ce sentiment a même trouvé l'occasion de se manifester. Une trentaine de jeunes gens instruits, à la suite d'une conférence où le Père Hyacinthe Loyson avait prêché le « rapprochement » de l'islam et du christianisme, ont exprimé leur désir de « s'associer entièrement » à cette œuvre. Notre religion, ajoutaient-ils, est fondée « sur la justice et la tolérance ». Sans doute ces jeunes gens n'ont aucune autorité religieuse, mais leur manifestation prouve que l'idée de tolérance fait des progrès parmi les Musulmans tunisiens. Pourtant n'oublions pas que la tolérance ne saurait combler les abîmes qui séparent les dogmes. Même si leurs adeptes vivent en paix, les trois dieux demeurent en guerre.

II.

Trois dieux ne doivent-ils pas avoir trois prêtres et trois temples? La déduction serait juste si des analogies ne s'étaient établies entre le cheïkh et le rabbin, la synagogue et la mosquée. — Le contraste subsiste entre le culte chrétien et les deux cultes indigènes. Le prêtre chrétien est délégué de Dieu parmi les hommes; le prêtre musulman, le prêtre israélite représentent les hommes devant Dieu. A la cathédrale, l'office comprend deux parties : l'hymne à Dieu et le don de Dieu : Dieu descend sur l'autel, se manifeste aux sens, se livre à l'homme. Du haut des minarets, du fond des synagogues, seule la prière des hommes monte vers le ciel. — Le prêtre chrétien n'a plus de fonction politique; l'Église et l'État sont des puissances distinctes qui signent des traités et des contrats; cette séparation n'est faite ni chez les Musulmans ni chez les Israélites tunisiens. Par leurs fonctions religieuses, par leurs fonctions sociales, leurs prêtres s'opposent à nos prêtres.

Allah n'a pas de représentants sur la terre; l'islam n'a pas de sacerdoce. Trois classes pourraient jouer ce rôle : les chefs politiques, les descendants du Prophète, les frères (Khouans) des congrégations. Mais les Khalifes ne sont pas les « vicaires de Dieu » : ils sont les lieutenants de Mahomet : ils ne peuvent pas transmettre à leurs agents, les beys, un pouvoir qu'ils ne possèdent pas. — Les chérifs, descendants de Fathma, fille du Prophète, ne forment pas une caste religieuse. Il est vrai qu'ils se distinguent de la masse : ils ont le privilège de porter le turban vert, mais leur titre de noblesse ne leur donne aucune influence ; ils sont répandus dans toutes les classes de la société : si l'un d'eux est empereur du Maroc, combien, à Tunis, vivent de la charité publique ! — Enfin, on pourrait croire que les confréries musulmanes forment une église : elles étendent sur le monde islamique un réseau aux mailles serrées ; les frères obéissent sans hésiter à tous les ordres de leurs chefs : n'ont-ils pas une hiérarchie sacerdotale ? Mais ces confréries sont plutôt des sociétés secrètes que des églises : elles n'ont qu'un but, la défense de l'islam ; elles jouent un rôle plus politique que religieux ; leurs membres n'ont pas de fonctions à la mosquée. — Il n'y a donc, dans l'islamisme tunisien, aucun clergé[1].

Pourtant, les théologiens sont nombreux : quel est leur rôle ? Interpréter la loi, expliquer la loi, enseigner la loi. Ils sont jurisconsultes, juges et professeurs. Les jurisconsultes (muftis) assistent les juges (cadis) ; quelques-uns occupent des chaires à l'Université : les

1. Coran, X. 3 : « Il n'y a point d'intercesseur auprès de Dieu. » Cf. Fallot, *Notice sur la Tunisie*, p. 36. L'auteur cite une lettre du cheïkh-ul-Islam de Constantinople (publiée par le *Journal des Débats* du 18 janvier 1888) qui exagère ce trait et fait de l'islam une sorte de protestantisme oriental.

trois fonctions se pénètrent; les trois fonctionnaires portent le même nom (cheïkh). L'initiation religieuse est la même pour tous. Dès qu'un étudiant a suivi tout un cycle de cours, on lui confère, après examen [1], une « licentia docendi ». Il peut alors s'installer au pied d'une colonne de la Grande Mosquée et enseigner la science de son choix : c'est un privat-docent dont les leçons seraient gratuites. Parmi ces professeurs sans titre et sans traitement, le bey choisit les professeurs titulaires, les jurisconsultes, les notaires et les juges. Il suffit d'être savant [2] pour être sacré.

Le tribunal siège dans une mosquée; le Code est tiré du Coran. Mais il y a plusieurs codes parce qu'il y a plusieurs interprétations du Coran. Si l'on excepte les Djerbiens, attachés au Wahabisme [3], tous les Tunisiens sont orthodoxes : ils suivent deux des quatre grands interprètes, Malek et Hanifa. Le bey, sa famille, les anciens Mamelücks et leurs descendants, les métis turco-arabes ou Kourouglis, tous les Musulmans d'origine turque sont hanéfites. Les Berbères et les Arabes, en grande majorité dans le pays, sont Malékites. Il y a donc à Tunis deux juges religieux : dans la même salle, siègent à gauche le cadi hanéfite, à droite le cadi malékite. Une fois par semaine, les muftis de chaque rite, conduits par les

1. V. *La Tunisie, Histoire et Description*, t. II, p. 215.
2 Ouléma.
3. Le Wahabisme est une doctrine qui prétend réformer l'islam en le ramenant aux usages primitifs. — Cf. la plupart des « réformes » religieuses.

deux bach-muftis[1] viennent s'asseoir près des cadis pour donner leur avis dans les questions délicates. Ce sont de majestueux personnages. Seuls, parmi les théologiens, ils se distinguent de la masse par leur costume : ils peuvent porter un burnous noir ; leur tête est coiffée d'un turban monumental recouvert d'un châle de cachemire dont les deux extrémités retombent sur les épaules. Les insignes sont les mêmes pour les deux rites. Et ces magistrats qui ont même robe et même prétoire ont à peu près même Code : s'ils ne donnent pas la même solution à toutes les questions de murs mitoyens, ils sont d'accord sur les grands problèmes. Leurs divergences ont si peu d'importance que le défendeur peut toujours choisir le rite suivant lequel il veut être jugé : malékite, il peut demander un juge hanéfite et réciproquement. Les interprètes de la loi n'ont pas retenu la parole du Prophète : « La divergence d'opinions parmi mon peuple est une bénédiction[2]. »

Pourtant, la « porte de l'interprétation[3] » est encore ouverte et les jurisconsultes tunisiens en profitent pour adapter la loi musulmane aux exigences des temps nouveaux. Les Français ne connaissent guère le droit musulman que par les ouvrages d'Ibn-Acem, un Espagnol, et de Sidi Khelil, un Égyptien : si les livres

1. On appelle aussi ces bach-muftis « chefs de la religion » (cheïkh-ul-islam) bien que ce nom soit plutôt réservé au bach-mufti du rite hanéfite.

2. Hadith cité par Dugat, *op. cit.*, p. 267.

3. *Id.*, *ibid.* « La porte de l'interprétation sera ouverte tant que l'islam durera. »

des juristes tunisiens étaient traduits, on pourrait mieux apprécier les modifications que les coutumes locales font subir au droit orthodoxe. Nous en connaissons pourtant quelques-unes. Le Coran, par exemple, n'admet pas la prescription : « le droit d'un Musulman ne saurait devenir nul[1]. » Un moraliste ne peut qu'admirer cette formule ; mais les politiques, pour empêcher que les droits de propriété fussent éternellement remis en question, ont décidé qu'au bout d'un certain temps, le droit, sans être annulé, serait « paralysé » ; il est imprescriptible, mais il devient inutile. De même nous avons déjà vu que les biens habous, en droit, ne peuvent pas être vendus; mais ils sont loués à perpétuité[2]. De même encore, mon voisin a sur ma terre un droit de préemption[3], mais je puis m'affranchir de cette servitude et vendre à un tiers sans que mon voisin puisse se substituer à l'acquéreur : dans ce dessein, je me réserve une étroite bande de terre qui entoure la propriété vendue[4] : ce qui est vendu ne touche pas la propriété de mon voisin et son droit de préemption ne peut pas s'exercer ; ou bien, l'acheteur ajoute au prix convenu « une poignée d'argent inconnue et im-

1. *Journal des tribunaux français en Tunisie*, t. V., p. 382.

2. *La Tunisie (Histoire et Description)*, t. II, p. 25. La légalité de l'enzel est discutée. Parmi les jurisconsultes, « les uns pensent que l'opération est valable, les autres qu'elle est illégale. »

3. Droit de chefaâ.

4. P.-H.-X., *La Politique française en Tunisie*, p. 103.

possible à connaître[1] » : le voisin, ignorant le prix réel de la vente, ne peut pas user de son droit. La lettre de la loi est respectée; l'esprit en est violé. — Ces ingénieuses interprétations sont déjà anciennes; mais depuis l'arrivée des Français en Tunisie, des théologiens nous ont aidés, par des procédés analogues, à introduire des réformes. L'un d'eux a écrit un livre pour démontrer que la loi foncière de 1885 (inspirée par l'*Act Torrens*) est conforme à la jurisprudence musulmane[2]. Un autre, mort récemment, préparait une consultation destinée à prouver que le prêt hypothécaire est autorisé par le Coran. On sait que le Prophète interdit tout prêt à intérêt ; mais dans le prêt hypothécaire, remarquait ce théologien, le prêteur rend à l'emprunteur le service de conserver chez lui le titre de propriété qui est le gage du prêt ; ce service mérite salaire : la somme versée par l'emprunteur à chaque échéance n'est pas l'intérêt du capital prêté : elle est le loyer du titre. L'interprétation n'est-elle pas subtile ? et n'est-il pas précieux de trouver des hommes aussi habiles pour donner de la souplesse à la rigide loi de l'islam[3] ?

Interprètes de la Loi, les théologiens l'enseignent; ils enseignent aussi les sciences subordonnées à la foi. Les professeurs sont des personnages religieux ; l'Université est logée dans la Mosquée de l'Olivier, la

1. *Journal des tribunaux français en Tunisie*, t. V, p. 384.

2. *Le lever des planètes*, par le cheïkh Mohamed Essnoussi.

3. Cf. Sawas Pacha, *Théorie du droit musulman*, p. XXVII. « Rien n'est plus facile que d'islamiser toutes les vérités. »

Grande Mosquée de Tunis. Le caractère religieux de l'enseignement se révèle à la méthode. Puisque la religion donne la vérité, la recherche est inutile : il suffit de lire les bons auteurs : l'autorité est le signe de la vérité. Quel que soit le cours auquel on assiste, le même spectacle se présente : le maître, assis sur une natte au pied d'une colonne, lit et commente un texte; les élèves, en cercle autour de lui, enregistrent sans discussion ses paroles. Ils posent des questions, non des objections : leur rôle est passif, sinon muet. Un étudiant a-t-il des doutes? On lui impose silence, on lui fait comprendre, après la leçon, que ses objections pourraient troubler la foi tranquille de ses camarades, faire scandale ; on tâche de le convaincre en particulier : on évite la contagion du doute [1]. Pour la même raison, on ne permet pas toutes les lectures : Zamakhchari, le défenseur du libre arbitre, est mis à l'index. Sans doute il existe parmi les professeurs des esprits libéraux [2]. Mais la subordination de la science à la foi impose la méthode de l'autorité. Les six cents étudiants de la Grande Mosquée ne peuvent avoir pour la vérité qu'un amour calme et satisfait : ils ne lui font pas une cour inquiète : l'Arabe aime la vérité comme il aime sa femme : il en est le maître.

Cette méthode arrête dans leur développement même les sciences indépendantes de la foi. D'abord on a peu à peu négligé les sciences inutiles à la religion : seules l'étude de la grammaire, indispensable pour la lecture

1. Le doute lui-même est rare.
2. V. Goguyer, *Revue française*, octobre 1895, p. 568.

du Coran, l'étude du Coran lui-même, des Conversations du Prophète, des grands Commentateurs, l'étude du droit coranique et de l'histoire musulmane ont pu se conserver. Encore les méthodes grammaticales et historiques sont-elles surannées. Le général Kheïr-eddine avait cependant tracé un plan d'études assez vaste[1]. Mais son programme n'est pas rigoureusement suivi. En logique, il instituait trois degrés de cours: les deux degrés supérieurs ne sont pas professés. En outre, s'il a augmenté le nombre des chaires, Kheïr-eddine ne paraît pas avoir rajeuni les méthodes. Dans le domaine des sciences laïques, les Musulmans ont recueilli l'héritage des Grecs; ils ont commenté les ouvrages grecs, cherché le détail des vérités générales trouvées par les anciens : ils n'ont guère découvert de grandes vérités nouvelles. Leur œuvre fut une œuvre de patience minutieuse : sur un thème donné par Aristote, ils exécutent des variations à l'infini : mais ils ne sont pas créateurs. Leurs sciences expérimentales n'ont pas dépassé le stade de l'alchimie : il existait encore à Tunis, il y a quelques années, un faiseur d'or; il existe encore des étudiants persuadés que ce vieil alchimiste avait trouvé la pierre philosophale[2].

1. V. Bompard, *Législation de la Tunisie*, p. 184 et suiv. — Machuel, *L'enseignement public dans la Régence de Tunis*, p. 61 et suiv.

2. Au XVIIe siècle, les sciences physiques paraissent avoir été en honneur. Saint Vincent de Paul eut pour maître un médecin « spagirique » (qui était en même temps alchimiste : « il avait travaillé cinquante ans à la recherche de la pierre philosophale »). Mais déjà la science était surtout une imitation de la science hellénique.

La médecine, peu étudiée, se réduit à la théorie des quatre humeurs, d'Hippocrate et de Galien ; ceux même des savants musulmans qui apprécient par l'usage les progrès de nos sciences médicales s'imaginent que l'anatomie et la physiologie sont inutiles au médecin : pourvu qu'il sache distinguer le sanguin du lymphatique, il doit pouvoir appliquer les nombreux remèdes de la médecine moderne. Les sciences abstraites, qui ont pour objet la vérité éternelle, semblent mieux appropriées à l'âme des Musulmans : on comprend que les sciences physiques, qui permettent de prévoir, répugnent à leur esprit imprévoyant ; n'est-il pas impie de fixer, par une loi scientifique, la date d'un fait que Dieu seul peut annoncer? Les sciences abstraites n'exposent pas à cette impiété. Pourtant, les sciences abstraites sont négligées. J'ai connu un étudiant qui, après avoir suivi à l'Université le cours de mathématiques, ignorait l'existence de la division. La logique n'est autre chose que la théorie du syllogisme ; on ne connait l'induction que par le court chapitre d'Aristote. C'est d'ailleurs la logique d'Aristote tout entière qui est enseignée. On n'y ajoute que des exemples et des commentaires nouveaux. Certains des livres employés répandent un parfum hellénique : l'Εἰσαγωγή de Porphyre, défigurée par trente générations de commentateurs arabes, est le manuel élémentaire de logique, Isagougi[1]. — Telle est la science que les théologiens professent à l'Uni-

1. V. *Revue tunisienne*, avril 1895, p. 124 : *L'Enseignement de la logique à l'Université musulmane de Tunis.*

versité de Tunis. Sans doute, on ne trouve nulle part, sauf en Chine, un plus grand nombre de lettrés ; beaucoup de Musulmans ont le goût de la culture intellectuelle ; mais pour cultiver l'esprit ils croient trop volontiers qu'il suffit de lire les vieux auteurs et de répéter leurs pensées en termes élégants. « L'encre des savants est plus précieuse que le sang des martyrs », dit un proverbe arabe[1]. Ce n'est donc pas le mépris de la science qui arrête le progrès intellectuel. Mais le savant, comme le martyr, ne doit pas être tourmenté par le doute, il doit simplement faire profession de la vérité. Sa tâche n'est pas de chercher mais de publier : car toute vérité est révélée.

La mosquée n'entend pas que des arrêts et des leçons, elle entend des prières. La prière est dite par l'imam et le mouedzine. L'imam est le « président » des offices : tel est le sens de son nom. Il n'a pas reçu de consécration ni d'initiation religieuse. Tout homme vertueux peut jouer ce rôle. Un chef politique ou militaire en a le droit : Abd-el-Kader était l'imam de son armée[2]. Des savants peuvent être choisis pour imams : à Tunis, c'est le cas général. Mais il n'est pas même nécessaire, pour être imam, d'être versé dans les sciences religieuses. C'est que les fonctions sont faciles à remplir : l'imam « conduit les fidèles à la prière », c'est-à-dire qu'il se place en tête de l'assemblée et pro-

1. Gobineau, *Les religions et les philosophies dans l'Asie centrale*, p. 26.

2. Léon Roches, *Trente-deux ans à travers l'Islam*, passim.

nonce les formules consacrées. Le vendredi, dans certaines mosquées, l'imam lit un sermon ; il est rare qu'il parle d'abondance ; un auteur tunisien du siècle dernier rapporte qu'un imam ayant voulu changer le texte habituel de son sermon, son auditoire murmura [1]. Peut-être les Tunisiens modernes accueilleraient-ils mieux les nouveautés ; pourtant l'imam se borne, en général, à commenter un texte sacré. Sa lecture faite il adresse des vœux aux assistants qui répondent à chaque phrase : Ainsi soit-il ! (Amine). Ces fonctions ne confèrent à l'imam aucun caractère sacré ; il ne représente pas Dieu, mais le peuple ; il n'apporte au peuple ni la parole ni la bénédiction divine, il dépose devant Dieu, au nom des fidèles, leurs prières et leurs souhaits. Ce n'est pas un prêtre, c'est un député.

Le mouedzine [2] n'est pas plus important. Cinq fois par jour, il appelle les fidèles à la prière en lançant du haut des minarets les formules fameuses : « Il n'y a de Dieu qu'Allah ; Mohamed est le Prophète d'Allah ! » Puis : « C'est l'heure de la prière ; que Dieu vous envoie sa bénédiction ! » Au minaret le plus élevé de la ville, on déploie en même temps un grand drapeau blanc. Mais le mouedzine n'est qu'un sacristain. L'ap-

1. *Revue tunisienne*, avril 1896, p. 217. Mohamed Seghir ben Yousef, *Soixante ans d'histoire de la Tunisie* (1705-1765), traduction de MM. Serres et Lasram.

2. Un autre fonctionnaire de la mosquée, le mousema, est encore moins revêtu d'un caractère religieux. Il se borne à répéter les derniers mots de chaque prière de l'imam : « Dieu est grand ! » — Et les assistants, à ce signal, répètent : « Dieu est grand ! »

pel à la prière, prononcé parfois par la voix grave des marabouts, est souvent piaillé par de simples gamins : de même que les enfants de nos villages se disputent le plaisir de sonner les cloches, de même les petits musulmans poussent à l'envi le cri sacré : souvent, dans le cadre étroit d'une lucarne de minaret on voit paraître la tête grimaçante d'un enfant, la bouche grande ouverte : l'âge et l'attitude du crieur marquent l'importance de son rôle.

Nous avons épuisé la liste des fonctions du prêtre. Ni la naissance ni le mariage ni la mort ne réclament son ministère. C'est un barbier qui pratique la circoncision ; le cortège nuptial ne se présente pas à la mosquée : les prières des morts sont récitées, non par des prêtres, mais par les parents et les amis. Il est même interdit aux morts d'entrer dans les mosquées. Quand un cortège funèbre s'arrête à la mosquée, les assistants laissent le cadavre dans la cour et pénètrent seuls dans le temple. Encore cette formalité n'est-elle pas nécessaire. Il y a plus : les chants qui accompagnent le Musulman à sa dernière demeure sont proscrits par la Loi[1] : c'est peut-être à l'imitation des cultes étrangers, au contact des Juifs et des chrétiens que cette coutume s'est introduite parmi les musulmans. Le mot prêtre n'a donc pas dans l'islam le même sens que dans la chrétienté. Aucun homme n'est revêtu par Dieu

1. Cf. Gl Daumas, *la Vie arabe*, p. 113. Hadith du Prophète : « Ne suivez les morts ni avec des pleurs ni avec du feu. » — V. encore p. 141 : « La prière funèbre dans la mosquée est interdite par la loi. » — C'est l'avis des théologiens tunisiens

d'un pouvoir sur les hommes. La formule de l'islam : « Mohamed est le prophète de Dieu ! » paraît signifier : « Mohamed est le seul Prophète comme Allah est le seul Dieu[1] ! »

Le temple ressemble au prêtre : le prêtre n'est pas l'homme de Dieu, la mosquée n'est pas la maison de Dieu. C'est une maison privée : Allah est un chef de famille, le patriarche de l'univers ; la mosquée est un foyer domestique. Les historiens se demandent si l'architecture des mosquées est copte ou byzantine[2] ; ce qui est sûr c'est qu'elle convient au dieu de l'islam. La forme de l'édifice n'exprime aucun symbole religieux ; elle est en général rectangulaire comme une maison. Comme la maison, la mosquée n'a pas d'ornements extérieurs ; la porte seule, comme toutes les portes, est décorée d'arabesques ; parfois une colonnade indique la façade principale : tel est le cas pour la Mosquée de l'Olivier et la Mosquée du Garde des Sceaux. Les autres murs sont pleins, sans fenêtre. Comme la maison, la mosquée est interdite à l'étranger ; ce n'est pas parce qu'elle est la maison de Dieu, c'est parce qu'elle est une maison qu'on ne peut pas y

1. Les Wahabites, qui veulent rendre à l'islam sa pureté, refusent à Mahomet lui-même le titre d'Envoyé de Dieu. Persécutés, ils ont dû atténuer l'expression de leur croyance : au lieu de faire alterner régulièrement, comme les orthodoxes, les formules : « Il n'y a de Dieu qu'Allah ! » et : « Mohamed est le Prophète d'Allah ! » ils disent quatre-vingt-dix-neuf fois la première avant de dire une seule fois la seconde. — V. Pellissier, *Description de la Régence de Tunis*, p. 334.

2. Gayet, *l'Art arabe*, passim.

pénétrer si l'on n'est pas de la famille. Les Arabes se déchaussent dans les mosquées : ils se déchaussent aussi dans leurs maisons ; on ne montre guère plus de respect pour la mosquée que pour le foyer domestique. Bien qu'à Tunis il soit interdit aux Européens d'entrer dans les mosquées, on peut en voir, par les portes ouvertes, la disposition intérieure. Au centre de toute mosquée, comme de toute maison, se trouve une grande cour, ordinairement entourée de colonnes. La cour est souvent plantée d'arbres. Rien n'est plus doux au regard, rien ne donne l'impression de la paix sereine comme la lumière, tamisée par les figuiers, qui pénètre dans ces cours. Cet usage est encore emprunté aux mœurs domestiques : beaucoup de cours intérieures sont plantées de figuiers ou de cyprès : vue du haut d'une colline une ville arabe est comme un échiquier de taches blanches et de taches vertes : entre deux terrasses aveuglantes de blancheur surgit un arbre, comme un brin d'herbe entre deux pavés. A l'ombre de ces arbres, dans la mosquée comme dans la maison, s'élève souvent une fontaine de marbre. Enfin les sanctuaires s'ouvrent sur la cour de la mosquée comme les appartements sur la cour de la maison. On peut donc dire que, dans cette architecture, rien ne revêt un caractère sacré, tout est humain. L'aspect du temple confirme notre définition du prêtre.

*
* *

On comprend qu'Allah n'ait point de vicaire : sa puissance est telle qu'il est capable d'exécuter sans auxiliaire tous ses desseins. Mais la religion de Jéhovah l'Ineffable serait un pur agnosticisme s'il n'avait pas de représentants visibles sur la terre. Aussi certains hommes sont-ils marqués de son sceau: il a désigné deux tribus sacerdotales. Pourtant à Tunis, le rabbin n'est pas plus le vicaire de Jéhovah que le cheïkh n'est le vicaire d'Allah : il est juge, professeur ou président des cérémonies religieuses ; jamais sa parole n'est l'écho de la parole divine.

Les fonctions des juges et des professeurs ont été diminuées par le gouvernement beylical. Le tribunal rabbinique avait jadis les mêmes attributions que les tribunaux musulmans. Il n'a plus à connaître aujourd'hui que des mariages, divorces et successions. Si restreint qu'il soit, le rôle des principaux rabbins n'en est pas moins identique au rôle des chefs de l'islam. — Les rabbins, comme les cheïkhs, sont versés dans la connaissance de la Loi ; parfois l'opinion publique donne le titre de rabbin à un savant bien qu'il n'ait aucune fonction religieuse ou politique. De même que les savants arabes ont à Tunis leur Université, de même les Juifs auraient eu la leur à Kairouan[1] : la politique des Arabes ne la laissa pas durer. Aujourd'hui l'enseignement supérieur n'est représenté, chez les Juifs tunisiens, que par un modeste cercle d'études hébraïques. Les écoles rabbiniques elles-mêmes sont en décadence depuis que l'*Alliance israélite* a institué des écoles franco-juives. Elles ne donnaient qu'un enseignement rudimentaire. L'idéal du maître était de former des élèves capables de chanter à la synagogue

1. V. Cazès, *Histoire des Israélites de Tunisie*, p. 84.

quelques extraits des Prophètes. C'est ainsi que les élèves de nos écoles apprenaient jadis à chanter l'Épitre au lutrin. Tout l'enseignement était religieux : lire la Bible, sa traduction arabe et le Talmud : tel était le programme. — Aucune institution n'a donc subsisté qui permît aux Israélites de cultiver le droit ou la science : s'il y a encore à Tunis, parmi les rabbins, des hommes instruits et éclairés, ils ne le doivent qu'à leurs propres efforts. Mais, quelle que soit leur éducation, on voit que leurs fonctions présentent un caractère plus social que religieux.

Du tribunal ou de l'école rabbinique passons à la synagogue : l'officiant y ressemble à l'imam des Musulmans : ce n'est pas l'homme de Dieu ; c'est le « délégué de l'assistance ». Il n'a pas d'autre tâche que de lire la Loi et les Prophètes, de réciter le Décalogue et de répéter : « Béni soit le Seigneur » ! Tandis que, dans les églises chrétiennes, le prêtre bénit l'assistance au nom du Seigneur, à la synagogue comme à la mosquée, il bénit le Seigneur au nom de l'assistance. Pour avoir le droit de représenter ses coreligionnaires il suffit de savoir lire la Loi sur le texte manuscrit. Comme ce texte, minutieuse reproduction de l'original, ne porte que les consonnes, il serait utile à l'officiant de savoir lire sans le secours des points-voyelles. Pourtant il n'en est pas toujours capable ; un assistant se place alors près du rabbin, tenant à la main une édition moderne munie des points-voyelles, et il lui souffle la prononciation des mots sacrés. Non seulement la consécration mais l'initiation religieuse est, on le voit, inutile au rabbin.

Certains rabbins doivent pourtant recevoir une éducation spéciale : ce sont les circonciseurs et les sacrificateurs. On rencontre dans le quartier juif de méchantes échoppes d'où sortent des cris de volailles effarouchées ; un homme, que la malpropreté ne distingue pas de ses voisins, est assis près de la porte : il tient entre les jambes un poulet condamné : d'un coup il tranche la tête, et la bête décapitée va se convulser au fond de la boutique. Cet homme est un rabbin. Il a conquis son grade après un double examen : il a prouvé qu'il sait, d'après le Talmud, distinguer la viande saine de la viande malade ; il a prouvé aussi qu'il sait affiler une lame et reconnaître, en la passant sur l'ongle, ses brèches les plus insensibles. Deux fois par an cet homme est inspecté : dès que l'âge fera trembler sa main il sera révoqué. — Le circonciseur doit, lui aussi, posséder la science médicale du Talmud : tous ceux qui ont assisté à une circoncision ont constaté qu'il sait affiler une lame ; il connaît même les propriétés antiseptiques de certains corps : après l'opération, il aspire quelques gorgées de vinaigre et, faisant de ses lèvres un pulvérisateur rudimentaire, il les projette sur la blessure. Mais la connaissance du Talmud ne confère ni au circonciseur, ni au sacrificateur un caractère sacerdotal.

Le rabbin n'est pas l'homme de Dieu : la synagogue n'est pas la maison de Dieu. Elle ressemble à la mosquée. On comprenait que la mosquée fût analogue à une maison privée puisque Allah est conçu comme un chef de famille. Comment Jéhovah, qui lui ressemble si peu, doit-il se contenter d'un temple analogue ? La synagogue, en effet, n'est qu'une maison vulgaire.

Souvent, le rabbin en habite un appartement ; Dieu habite l'autre. Souvent, une partie de la maison est louée à des marchands : plusieurs synagogues publiques sont logées au premier étage, le rez-de-chaussée étant réservé au commerce. La synagogue ordinaire est une maison arabe : une cour entourée de chambres. Les livres saints, soigneusement enfermés dans leur tabernacle, sont déposés dans l'une des salles. Les hommes se réunissent dans la cour, tandis qu'aux fenêtres du premier étage on voit paraître les femmes. La synagogue n'est même pas riche comme la mosquée. Un touriste a parlé du luxe des synagogues tunisiennes: il ne les a pas visitées : deux, à peine, échappent à la misère générale : elles se distinguent par une chaire et des bancs de bois : elles ressemblent à une pauvre église de province. Dans les autres, l'ameublement est inconnu ; les carreaux de faïence qui couvrent le sol et les murs sont fendillés ; parfois ils sont absents et les fidèles trébuchent dans les trous. Aucun ornement aux murs ; pourtant dans une synagogue on peut voir une collection de chromolithographies : le général Boulanger, le roi Humbert, les courses d'Epsom, telles sont les saintes images d'un rabbin modernisant. Ce détail même montre le caractère de la synagogue : c'est une maison comme une autre. Aussi les fidèles s'y conduisent-ils comme chez eux : leur attitude n'a rien de respectueux. On parle, on rit, on plaisante. Déjà Maltzan était choqué de cette familiarité[1]. Il

1. Maltzan, *Reise*..., t. I, p. 70. Cf. Hesse-Wartegg, *Tunis: Land und Leute*, p. 93 : « La synagogue paraît être une bourse, une salle de danse ou un café ».

avait vu un grand rabbin prêcher « les coudes sur la table et la tête dans les coudes ». Son sermon, ajoute-t-il, était une « déclamation d'humoriste plutôt qu'une prédication ». Les assistants rient et parfois interrompent. J'ai vu, en effet, des fidèles interrompre violemment une cérémonie et discuter avec le rabbin sur l'ordre des prières. Tout se passe en famille.

La synagogue est tellement identifiée à la maison qu'elle est devenue inutile : toute maison peut être une synagogue. Dès que dix personnes sont réunies, elles peuvent dire la prière : quand la famille est nombreuse, il est inutile d'aller à la synagogue publique : il y a autant de chapelles que de familles. Maltzan qui notait déjà cette mode des synagogues privées la croyait destinée à satisfaire les femmes exclues, dit-il, des synagogues publiques. Mais les femmes ne sont pas exclues des synagogues publiques : elles sont seulement reléguées au premier étage. Elles n'avaient donc pas besoin, pour accomplir leurs devoirs religieux, de créer des synagogues domestiques. D'autres prétendent que la synagogue privée est un moyen d'échapper aux taxes prélevées à l'intérieur des synagogues publiques. On paie en effet les places les plus voisines du rabbin ; on paie le droit de lire dans le livre de la Loi. La mode des synagogues privées diminuerait le produit de ces impôts religieux. Mais ils sont remplacés par des quêtes à domicile qui sont très fructueuses : le désir d'éviter la taxe n'est donc pas la cause de cette institution. — La synagogue domestique est le terme naturel de l'évolution de la synagogue publique. Celle-ci n'est plus qu'une maison ordinaire : pourquoi s'étonner que toute maison soit érigée en synagogue ?

*
* *

Il reste à expliquer pourquoi la synagogue et le rabbin ressemblent tant à la mosquée et au cheïkh. Pourquoi ce rabbin n'est-il plus, comme Moïse, le Verbe de Dieu ? pourquoi ce temple n'est-il pas la demeure terrestre de Jéhovah ? C'est que, de gré ou de force, les Israélites tunisiens ont imité les mœurs musulmanes. Ils n'ont jamais montré de talent créateur : empruntant leurs maisons aux Arabes ils y logèrent leur Dieu. C'est de même par imitation que leur prêtre devint semblable à celui des Arabes. Peut-être aussi le caractère du temple modifia-t-il celui du prêtre : il est difficile de représenter dignement l'Éternel dans une pauvre maison délabrée. La souplesse naturelle de l'esprit israélite l'a amené, consciemment ou non, à l'imitation du culte musulman.

Cette imitation n'est pas complète : des vestiges subsistent d'un culte différent. Les synagogues, si modestes qu'elles soient, ont un caractère sacré : une formule très simple les consacre exclusivement et éternellement à la prière. Les synagogues privées n'échappent pas à cette règle : quand un Israélite loue à un autre Israélite un appartement dans lequel existe un oratoire privé, il doit contraindre son locataire, par une clause du bail, à conserver à la chambre consacrée son caractère religieux : elle ne peut plus être employée à l'habitation vulgaire. — De même, bien que leur prérogative soit compromise, les familles sacerdotales conservent une sorte de prestige religieux. Pendant les cérémonies du Grand Pardon, l'officiant invite les Cohen à pénétrer dans le sanctuaire : là, séparés de la foule, les patriarches donnent à leurs enfants leur bénédiction.

Mais ce qui permet surtout de deviner le caractère des anciens rabbins, c'est l'intervention de leurs successeurs dans la vie privée des Israélites. A l'encontre de la religion musulmane, la religion juive sanctifie les principaux moments de la vie humaine. Huit jours après la naissance, l'enfant mâle est circoncis. Chez les Musulmans, le circonciseur est un barbier ; chez les Juifs, c'est un rabbin. La cérémonie, chez les Musulmans, est toute familiale : l'enfant a déjà sept ou huit ans : on invite à la fête ses camarades d'école : c'est sa virilité future qui est célébrée. Chez les Juifs, la cérémonie est religieuse : le parrain de l'enfant a la tête et les épaules couvertes de l'écharpe qui est le symbole de sa foi ; des prières sont récitées.

L'enfant grandit : ses devoirs religieux vont naître. Il doit apprendre à lire les livres saints, à dire la prière. A treize ans, il atteint sa majorité religieuse : jusqu'alors ses parents seuls étaient responsables de ses péchés : c'est lui-même à l'avenir qui en rendra compte à Dieu. On le conduit à la synagogue : il monte à la tribune, prouve qu'il sait lire la Bible, subit un interrogatoire sur le dogme et le rite. Dès lors il peut couvrir sa tête et ses épaules du voile de lin blanc rayé de noir ou de bleu que revêtent les Israélites dans les cérémonies religieuses. Il jeûne ; il prend part à la prière commune. Il doit porter sur lui un exemplaire de la Loi : tous ses actes en sont sanctifiés.

L'enfant devient pubère ; bientôt il se marie : le mariage est religieux. Le mariage musulman est un contrat signé entre deux familles : aucune cérémonie à la mosquée, aucun prêtre au mariage. Au contraire le fiancé israélite commence par réunir ses amis à la synagogue : le voile sur la tête, il récite des prières ; puis le cortège se forme et se dirige vers la maison de la fiancée. Là, un rabbin préside la cérémonie : c'est le rabbin qui psalmodie les prières, scandées de quelques « Amine » par le chœur des assistants ; c'est le rabbin qui présente aux mariés la coupe à laquelle ils doivent boire tous deux ; c'est le rabbin qui brise cette coupe ; c'est le rabbin qui ordonne de les placer sous le voile ; c'est le rabbin qui invite le mari à passer l'anneau nuptial au doigt de sa femme. Les Israélites disent bien — peut-être à l'exemple des Musulmans — que le rabbin n'est pas indispensable ; en fait, il est toujours présent : le mariage est une fête religieuse.

Enfin, la mort est l'occasion de cérémonies religieuses. La congrégation des « Amis de Dieu », saintes personnes qui jouiront dans le ciel de privilèges éternels, se joint à la famille pour chanter les prières des agonisants. La mort vient : les « Amis de Dieu » font la toilette du cadavre qui doit être pur au moment de paraître devant l'Éternel. Ils l'enveloppent dans un linceul et l'étendent sur le sol. Rangés autour du mort, ils se mettent à chanter d'une voix nasillarde ; assises dans la cour ou dans la chambre voisine, les femmes, sous la direction d'une pleureuse, poussent des cris perçants en balançant leur buste. Cependant, les « Amis de Dieu » ont creusé la tombe : c'est à eux que revient l'honneur de porter le cercueil ; puis il veilleront à la garde du tombeau. Ces hommes ne sont pas des prêtres ; ce sont des dévots associés pour gagner l'indulgence spéciale que confère le contact des cadavres ; ces croque-morts sacrés ne sont pas nécessairement des misérables : les riches comme les pauvres peuvent désirer une indulgence ; mais ils forment une caste qui s'ouvre difficilement à ceux qui ne sont pas fils de croque-morts. — Les rabbins président à l'enterrement et disent des prières. Mais le culte du mort exige encore des cérémonies religieuses : le rabbin revient dans la maison mortuaire le samedi qui suit le décès ; il revient à la fin de la semaine, à la fin du mois, à la fin de l'année : à chacune de ces dates des prières sont dites pour le repos de l'âme défunte. La mort, comme toutes les grandes circonstances de la vie, est sanctifiée par la religion.

Entre le culte israélite et le culte musulman les analogies ne sont pas naturelles et primitives. Par nature, le rabbin ressemblerait plus au prêtre chrétien qu'au prêtre musulman. Mais l'imitation volontaire ou involontaire des Arabes par les Juifs — et parfois des Juifs par les Arabes — a rapproché les deux cultes. Un pareil rapprochement peut-il se produire entre l'église chrétienne et les églises indigènes ?

Si l'on se rappelle l'histoire de l'Église depuis le moyen âge on est tenté de croire que les églises indigènes parcourent un cycle analogue ; la suite de leur évolution les amènerait à l'état actuel de l'Église chrétienne. Subordination de la science à la foi, union du pouvoir civil et du pouvoir religieux, ces caractères de la scolastique et de la politique médiévales se retrouvent dans la science et dans le droit de l'islam. La comparaison pourrait être continuée : c'est la même doctrine, celle d'Aristote, qui trouve grâce devant le Coran comme devant l'Évangile ; c'est le même livre, l'Isagoge de Porphyre, qui révèle aux Musulmans comme aux scolastiques la philosophie de l'antiquité ; c'est au même signe, à l'autorité, qu'on reconnaît la vérité. Il est possible en effet que le cours normal de l'évolution amène, chez les Musulmans et les Israélites comme chez les chrétiens, la séparation du prêtre, du juge et du savant. Mais la force des choses sera aidée, dans cette tâche, par la force des hommes. La domination française fait subir aux institutions musulmanes le sort que la domination arabe fit subir aux institutions israélites. Sous le gouvernement des Arabes, les Juifs durent renoncer à la science ; par la création de ses écoles, le protectorat français amènera la décadence de l'Université musulmane ; sans violence, par l'effet de la concurrence, les théologiens musulmans seront privés de leurs fonctions universitaires parce qu'ils seront privés de leurs élèves : tous les Musulmans qui connaissent l'enseignement européen savent que celui de la Mosquée ne suffit plus. — De même les attributions des juges religieux sont restreintes. Déjà le bey avait diminué leur compétence au profit de son tribunal administratif. Le protectorat ne pouvait pas suivre une autre méthode. Le Chara ne s'occupe plus guère que du statut personnel des Musulmans : tel le tribunal rabbinique, sous les beys, ne s'occupe que du statut personnel des Israélites. Enfin la venue des Européens a profané la mosquée où siégeait le tribunal religieux : le caractère sacré de la justice musulmane est affaibli.

L'influence française, supprimant les fonctions sociales des théologiens, pourrait leur conférer des fonctions sacerdotales. On parle, dans les administrations françaises, d'un clergé musulman et d'un clergé israélite. Et, à force d'en parler, on le crée. Les imams et les rabbins, en Algérie, sont payés par le budget comme s'il existait un Concordat entre l'État et les deux Églises indigènes. On constitue, à l'image de la hiérarchie catholique, un corps de prêtres juifs et musulmans. Le grand mufti et le grand rabbin deviennent semblables à des évêques. A Tunis, une tentative de ce genre n'a été faite que pour les Israélites : encore a-t-elle échoué. La nomination d'un grand rabbin français et la création d'un consistoire, proposées par quelques Israélites étrangers à la communauté tunisienne, n'ont été acceptées ni par la majorité ni par le gouvernement. On commence à s'apercevoir en effet de l'erreur qu'on commettait en créant, par assimilation aux catholiques, un clergé juif et un clergé musulman.

Ces rapprochements sont superficiels : de plus profonds sont invraisemblables. Les Musulmans peuvent employer, pour désigner leurs prêtres, les expressions qu'ils remarquent dans notre bouche : ils parlent des « hommes de Dieu », mais le mot ne crée pas la chose ; il serait contraire à leur foi d'accorder au prêtre une délégation des pouvoirs ou de la parole d'Allah. Malgré leur aptitude à l'imitation, les Israélites n'ont pas pu complètement oublier le caractère de leur prêtre ; à plus forte raison les Arabes, qui tiennent à se distinguer et qui savent conserver les souvenirs, ne changeront-ils pas volontiers le rôle de leurs personnages religieux. Il n'en est pas moins curieux de constater le rapprochement qui s'est établi entre le prêtre arabe et le prêtre juif : celui-ci reviendra-t-il, sous l'influence française, à sa fonction primitive ? c'est ce qu'aucun indice ne permet de prévoir. En tout cas, il ressemblerait alors au prêtre chrétien comme il ressemble aujourd'hui au prêtre musulman. Nous n'aurions à décrire que deux types extrêmes entre lesquels hésiterait le troisième : le contraste n'est plus double, mais simple.

III.

Les trois dieux sont différents ; des trois prêtres, deux se ressemblent ; par les pratiques qu'elles imposent, par les superstitions qu'elles tolèrent, les trois religions sont voisines.

Pour exciter la foi religieuse, toutes emploient les mêmes moyens. Le premier consiste à entraver la liberté physique non seulement pour discipliner la volonté, mais pour rappeler violemment à l'âme l'existence de la Loi. C'est ainsi qu'elles ne permettent pas à leurs adeptes de satisfaire à leur guise le besoin de nutrition. Comme les chrétiens, les Arabes et les

Juifs ont leurs jeûnes et leurs abstinences. Certaines viandes impures sont interdites aux Musulmans et aux Israélites ; les premiers n'ont pas le droit de boire des liqueurs fermentées ; les seconds ne peuvent manger que la chair des animaux sacrifiés selon le rite ; à Pâques, le pain levé leur est défendu. Les trois religions ont leur carême. Celui des Musulmans est le plus rigoureux ; il dure pendant tout un mois, le mois de Ramadan, depuis le moment où des témoins dignes de foi ont vu paraitre le croissant de la lune jusqu'au moment où, après sa dernière phase, elle reparaît de nouveau. Pendant cette période, il est interdit de manger, de boire et de fumer depuis l'instant où l'on peut distinguer un fil blanc d'un fil noir jusqu'au coucher du soleil. On comprend combien ce jeûne est pénible quand les caprices de la lune amènent le Ramadan en plein été. Pourtant, il est rare de voir les Musulmans rompre le jeûne ; il est fréquent d'en rencontrer qui exagèrent l'obéissance ; si vous fumez en présence d'un Arabe pendant le mois du jeûne, ne vous étonnez pas de le voir s'envelopper jusqu'aux yeux dans son burnous : si la fumée pénétrait par les lèvres ou les narines, il aurait rompu le jeûne ; involontairement il aurait péché, et il se croirait tenu de jeûner pendant un jour supplémentaire. La plupart des Israélites indigènes observent aussi le jeûne et l'abstinence dans toute leur rigueur.

Mais partout le carnaval accompagne le carême ; partout, les festins suivent les jeûnes : plus le jeûne est sévère, plus la réaction est violente. On a prétendu que l'Arabe fataliste se résigne si bien à la faim et à la soif qu'il apprend la rupture du jeûne avec indifférence[1]. Au contraire, dès que le canon signale le coucher du soleil, les Arabes se hâtent de prendre un léger repas. Quelques instants avant l'heure on voit des impatients attendre, une cigarette aux lèvres, une allumette à la main, le signal qui leur permettra de fumer. Il suffit d'être hors des murs, au coucher du soleil, pour entendre monter vers le ciel, avant le cri des mouedzines, la grande clameur des estomacs affamés. Un peu plus tard, quand la première collation a calmé les entrailles, on sert un souper confortable. Puis les hommes sortent ; ils se réunissent dans les cafés, où ils écoutent la lecture des vieux romans arabes, jouent aux cartes ou aux échecs, s'entretiennent tout en buvant leur café, en fumant le haschisch ou le tabac. Ces causeries durent souvent jusqu'au milieu de la nuit. On prend alors quelque repos. Une heure avant l'aurore, des nègres parcourent les quartiers musulmans : ils battent du tambour et ils frappent aux lourds marteaux des portes pour réveiller les fidèles : il faut en effet se hâter de prendre un repas substantiel avant le point du jour. Bientôt, le canon tonne : le jeûne recommence. Vers la fin du mois, le jeûne paraît plus pénible : on s'impatiente, on voudrait qu'un miracle vînt hâter le retour de la lune. Pendant plusieurs soirées, on voit, sur les places publiques, des groupes nombreux occupés à regarder le point du ciel où l'astre doit renaître. Enfin il est aperçu : un notaire certifie qu'un témoin digne de

1. *Tunis en Ramadan*, par Paul Radiot (*Lecture* du 10 avril 1894, p. 43).

foi a vu le croissant : si cet homme habite la province, des cavaliers en apportent en hâte la nouvelle à Tunis. Et la « Petite Fête » commence : on va, pendant trois jours, se « décarêmer ». Notez que nous avons décrit l'usage des honnêtes bourgeois : les nuits de Ramadan sont souvent plus agitées et dégénèrent en orgies tout comme les nuits de carnaval.

Dans les trois religions, ces pratiques reçoivent les mêmes interprétations. Pour les uns, elles sont de purs symboles religieux, des ordres par lesquels se révèle la volonté suprême. Pour les autres, ce sont moins des ordres sacrés que des conseils moraux : c'est pour habituer à la tempérance que ces préceptes ont été donnés. Pour d'autres enfin, le législateur divin se montre, comme un législateur profane, préoccupé de la santé publique : ces lois ne sont que des précautions hygiéniques. A ces trois interprétations répondent trois manières d'observer la loi. Ceux qui la regardent comme une loi purement religieuse lui obéissent ponctuellement ; ils en exagèrent les sévérités. Le Prophète n'a pas pu proscrire l'usage du tabac pendant le Ramadan puisqu'à son siècle le tabac n'était pas en usage ; mais il interdit de « rien laisser entrer par la bouche » pendant tout le mois : la fumée entre par la bouche : il est donc défendu de fumer. A ce compte, l'air lui-même devrait être évité : il serait défendu de respirer. — Les partisans de la seconde interprétation sont moins attachés à la lettre. Le Prophète a défendu l'alcool, disent-ils, pour réprimer l'ivrognerie ; en buvant du vin avec modération, on respecte ses intentions. Et si des liqueurs alcooliques ne donnent pas l'ivresse, pourquoi les proscrire? C'est ainsi qu'à Tunis un théologien, qui fait école, boit une liqueur fermentée, la bière. — Enfin, ceux qui prennent ces préceptes pour des lois d'hygiène se démontrent facilement que l'hygiène a fait des progrès depuis Mahomet : n'est-il pas recommandé par les médecins de boire des vins toniques et reconstituants? On voit donc, dans les cafés de Tunis, des Musulmans qui, tout en buvant du quinquina, se croient fidèles à l'esprit du Coran. Le péché, sous toutes les latitudes, emploie les mêmes sophismes.

Dans la réglementation des besoins physiques, l'islam n'est-il pas plus exigeant que le judaïsme et le christianisme? N'impose-t-il pas certains vêtements comme il prohibe certains aliments? Le Coran n'ordonne-t-il pas aux femmes de se voiler? et les Musulmans ne croiraient-ils pas pécher s'ils abandonnaient leur bonnet rouge (chechia)? — Si la religion impose le voile aux Musulmanes, elle est mal obéie : à la campagne, les Musulmanes ne se voilent pas. Et, en effet, le Coran ne donne pas, à ce sujet, d'ordre précis. Beaucoup plus clair est, à cet égard, une sorte de catéchisme en usage parmi les Tunisiens ; voici en quels termes il définit le vêtement de la femme : « Les moindres vêtements que puisse porter une femme se composent d'une chemise épaisse couvrant le corps du cou aux pieds et d'un voile placé sur la tête de façon à cacher les cheveux et le cou. En un mot, la femme doit se couvrir tout le corps, *sauf le visage* et les mains[1]. » Aucune

1. Je dois cette traduction à M. le lieutenant-colonel Rébillet, attaché militaire à la résidence de France que je tiens à remercier.

équivoque n'est possible : ce n'est pas la religion qui force les femmes à se voiler. — De même la chechia n'est pas obligatoire. Elle n'est devenue un symbole religieux qu'au temps d'Ahmed-Bey. Ce prince introduisit à sa cour l'uniforme de nos soldats. Ses hauts fonctionnaires durent abandonner leurs larges chausses, leurs burnous et leurs turbans : ils conservèrent la chechia. Moins les signes qui les distinguaient des chrétiens étaient nombreux, plus ils tinrent à les garder ; tout ce qu'ils avaient d'affection pour le vieux costume se porta sur le bonnet rouge : le bonnet rouge devint sacré. C'est ainsi que les coutumes deviennent des devoirs : aujourd'hui les Musulmans éclairés, qui renoncent à la chechia dès qu'ils sont en Europe, n'oseraient pas la quitter à Tunis. Un jeune nègre, qui l'a abandonnée, a subi les remontrances, vaines il est vrai, des chefs religieux. Pourtant, le Coran ne règle pas plus que la Bible et l'Évangile le vêtement de ses fidèles. — La loi ne souffre pas d'exception : dans les trois religions, les pratiques ascétiques présentent les mêmes caractères.

Un second moyen, pour stimuler le zèle, consiste à matérialiser la foi. Le culte qu'on doit rendre à la pensée divine se transforme en respect pour le livre : le texte sacré devient l'objet d'une véritable superstition. Le maître d'école arabe enseigne à ses élèves non seulement la lecture mais la prononciation du Coran : un mot mal prononcé ne peut-il pas être équivoque ? De même les Israélites conservent avec un soin minutieux le texte de la Loi. Il est interdit de se servir, pour l'office, d'un exemplaire imprimé, parce l'imprimerie ne reproduit pas scrupuleusement la forme des lettres de l'original. On fait donc un grand nombre de copies manuscrites : tout homme pieux désire donner à une synagogue un texte nouveau de la Loi : un rabbin de ma connaissance, qui avait perdu une fille de vingt ans, voulut faire une bonne œuvre en son nom : il fit copier la Loi. C'est un travail de longue haleine, car il faut reproduire même les imperfections calligraphiques : une lettre est-elle inachevée sur l'original ? elle doit être inachevée sur la copie ; une lettre dépasse-t-elle les autres sur l'original ? elle doit les dépasser sur la copie. Même si le texte est inintelligible, il faut le reproduire fidèlement : toute critique, toute glose est interdite. Cette copie fidèle est enfermée dans le temple ; comme une idole elle ne se montre qu'aux jours de fête. Quand ses adorateurs peuvent toucher du doigt l'arche où elle est conservée, ils portent à leurs lèvres leur doigt sanctifié. La vue, le contact du Livre sont des stimulants pour la foi. Il en est d'autres. Les théologiens chrétiens ont souvent insisté sur l'utilité des pratiques corporelles : l'âme prie quand le corps prie. Aussi toutes les religions ont-elles leurs instruments de prières. L'Israélite, avant de prier, applique le Credo sur son front ; il entoure dix fois son bras et sa main gauche d'une bandelette de cuir ; le bras droit reste libre : cette attitude montre, paraît-il, sa ferme résolution d'enchaîner les mauvais penchants et de laisser fleurir les bons. L'Israélite et le Musulman emploient le chapelet, comme le chrétien. Mais le chapelet des deux premiers est plus simple que le nôtre : il se compose de quatre-vingt-dix-neuf grains égaux :

il sert, en effet, à répéter cent fois la même formule. La monotonie même de cette prière produit partout les mêmes effets : le cœur se désintéresse de la prière que font les doigts ; cet instrument, destiné à stimuler la foi, la réduit à un pur mécanisme.

Enfin, pour raffermir et exalter la foi, le moyen le plus efficace est la contagion. Dans une assemblée, la foi de chacun est multipliée par la foi de tous. A intervalles périodiques, les fidèles doivent donc se réunir pour prier. Le temple est toujours un lieu de réunion : djemaa (mosquée) et synagogue ont le même sens que ἐκκλησία. Pour les Arabes comme pour les chrétiens, la prière est plus agréable à Dieu quand elle est faite en commun ; chez les Israélites, il est nécessaire qu'au moins dix personnes soient assemblées pour que la prière soit valable. Les chrétiens sont tenus d'assister ensemble à la messe du dimanche ; les Musulmans et les Juifs sont invités à se rendre les uns à la mosquée le vendredi[1], les autres à la synagogue le samedi. Les trois religions ont leurs pèlerinages : le voyage de la Mecque est une obligation pour tout bon Musulman ; le voyage de Jérusalem est désiré par bon nombre d'Israélites tunisiens[2] ; on voit parfois, au consulat de France, des Juifs, vieux et pauvres comme Job, demander un passe-port pour la Ville Sainte. Sans doute, ce pèlerinage n'a plus le caractère des pèlerinages musulmans ou chrétiens : des foules ne peuvent plus s'assembler à Jérusalem. Mais l'institution du pèlerinage a le

1. Le vendredi s'appelle, en arabe, le « jour de la mosquée ».
2. Cf. Hesse-Wartegg, *op. cit.*, p. 92.

même sens, à l'origine, dans les trois religions: il s'agit de réchauffer la foi par le concours des croyants.

Les fêtes religieuses ont sinon le même but du moins le même résultat. Mais ce n'est pas seulement l'instinct social, c'est la paresse, la gourmandise et la vanité qui, trouvant leur compte aux fêtes religieuses, réagissent sur la piété. — Pour les trois religions, les fêtes sont des anniversaires. Les fêtes chrétiennes rappellent les faits principaux de la vie du Christ ou de la Vierge. De même les fêtes musulmanes rappellent surtout la vie du Prophète : la naissance de Mahomet, fêtée au Mouled ; la révélation du Coran, commémorée pendant tout le mois de Ramadan, mais surtout pendant la quinzième et la vingt-septième nuit de ce mois ; le pèlerinage du Prophète à la Mecque, rappelé le jour de la « Grande Fête » ou « Fête du Mouton » ; l'anniversaire de la mort des fils d'Ali, telles sont, avec le jour de l'an arabe (1er Moharem) les seules fêtes importantes. — De même les fêtes israélites sont des souvenirs de leur histoire biblique. La fête des galettes, la Pâque, rappelle le départ d'Égypte : on ne doit manger, durant huit jours, que des galettes faites sans sel ni levain, en souvenir de celles que Moïse fit préparer au moment de quitter l'Égypte. La fête des Cabanes rappelle le séjour dans le désert. Pendant huit jours, aucun Israélite ne doit manger dans sa maison ; il dresse une tente sur son balcon ou dans la cour. C'est en général une tente de feuillage ; dans les maisons riches on drape des étoffes. Les repas sont pris dans cette demeure improvisée : tout va bien quand la saison est belle ; dans certains quartiers la lumière de ces tentes perchées sur les balcons filtre à travers le feuillage et vient illuminer la rue. Mais si la fête tombe pendant la saison des pluies, non seulement la ville n'est plus égayée par la lampe des cabanes, mais les Israélites éprouvent les souffrances de la vie nomade et sympathisent mieux sans doute avec les compagnons de Moïse. — La fête appelée *Pourim* rappelle la légende d'Esther. Pourim signifierait sort[1] : le jour du massacre des Hébreux projeté par Aman devait être tiré au sort. On donne parfois une autre explication du mot Pourim : les hébraïsants peuvent discuter ; le symbole n'en est pas moins clair : la fête est une commémoration. Les trois religions, pour choisir leurs jours de dévotion, sont donc guidées par leur propre histoire.

Pour célébrer ces fêtes, les fidèles sont guidés par les mêmes désirs. Le premier est un désir de repos. Toute fête est un jour de chômage. Bien que l'Arabe ait le droit de travailler à la fête hebdomadaire du vendredi, il imite souvent le Juif et le chrétien : il ferme sa boutique et va se promener. Le samedi, l'Israélite se repose : non seulement l'homme ne travaille pas, mais la femme ne peut ni préparer les aliments ni laver sa maison ni se livrer à aucun des soins du ménage : la vie est suspendue. Les jours de fête sont des jours de paresse. Mais il y a paresseux et paresseux. Les Israélites ont la paresse active et bruyante. Ils se répandent dans toute la ville, inondent les promenades, assiègent les tramways, s'empilent dans les fiacres. Les Musulmans montrent plus de sérénité. Allez, pendant les

1. V. Gl Daumas, la *Vie arabe*, p. 486.

jours qui suivent le Ramadan, dans le quartier de Halfaouine, centre de la fête : la foule est compacte ; à peine peut-on marcher. A mesure que vous avancez la rue s'élargit ; enfin vous arrivez sur une place : plusieurs milliers de personnes sont rassemblés. Pourtant, vous n'entendez aucune clameur : cette foule est muette ; vous ne subissez aucune bourrade : cette foule est inerte. Cette foule presque entière est assise ! Des bancs, des chaises sont en effet disposés le long d'une mosquée, devant les cafés maures. Et les Musulmans laissent passer la fête en silence. Une foule assise, une foule silencieuse, quelle contradiction ! Mais n'est-ce pas au contraire la mode juive et la mode chrétienne qui sont absurdes puisqu'elles rendent fiévreuses les journées de repos ?

Que faire un jour de repos ? Ce problème reçoit partout la même solution. Les Européens remplissent les cafés ; les Israélites s'enivrent d'anisette ; les Arabes mêmes font bonne chère. Ils mangent le couscouss sucré : sur la semoule on verse, en guise de légumes, des confitures et des fruits. A la « Grande Fête », qui dure plusieurs jours, chaque famille mange son mouton. Quand vient le temps on rencontre dans le quartier musulman de jolis moutons enrubannés que des enfants promènent et taquinent ; mais le jour du massacre approche : ce jour-là, treize mille moutons ont été sacrifiés en 1896 : le chiffre était, paraît-il, plus élevé les années précédentes. On voit que la « fête du Mouton » n'est pas à Tunis une période de jeûne.

Sans un tour de promenade la digestion serait pénible. Mais la promenade n'est pas seulement hygiénique : elle sert la vanité : chacun s'expose dans ses plus beaux atours. Chrétiens et chrétiennes « s'endimanchent ». Les Juifs mettent un burnous propre et les Juives se dandinent dans leur voile le plus blanc. Les Arabes gardent pour les jours de fête leurs robes de couleur claire, mauve, bleu, vert pâle ; à la Petite Fête il n'est pas de portefaix qui néglige de mettre une chemise neuve. Et tous promènent leur visage épanoui ; les plus coquets glissent un œillet dans leur turban, au-dessus de l'oreille ; ils s'abordent le sourire aux lèvres, se saluent longuement, s'embrassent, portent la main sur le cœur à la vue de leurs amis, baisent le burnous des personnes vénérables ou le touchent du doigt pour baiser le doigt honoré de ce contact. Les Musulmanes, voilées et recluses, ne peuvent guère montrer leurs toilettes : elles réservent leur coquetterie pour leurs enfants. Les enfants sont les héros des fêtes musulmanes ; on leur donne des costumes de velours brodés d'or, des bonnets ornés d'aigrettes en clinquant ; quelques-uns sont vêtus d'étoffes légères comme du papier et colorées comme des fleurs. Rien n'est plus varié et plus coquet, malgré de criantes fautes de goût comme une réunion d'enfants arabes en habits de fête. Tout d'ailleurs leur est destiné. Comme à Pâques dans certaines villes chrétiennes, comme au Pourim des Juifs tunisiens, une foire de jouets et de friandises s'ouvre pour eux à la fin du Ramadan. On leur vend autant de fusils de bois, de toupies et de tambours qu'aux petits Européens : tous les produits de l'industrie juive indigène, tous les rebuts des fabriques allemandes se donnent rendez-vous à cette foire ; les confitures de Constantinople y rencontrent les berlingots de Carpentras. Les manèges de chevaux de bois, les balançoires ont autant de succès à Tunis qu'à Saint-Cloud. De même qu'on montre aux jeunes chrétiens la Tentation de Saint-Antoine ou l'histoire de Guignol, on montre aux jeunes musulmans des deux sexes les exploits voluptueux de Karaguouz. Enfin, de même que la grande joie de nos enfants est de monter dans la voiture aux chèvres, de même, aux jours de fête, toute la marmaille musulmane assiège de grossières charrettes qui promènent des grappes d'enfants pendant un quart d'heure. — Malgré la différence de leurs caractères, qu'on reconnaît aux détails, Musulmans, Israélites et chrétiens cherchent dans les mêmes pratiques la satisfaction des mêmes besoins. Dans les composés qu'il forme avec d'autres sentiments individuels ou sociaux, le sentiment religieux présente, dans les trois cas, des caractères identiques.

*
* *

Les trois religions offrent une autre analogie : elles sont altérées par l'esprit populaire, et ces altérations sont de même sens : au culte de la Providence s'ajoute le culte des hommes providentiels ; sous l'écorce d'un monothéisme consolant coule encore la vieille sève du fétichisme peureux. — C'est le désir du bonheur qui fait renaître le culte des saints. Le Dieu d'Abraham, le Dieu de Jésus, le Dieu de Mahomet n'ont pas de rivaux : mais ils peuvent avoir des favoris. La prière des prêtres doit être plus agréable à Dieu que celle des simples mortels : aussi les prêtres sont-ils l'objet d'un culte. Les Arabes baisent la main de leurs cheïkhs, les Israélites celle de leurs rabbins, les Italiens et les Maltais celle des prêtres catholiques. Mais au-dessus des prêtres, d'autres hommes attirent plus sûrement l'attention de la Providence : ce sont les saints du christianisme, les marabouts de l'islam, les rabbins vénérés du judaïsme.

Les marabouts sont nombreux à Tunis. Comme leur tombeau se distingue des tombes vulgaires, on peut dresser leur liste : parcourez la ville et les environs, à chaque pas vous verrez un cube blanc surmonté d'une coupole blanche ou verte : c'est un tombeau de marabout. Il y en a de toutes les tailles, depuis la grande zaouïa [1] de Sidi Mahrez, avec sa coupole géante entourée de coupoles secondaires comme une planète de ses satellites, jusqu'aux petits tombeaux cachés sous l'herbe. Il y en a de toutes les nuances, depuis les marabouts [2] vénérés, éclatants de blancheur, jusqu'aux marabouts démodés dont on laisse les murs se lézarder et se ternir. Il y a des saints de toutes sortes : Sidi Mahrez, patron de Tunis, était un homme tolérant et bienfaisant : c'est lui qui permit aux Juifs d'habiter la ville. Un autre, mort dans le ruisseau, était, paraît-il [3], un parfait ivrogne : il n'en a pas moins sanctifié la place où il est tombé pour la dernière fois. On a béati-

1. La Zaouïa est la mosquée qui contient le tombeau d'un saint.

2. Le mot marabout désigne aussi bien le tombeau du saint que le saint lui-même.

3. La légende est d'ailleurs suspecte.

fié des femmes comme des hommes, des fous comme des sages. Des chrétiens même sont devenus marabouts. Je ne parle pas du cardinal Lavigerie que les Arabes, par simple métaphore, nommaient le « marabout rouge », mais près de Carthage, sur le promontoire qui montre le chemin de la France s'élève le tombeau de Sidi-bou-Saïd, notre saint Louis. Selon la légende arabe, le roi chrétien s'est converti à l'islam et son corps repose en terre musulmane. Sur deux collines voisines on peut donc voir deux tombeaux de saint Louis : à Carthage un cénotaphe élevé par Louis-Philippe ; au village arabe, la tombe musulmane.

Plusieurs voies peuvent conduire à la dignité de marabout. Les uns sont marabouts sans le vouloir, les autres conquièrent le titre par leurs bonnes œuvres. Parmi les marabouts involontaires il faut citer les fils de marabouts : la sainteté est héréditaire. Des hommes vivent à Tunis de la piété de leurs aïeux. En effet, la profession de marabout est lucrative : les fidèles ne se contentent pas d'apporter au tombeau du saint de l'huile, des cierges, des prières et des chants : leurs offrandes sont souvent négociables [1]. L'usage veut qu'on donne à certains saints des peaux de mouton, à d'autres des olives. Près de Tunis s'élève le marabout de Sidi Ali el Attab [2] : tous les jeudis, la route de ce sanctuaire est sillonnée de pèlerins. Les revenus sont si appréciables que deux branches de la famille se les disputent devant les tribunaux. Le *Journal des tribu-*

1. Cf. *La Tunisie, Histoire et description*, t. II, p. 30.
2. El Attab signifie Dubois.

naux français en Tunisie[1] contient le jugement d'un procès analogue : on voit que, s'ils n'héritent pas de la piété, les fils de marabouts conservent du moins les avantages temporels de leurs ancêtres.

Les héritiers des saints ne sont pas les seuls marabouts involontaires ; il suffit de naître sur un sol sacré pour devenir marabout[2]. Enfin les fous sont tenus pour saints[3]. On rencontre souvent, dans le quartier arabe, des Musulmans décoiffés : pour qui connaît les mœurs indigènes, un Arabe sans chechia est une manière d'absurdité. Mais c'est un fou, et les fous sont aimés d'Allah.

Tel est le prestige des fous qu'un des moyens d'acquérir volontairement le titre de marabout, c'est de simuler la folie. Les derviches, dans leur vermine, sont des fous artificiels. Toutes leurs excentricités sont dues au désir de paraître fous. L'un d'eux, qu'on peut voir encore dans le quartier de Rhamdan-bey, passe pour n'avoir pas changé de linge depuis sa jeunesse. C'est un marabout très respecté ; il fait des miracles : la pluie ne le mouille pas et il guérit les malades.

Enfin, il est des marabouts qui doivent leur titre à leur mérite : c'est la charité qui fait les saints. Souvent, il est vrai, les saints ne soupçonnent pas leur propre vertu, car leurs bienfaits sont surnaturels. Parfois, c'est

1. *Journal*, t. III, p. 22.

2. Jacquinot d'Oisy, *Autour d'un rhamadan tunisien*, p. 32.

3. Maltzan, *Reise*..., t. I, p. 86 et suiv., insiste sur ce point avec quelque exagération : « le fou ne peut pas pécher : s'il boit du vin, ce n'est pas du vin..., s'il commet l'adultère, la femme n'est pas une femme mais une houri ».

seulement après leur mort qu'on leur découvre des qualités. Un songe révèle-t-il que le défunt jouit d'un crédit spécial auprès d'Allah? vite un culte s'établit. Aujourd'hui encore on assiste, à Tunis, à la naissance des légendes. Une sainte avait son culte dans la mosquée d'un village voisin. Une nuit, elle apparaît à l'un de ses fidèles et lui déclare que son tombeau se trouve dans un cimetière, à cinq cents pas des murs de la ville. Aussitôt, le culte est transféré à l'endroit désigné par la sainte[1]. Et la révélation stimule la foi : la tombe de Lella Manoubia est l'objet d'une « adoration perpétuelle ».

Comment ces cultes, contraires à l'esprit de l'islam, ont-ils pu naître et fleurir? pourquoi sont-ils particulièrement prospères à Tunis? Maltzan[2] pense qu'ils sont la « revanche de la femme ». La femme, dit-il, est exclue de la mosquée : c'est sur la tombe du marabout qu'elle remplit ses devoirs religieux ; elle en vient à adorer le marabout autant que le Seigneur. Et elle transmet son culte à ses enfants. — Cette ingénieuse explication rend compte de certains faits. Ce sont surtout des femmes qu'on rencontre auprès des tombeaux sacrés. Les unes vont demander la fécondité à Sidi Fatallah ; en se laissant glisser sur la pente de la colline où repose le marabout, on guérit la stérilité. D'autres en foule vont porter leurs prières à Lella Manoubia : le lundi et le vendredi elles accourent strictement voi-

1. On a énoncé, sur l'origine de ce nouveau culte, deux autres hypothèses invraisemblables.

2. *Reise..*, t. I, p. 95.

lées ; elles font à la sainte une couronne étincelante de cierges allumés, et tandis que les hommes chantent d'une voix profonde, sur un rythme monotone, les femmes poussent leurs « you you ! » stridents. Mais la dévotion des femmes n'explique pas entièrement le culte des marabouts. Les femmes ne sont pas exclues des mosquées comme le croit Maltzan. Il est de bon goût d'en éloigner les jeunes, mais toutes ont le droit d'y pénétrer ; on leur réserve dans la mosquée le coin le plus sombre[1]. En outre, le culte des marabouts est aussi cher aux hommes qu'aux femmes : les confréries vouées à ce culte sont surtout recrutées parmi les hommes. Enfin, la théorie de Maltzan n'explique pas pourquoi les marabouts sont plus nombreux et plus vénérés à Tunis qu'en tout autre pays musulman.

Une autre hypothèse m'est suggérée par Dozy[2]. Si l'islam, dit-il, n'avait pas dépassé l'Arabie, le culte des saints n'existerait pas ; mais, à mesure qu'elle se répandait, la religion de Mahomet perdait de sa pureté. Mahomet n'a jamais prétendu faire des miracles ; mais quand les Arabes eurent à convertir des peuples munis de thaumaturges, la légende attribua des miracles à Mahomet. De même, le contact des religions fétichistes devait rétablir dans l'islam une sorte d'idolâtrie. En effet, la conversion des nègres, loin de grandir l'islam, l'a diminué : les Musulmans ont subi l'influence des

1. Seules les femmes de haute condition n'ont pas l'habitude de fréquenter la mosquée, mais elles ne fréquentent pas davantage les tombes des marabouts : elles ne quittent pas leur maison.

2. *Histoire de l'Islamisme*, p. 125.

noirs. Soit que leur monothéisme ait encore peu de solidité, soit que leur imagination triomphe de leur foi, les nègres sont très superstitieux. Dans les jongleurs ambulants qu'ils admirent, à certains carrefours de Tunis, je crois bien qu'ils reconnaissent des frères de leurs sorciers, car leur attention confine à l'extase. Ils croient volontiers à la providence des saints ; leurs marabouts, comme d'autres, retrouvent les objets perdus et ramènent les voyageurs égarés. Il n'est pas d'événement, si humble soit-il, qui ne demande la bonne volonté d'un saint. Les Musulmans connaissent si bien le goût des nègres pour les superstitions qu'ils portent au Soudan, avec le Coran, toute une pacotille que le Coran condamne : des Dieux[1]. Or, aucune ville de l'Afrique n'est plus que Tunis en contact intime avec le pays noir. Depuis longtemps toutes les peuplades nègres ont leur colonie à Tunis. Esclaves, hommes de peine, terrassiers, femmes de harem, c'est par milliers qu'on peut y compter les nègres. A leur mahométisme de fraîche date, ils ont joint les souvenirs encore récents de leur idolâtrie. — Cette théorie n'est pas assez générale. Puisque le culte des saints prend chez les chrétiens des formes analogues au culte des marabouts, n'est-ce pas qu'une cause agit universellement sur le sentiment religieux des masses ? elles veulent rendre Dieu sensible ; elles l'imaginent tel qu'elles le désirent. Partout où le sentiment et l'imagination se mettent à faire de la théologie, le résultat est le même. Revanche des femmes ou revanche des nègres, le culte des mara-

1. V. Marche, *Trois voyages dans l'Afrique occidentale.*

bouts n'est jamais que la revanche du cœur et de la fantaisie sur l'abstraction du monothéisme.

Nul monothéisme n'est plus abstrait que celui des Israélites. Aussi, bien que nul peuple ne soit moins fantaisiste et plus raisonnable, le culte des saints devait y paraître. C'est parfois à l'imitation des Musulmans que les Juifs honorent un saint: pourquoi les marabouts, dans leur bonté, ne répandraient-ils pas leurs bienfaits sur des infidèles? Près de Boufarik, un bois sacré reçoit tour à tour la visite des Arabes et celle des Israélites. Un jour ce sont des femmes voilées qui arrivent en croupe derrière leur mari, un autre jour ce sont des Juives sans voile qui y viennent à pied. Mais Juives et Musulmanes se livrent aux mêmes pratiques. Au fond du bois, dans un ravin, coule un maigre ruisseau; c'est l'endroit privilégié: parmi le feuillage des cierges brillent, des brindilles flambent. Au-dessous de cette chapelle des femmes, pieds nus, passent et repassent dans le ruisseau: l'eau sacrée est un remède. La même eau, les mêmes cierges, la même promenade servent aux deux peuples: les superstitions sont plus tolérantes que les religions: tous les dieux sont bons pour l'âme des simples.

Les Israélites tunisiens ont aussi de la vénération pour un marabout musulman; mais ce n'est pas l'imitation qui explique la naissance de ce culte, c'est la reconnaissance. Certains Juifs, paraît-il, font brûler des cierges dans la zaouïa de Sidi Mahrez[1]: c'est que Sidi Mahrez fut le bienfaiteur de leurs ancêtres: il leur

1. Lallemand, *op. cit.*, p. 46.

a le premier permis d'habiter dans l'intérieur de la ville ; il aurait lui-même désigné leur quartier. Les Juifs ont gardé de la reconnaissance au fondateur de leur ghetto : le ghetto améliorait leur sort.

Enfin les Juifs ont leurs propres marabouts[1]. Le plus vénéré, à Tunis, est le rabbin Simon. Sa légende est indécise. On dit qu'il fit cesser une peste en se sacrifiant pour ses coreligionnaires ; il aurait déclaré que sa mort marquerait la fin de l'épidémie ; il fut, en effet, la dernière victime et cette coïncidence lui donna l'apothéose. Si sa fête est mieux célébrée à Tunis que dans tout le judaïsme, c'est qu'il eut, après sa mort, le mérite d'arrêter un massacre projeté par les Musulmans tunisiens. Sa fête est une fête des fleurs. C'est le soir : les Juifs, entourés de leurs enfants, portent aux synagogues des cierges plantés dans des bouquets. Chaque famille forme une petite procession. Les synagogues sont illuminées : depuis quelques semaines on a récolté dans chaque quartier de l'huile pour remplir les lampes et de l'argent pour payer les frais. Chaque arrivant dépose son cierge et ses fleurs. Les murs sont tapissés de bouquets, de lampions et de bougies. Un parfum bizarre, mélange d'huile, de suif, de rose et de jasmin se répand dans le temple. Un peuple pressé circule, va voir dans le tabernacle le Livre de la Loi,

1. Le marabout juif transmet à ses descendants son héritage temporel : V. Cazès, *Histoire des Israélites de Tunisie*, p. 69, note : « La famille Alfassi, qui descend d'un rabbin de la fin du XIe siècle, perçoit encore une partie des revenus d'une synagogue de Tunis qui porte le même nom ».

chante, bavarde sans respect, puis s'en va boire la boukhra en l'honneur du rabbin Simon.

Le marabout juif est désigné par l'opinion comme le marabout musulman : ce sont les vertus ou les talents providentiels qui confèrent cette dignité. La source n'est pas tarie : il y a deux ans à peine qu'un rabbin mourut en odeur de sainteté. Tout le ghetto assistait à ses obsèques ; tous voulaient porter le corps afin de gagner une indulgence. Malgré les efforts de la police qui fut battue, la bière fut enlevée du corbillard et soutenue par des mains pieuses : c'est qu'il est surtout utile de vénérer le saint au moment où il va paraître devant Dieu. Comme les deux autres religions monothéistes, la religion des Israélites n'interdit pas au peuple de croire aux saints ; Dieu ne veut pas d'associés : on lui donne des amis.

Le culte des saints témoigne d'un certain optimisme : c'est l'espérance qui pousse le peuple à réclamer leur intervention auprès de Dieu. La crainte du malheur est une nuance plus grossière du sentiment religieux : elle se manifeste par des croyances populaires communes aux trois religions. A l'automne de 1896, les pluies tardaient à tomber : on craignit la sécheresse : des prières furent dites, pour écarter le fléau, dans les églises, dans les mosquées et dans les synagogues. Pour éviter le « mauvais œil » les mêmes précautions sont prises par les Musulmans, les Israélites et les chrétiens. Sur l'échafaudage de toute maison en construction sont fixées deux cornes de bœuf ; examinez les maçons : tantôt ils sont musulmans tantôt ils sont Siciliens ; enfin, au-dessus de la porte des appartements juifs vous retrouverez souvent les cornes de bœuf : pour tous, c'est donc un préventif efficace contre la mauvaise fortune. De même, dans tous les quartiers, italien ou maltais, juif ou arabe, des traces de mains sanglantes sont appliquées sur les murs. La main est souvent défigurée ; elle peut être peinte en noir ; elle est parfois en blanc sur fond rouge. Le jour de son mariage, le Musulman allume un cierge à cinq branches, symbole des cinq doigts. Sur la porte des mosquées, des tombeaux et des bains maures, on voit souvent une sorte de lyre à trois cordes : c'est encore la main : le pouce et le petit doigt représentent le bois, les trois doigts médians deviennent les trois cordes de la lyre. Sous toutes ces formes, cette figure est un talisman : la main de Fathma écarte le malheur.

Si l'on en croit son nom, ce talisman serait d'origine arabe : par imitation il se serait répandu chez les Juifs et les chrétiens. D'autres ont une origine chrétienne : tel le poisson qui est dessiné sur beaucoup de maisons et sur la plupart des meubles arabes. Les Arabes des classes inférieures portent souvent une petite boîte métallique renfermant une amulette : sur les deux faces de ces boîtes plates sont dessinées parfois des scènes de la Bible ou de la Légende des Saints. La Vierge, saint Georges terrassant le dragon, le mot χριστός, tous ces symboles chrétiens servent d'amulettes aux Musulmans : ils n'ont eu qu'à se baisser pour ramasser des dieux sur les ruines de Carthage.

Enfin la plupart de ces pratiques sont d'origine inconnue. D'où vient que le fer à cheval ou les cornes de bœuf font peur au diable et aux djinns ? D'où vient que les nouveaux mariés suspendent au-dessus de leur porte un œuf vide et un piment? d'où vient que le son du violon, les plumes et le sang d'une poule conspirent à exorciser les possédés? La liste serait longue des bizarreries qui servent, sans qu'on sache pourquoi, à conjurer le destin. Il est probable que les chrétiens, les Juifs et les Arabes n'en sont pas les seuls inventeurs : les sorciers nègres ont importé leurs recettes. Tout ce qui apaise la crainte est bien accueilli par les foules, quelle que soit leur religion.

En dépit de la divergence des dogmes, le sentiment religieux a partout la même racine. Les doctrines délicates des théologiens sont submergées par des croyances plus grossières et plus antiques : le culte de la pierre noire, contraire à l'esprit de l'islam, ne s'est-il pas imposé au Prophète lui-même? Ainsi le culte des saints, le culte des fétiches, contraires aux trois religions monothéistes, mais conformes à l'esprit populaire, se font reconnaître par les théologiens. Dans les bas-fonds de l'âme humaine les différences des religions s'évanouissent : nul Dieu n'a autant d'adorateurs que le Destin.

*
* *

On voit maintenant en quoi diffèrent, en quoi s'accordent le christianisme, l'islamisme et le judaïsme tunisiens. Les trois divinités s'opposent deux à deux. Les prêtres se ramènent à deux types contraires. Les pratiques et les croyances populaires sont communes aux trois religions. Plusieurs causes ont créé les analogies :

l'unité fondamentale du sentiment religieux, au moins sous ses formes les plus simples ; l'imitation inconsciente ou volontaire ; parfois les deux causes ont agi de concert : c'est précisément parce qu'ils avaient les mêmes aspirations religieuses que les trois peuples ont pu s'emprunter leurs pratiques. Mais les ressemblances, malgré tout, sont superficielles : les manifestations extérieures se sont propagées plus facilement que les croyances intimes ; seules les croyances grossières ont eu quelque force d'expansion. On peut invoquer en commun la main de Fathma et s'adresser des anathèmes au nom de la Trinité, d'Allah ou de Jéhovah. C'est que les différences tiennent à des causes plus profondes que les ressemblances : ces causes sont psychologiques. Pour que les trois religions tunisiennes pussent agir les unes sur les autres, il faudrait que trois âmes fussent confondues. Cette uniformité n'est pas près de se répandre sur les âmes.

CHAPITRE VII

L'ART

Existence de l'art musulman : architecture, sculpture, poésie, récits, théâtre ; la danse des nègres. — Caractère de l'art musulman : pas de plan préconçu ; d'où : hétérogénéité des matériaux ; d'où encore : objet représenté par cet art : l'infini ; pourquoi l'art arabe n'imite pas la nature.
La musique et la danse chez les Israélites ; ce ne sont pas des arts. — Y a-t-il une littérature juive ?
L'avenir de l'art musulman.

En étudiant les religions, nous n'avons pas trouvé de science israélite, mais nous avons trouvé une science musulmane. Et nous avons opposé cette science immuable dont la méthode est l'autorité à la fécondité de nos méthodes critiques. De même, l'art juif n'existe pas, mais il existe un art musulman. Et cet art, par ses principes et par ses procédés, est le contraire de l'art européen.

* * *

L'art des Musulmans fait tant de violence à nos habitudes esthétiques que son existence, à Tunis, est niée par beaucoup d'Européens. Quel monument, disent-ils, peut-on présenter comme une œuvre d'art? Dans le fouillis des maisons enchevêtrées, où trouver une trace de beauté architecturale ? Quant aux autres arts, il est inutile d'en parler : la littérature arabe est morte, à Tunis. — Quiconque a vu des Arabes, trouvera cette opinion singulière : leur extérieur même prouve leur goût. Ils savent choisir pour leurs vêtements des couleurs harmonieuses ; ils savent l'accord des tons complémentaires : le vêtement national, à Tunis, c'est la robe rouge et verte ; ils trouvent de mélodieuses gammes colorées : toutes les nuances du mauve, du vert, du bleu, du rose, s'associent dans leur costume. La plupart des Arabes qui s'habillent à l'européenne s'attachent plus que nous-mêmes à mettre de l'unité dans les couleurs de leur costume. L'œil paraît donc avoir reçu chez eux une éducation esthétique. Mais leur âme tout entière a du penchant pour le beau. Comment des êtres imprévoyants ne seraient-ils pas des artistes ? Comment des hommes aussi peu soucieux de leurs besoins physiques n'auraient-ils pas des loisirs pour rêver? Et, en effet, ils aiment le beau. Sans doute ils ont aujourd'hui plus de goût que de génie ; ils admirent plus qu'ils ne créent. Mais n'est-ce rien d'admirer? Même s'ils n'avaient produit que les minarets de leurs mosquées, on n'aurait pas le droit de refuser l'existence à leur architecture : les uns ont de la grâce[1], les autres de la ma-

1. V. les minarets octogonaux de Dar el Bey, Sidi ben Arous, Sidi Kassem.

jesté[1]. Mais les mosquées et les maisons renferment d'autres chefs-d'œuvre ; et le public européen, qui n'est pas toujours admis à les contempler[2], peut en voir d'intéressants échantillons dans la coupole du Palais beylical, à Tunis, ou dans celle du harem, au Bardo. Dans les arabesques et les stalactites de ces coupoles, on trouve la preuve du goût des Tunisiens.

Plus encore que la beauté plastique, ils admirent la beauté littéraire. Sans doute on ne trouve plus guère de poètes : on ne compose plus à Tunis que des pièces de circonstance : à la promotion d'un professeur, à la mort d'un grand personnage ou d'un ami, un élève, un protégé, un ami tourne un compliment ou une élégie : ce sont les seuls genres usités. Mais s'ils négligent la poésie, les Arabes tunisiens adorent le conte. Tous les soirs, jusqu'à une heure tardive, on peut entendre, dans les rues désertes, s'élever une voix monotone : celle du lecteur d'un café maure. Ce n'est pas le journal qu'il tient à la main : c'est un gros livre, un roman sans fin qu'il dévidera, pendant de longues soirées, devant son auditoire attentif. Pour écouter le récit, les joueurs lâchent leurs cartes, leurs échecs ou leurs dames. Tous les yeux sont fixés sur le lecteur, toutes les oreilles tendues : c'est à peine si l'on tourne la tête aux pas d'un noctambule ou d'un gardien de nuit. Les

1. V. les minarets quadrangulaires de la Grande Mosquée, l'ancien minaret de Bab Dzira, etc.

2. Ils sont, en ce moment, photographiés par les soins du service beylical des antiquités et arts et de son éminent directeur, M. Gauckler.

conteurs ont, pendant le jour, le même succès que les lecteurs du soir. Près de la Porte Neuve (Bab Djedid), sur une place entourée de maisons en ruines, la foule des oisifs se réunit. Bientôt apparaît soit un vieillard majestueux et vénérable, soit un adulte à la barbe brune, à l'œil ardent ; il tient un tambour grossier, fait d'une peau tendue sur un cercle de bois : c'est un conteur. La foule l'a reconnu : elle se groupe autour de lui ; les premiers rangs s'assoient en cercle ; derrière, on se tient debout ; les retardataires grimpent sur les ruines des maisons pour ne rien perdre de la mimique du conteur. Lui prélude : il porte la main au front, aux lèvres, à la poitrine, et toute l'assistance imite son geste ; il prononce une courte prière, et le public répond : Amine ! Alors commence le récit, psalmodié sur un rythme uniforme ; chaque phrase est scandée d'un coup de tambourin. Parfois, le conteur a des acolytes qui, à chaque couplet, reprennent un refrain. Tantôt il s'enflamme et son récit paraît un chant de guerre ; tantôt le ton est mélancolique : mais dans les deux cas le public est également séduit ; les yeux brillent ; les corps sont immobiles ; enfants et vieillards, tout paraît fasciné. Enfin, le conteur s'arrête : il porte de nouveau la main au front, aux lèvres, à la poitrine ; ses auditeurs l'imitent, et, pendant qu'il prononce une dernière prière, ils jettent dans son tambourin quelque monnaie et s'éloignent en disant : « Amine ! » — A la Porte Neuve, des baladins et des charmeurs de serpents font concurrence aux aèdes. L'un, en maillot rouge étoilé d'or, fait des gambades et des tours de force ; l'autre, sordide, s'enfonce dans les narines de longues tiges de fer, se laisse mordre jusqu'au sang par ses reptiles ou bien, au contraire, les dévore tout vifs. Tous deux amusent la foule par leurs plaisanteries. On comprend que ces spectacles grossiers attirent plus de monde que la littérature. Parfois, en effet, le conteur est trahi : il n'a qu'une assistance clairsemée et distraite : c'est pour voir le charlatan qu'on assiège les maisons en ruines. Mais ce qui prouve le goût des Arabes pour le conte, c'est que cet abandon n'est pas constant ; l'aède a ses revanches : souvent l'auditoire des baladins et des charmeurs ne contient que des nègres et des Européens : les Arabes demeurent fidèles au conteur.

Le théâtre ne les laisse pas indifférents. Sans doute, la population notable n'assiste guère aux exploits du fameux Karaguouz ; mais le peuple y prend plaisir. Dans les misérables caves, où pendant les mois de Ramadan, se donne ce spectacle, on ne rencontre pas que des enfants.

Et ce ne sont jamais les enfants qui viennent entendre les chants et voir les danses des almées. Pourtant, à ces spectacles, si la musique est arabe, la danse ne l'est pas. Depuis l'exposition de 1889, il sera difficile de faire croire à des Français que la danse n'est pas un art musulman : que faites-vous, dira-t-on, des almées de la rue du Caire ? — Mais les almées sont juives. La danse est, à Tunis, le monopole des Juives et des nègres.

Les nègres sont fous de la danse. Leur danse est bruyante et paraît grossière. Aux jours de fête, des nègres, vêtus de peaux de bêtes, le visage masqué par une mâchoire d'animal, dansent dans les rues au son du tambour, de la cornemuse et des castagnettes : le rythme est dur et les sons monotones, mais cette musique suffit à indiquer la cadence aux danseurs. Parfois la confrérie des nègres donne un bal général. C'est à la « Petite Fête » que j'y assistai. Derrière la Mosquée du Garde des Sceaux, les nègres s'étaient réunis sur une place. La porte de la Mosquée et son double perron étaient tout blancs de femmes et d'enfants ; même un gamin, au grand effroi des curieuses, s'était hissé sur la rampe verte du perron. En face, un café maure était rempli de nègres. Entre la mosquée et le café, les danseurs formaient un cercle. Au centre, deux nègres frappaient de la main et de la baguette deux énormes tambours. Les danseurs tournaient autour de l'orchestre ; ils allaient, en avançant, du centre à la circonférence et de la circonférence au centre. Armés chacun d'un bâton, ils accompagnaient la musique en choquant leurs matraques les unes contre les autres et en poussant de grands cris monotones. Les Musulmanes, derrière leur voile de laine, semblaient des sphinx amusés ; le public noir riait de son rire franc ; et les danseurs, encouragés par l'assistance, ne se lassaient pas de tourner et de crier. Le tambour énorme, les castagnettes métalliques, le bruit sec des bâtons entre-choqués, les voix gutturales, tout concourait à produire un tintamarre étrange : ces grands enfants s'amusent de bon cœur, mais leur danse est-elle un art ? — Le 13 juillet 1894, au retour d'un premier séjour en Tunisie, il me fut donné d'apprécier l'art nègre. C'était le soir, à Charonne. Brusquement, un épouvantable charivari se fait entendre ; des lueurs s'allument et semblent tituber dans la rue. Des gamins se précipitent, je les suis. Je tombe sur un cortège d'hommes et de femmes qui frappent à tour de bras sur des casseroles fêlées, des boîtes en fer-blanc, des litres de verre. Chacun cogne à sa guise et crie à tue-tête. Des flambeaux escortent une sorte de civière où trône une jeune fille: elle symbolise la République: le peuple de Paris prélude à la Fête nationale. Oui, les nègres ne sont que des sauvages; mais eux du moins n'ont pas perdu le goût du rythme.

Laissons la danse aux nègres : il reste aux Arabes tunisiens une architecture, une sculpture, une littérature et une musique : on ne peut donc pas nier l'existence de leur art.

*
* *

Quels sont les caractères de cet art? comment travaille l'artiste? et quel est son idéal?

La psychologie de l'artiste doit dériver de la psychologie de l'Arabe : l'imprévoyance, caractère de l'un, doit être le caractère de l'autre. L'artiste européen commence par chercher l'idée directrice, puis le plan détaillé de son œuvre. Qu'il s'agisse d'un monument ou d'un écrit, l'exécution ne va pas à l'aveugle ; elle est guidée par un programme préconçu. Sans doute le plan primitif peut être modifié; l'exécution peut révéler à l'auteur les défauts de la conception ou lui inspirer des trouvailles imprévues; mais ce n'est jamais au petit bonheur que l'architecte aligne ses pierres, le musicien ses notes, le poète ses mots. L'artiste arabe, au contraire, se contente d'un plan rudimentaire : la conception marche de pair avec l'exécution ; le plan se forme à mesure que monte l'édifice, à mesure que se poursuit le récit. En 1894, quand le minaret de la Grande Mosquée fut reconstruit, les organisateurs d'une exposition artistique, ouverte alors dans la ville, firent demander son plan à l'architecte. Il fut répondu que ce plan n'existait pas ou ne ressemblait guère à l'œuvre exécutée. Et, en effet, on exposa bien un plan ; mais ce n'était pas le projet de l'architecte, c'était un dessin levé après coup. L'architecte ne fait qu'une ébauche qui est profondément modifiée au cours de l'exécution. Le plan ne se développe pas tout d'une venue dans l'esprit de l'artiste ; les détails s'ajoutent les uns aux autres comme une feuille de cactus à une feuille de cactus. L'unité, quand elle existe, résulte de la juxtaposition des parties : elle n'est pas le but de l'œuvre. Il semble que les architectes arabes travaillent à la façon des enfants à qui l'on confie quelques dés de bois : ils les empilent, en font des châteaux superbes, modifiant à tout moment leur plan primitif pour ajouter un détail séduisant. Un minaret commencé sur un plan cylindrique, continué sur un plan octogonal, s'achève sur un plan quadrangulaire[1]. Avant sa reconstruction de 1894, le minaret quadrangulaire de la Grande Mosquée était, paraît-il, surmonté d'une tour octogonale[2]. Au con-

1. V. Le Bon, la *Civilisation des Arabes*.

2. Maltzan, t. I, p. 36. Remarquer que l'auteur dit hexagonal (sechseckig) ; mais il désigne ainsi tous les minarets octogonaux. Il a été victime d'une curieuse et fréquente illusion d'optique.

traire, dans la rue Sidi el Bagdadi, un minaret octogonal est surmonté d'une tour quadrangulaire. Ces disparates prouvent l'absence d'un plan préconçu.

Dans les œuvres du sculpteur, le plan fait également défaut. Le sculpteur exécute, dans le bois ou dans la pierre, une figure géométrique. Puis il la répète sans relâche; il prolonge les lignes, trace des parallèles, et ainsi à l'infini. Bientôt les arabesques ont couvert la muraille: l'œuvre s'achève faute de matériaux; il n'y a pas de raison pour que cette perpétuelle répétition du même motif s'arrête ici plutôt que là. La décoration n'a pas de sujet déterminé, adapté aux dimensions du panneau à couvrir : cette adaptation exigerait un calcul que l'artiste ne fait pas; il se borne à ajouter les unes aux autres de nouvelles unités décoratives.

De même, le romancier met bout à bout ses anecdotes, l'auteur dramatique les scènes de ses comédies. Les romans chers aux Tunisiens, ce sont les *Mille et une Nuits* ou la légende d'*Antar*. On sait quel fil grossier coud l'un à l'autre les épisodes des *Mille et une Nuits*. Dans le roman d'Antar, la trame n'est pas plus délicate. L'auteur commence au déluge : Noé est le premier ancêtre de son héros; et depuis Noé jusqu'à Antar, toutes les générations sont énumérées; elles se succèdent les unes aux autres comme les arabesques s'ajoutent aux arabesques. Les événements de la vie d'Antar n'ont pas de lien plus logique. En veut-on des exemples? Dans une bataille, le héros massacre tous ses ennemis : tout est donc fini? Mais un ennemi a échappé au carnage; il court chercher du renfort, et, avec la bataille, le récit recommence. Dans son pays, Antar n'a plus de rivaux : il va donc être au comble de ses vœux; mais un scrupule, une colère inexpliqués le poussent à quitter sa patrie pour chercher de nouveaux combats dans des pays lointains et merveilleux. Parfois, l'auteur ne se donne pas la peine de marquer la transition: Antar erre dans le désert, et le récit est monotone comme les steppes : tout à coup, un groupe de cavaliers se dessine à l'horizon; l'auteur saisit l'occasion et raconte au long leur histoire. Un critique habitué à notre littérature verrait dans cette incohérence la preuve d'une interpolation; peut-être aurait-il tort; l'incohérence prouve seulement que le plan n'existe pas. Enfin, le dénouement est proche: Antar a tiré sa cousine Abla des mains d'un « chasseur de vierges ». Ils arrivent près des tentes de leur tribu : leur mariage sera célébré et le lecteur sera satisfait. Mais Antar, pour éviter à sa bien-aimée la poussière de la caravane, l'a laissée à quelque distance en arrière des chameaux; lui-même part en avant pour annoncer aux siens la bonne nouvelle. « L'aube pointait à l'horizon[1] lorsque Abla, se voyant presque seule dans le désert, dit à ses serviteurs : « Il faut que je mette pied à terre ; avancez-vous, je ne tarderai pas à vous rejoindre. » Elle descend en effet et ses gens poursuivent leur route: à ce moment surgit un ravisseur, et les aventures recommencent: pourquoi auraient-elles une fin? L'œuvre n'ayant pas d'idée direc-

1. *Antar*, trad. fr., p. 278.

trice, il n'y a pas plus de raison pour la terminer qu'il n'y a de raison pour arrêter une arabesque[1].

Bien qu'il soit d'origine turque, Karaguouz présente, à Tunis, des caractères conformes au génie artistique du peuple. Les scenarios n'ont pas un plan mieux conçu que les romans : les scènes se suivent et se ressemblent. Des littérateurs français[2] ont déjà publié des analyses de ces petites pièces, mais ils leur ont, en général, attribué une intrigue : c'est leur faire trop d'honneur. Voici en effet quelques-uns des sujets. Sur l'écran mal éclairé par une bougie[3], une barque s'avance, montée par deux hommes dont l'un est Karaguouz. Le patron jette la ligne ; un poisson s'approche : au moment où il va mordre, Karaguouz bavarde ; le poisson se sauve. Colère du pêcheur : Karaguouz promet de ne plus bavarder. Second

1. Cf. Léo Claretie. — *Feuilles de route en Tunisie*, p. 199. « Le fils du roi part en voyage avec trois manteaux et trois burnous. Il rencontre une ogresse qui le protège et se fait payer chaque service par l'offre d'un vêtement... L'action se prolonge jusqu'à consommation des burnous et des manteaux... Pour qu'il y eût plus de six actes il ne tenait qu'au roi de donner à son fils une garde-robe mieux garnie. » — Pourquoi M. Claretie ajoute-t-il que c'est la forme qui convient à la littérature verbale ? Certaines littératures verbales n'ignorent pas l'art de la composition. En outre, ce caractère n'est pas particulier à la littérature, il s'étend à toutes les branches de l'art musulman. Mais l'absence d'un plan préconçu s'explique chez un peuple imprévoyant.

2. Paul Arène, *Vingt jours en Tunisie*, p. 158. — Jacquinot d'Oisy, *Autour d'un rhamadan tunisien*, p. 70.

3. On sait que ce théâtre est un théâtre d'ombres.

poisson : il touche l'amorce : Karaguouz éclate de rire ; le poisson s'enfuit. Nouvelle colère du patron et nouvelle promesse du héros. Troisième poisson : Karaguouz le met en fuite par un bruit incongru. On comprend que la scène peut se répéter indéfiniment. Même procédé dans la pièce intitulée : le Château (El Ksar). Karaguouz est le gardien de ce château : successivement, divers personnages, hommes et femmes, Juifs et Musulmans, jeunes et vieux expriment le désir de visiter l'édifice. Le gardien les y autorise au prix de leur déshonneur. La procession des visiteurs pourrait s'éterniser comme les aventures de la sultane. Même procédé dans le *Bain :* Karaguouz s'est associé à Mohamed pour exploiter un hammam exclusivement réservé aux femmes. Mais Fathma, femme de Mohamed, en l'absence des deux associés, laisse pénétrer plusieurs hommes, dont un Juif, dans l'établissement de bains : avec chacun de ces clients, elle trompe son mari. Karaguouz surprend régulièrement ces violations du contrat conjugal et du contrat commercial, et il en punit soit la femme, soit le complice, soit tous les deux, en les déshonorant. A la fin, comme dans la plupart de ces pièces, un ogre apparaît[1] qui emmène tout le monde. Et c'est heureux, car, sans ce *Deus ex machinâ,* la pièce ne finirait pas : comment supposer que Fathma renonce à ses frasques ou Karaguouz à sa virilité ? — La même méthode se retrouve donc par-

1. Est-ce cet ogre que M. Paul Arène a pris pour un Karaguouz agrandi et déifié ?

tout : le plan fait défaut, les éléments de l'œuvre sont juxtaposés, ils ne sont pas organisés.

Enfin, la musique arabe paraît présenter le même caractère. Nous connaissons mal la musique arabe. Les musiciens la transmettent de mémoire et la faussent[1]. Pourtant, certains auteurs ont noté des airs arabes[2] : les thèmes n'y sont pas développés, mais répétés ; et la phrase musicale n'est pas composée comme la nôtre ; elle n'a pas de *finale;* le morceau, en se terminant, ne retombe pas dans le ton. Ni la phrase ni l'air n'ont de conclusion : on ne sait pas pourquoi ils prennent fin. Nous retrouvons toujours la même idée : les notes, pas plus que les lignes ou les mots, ne sont groupées en vue d'un arrangement harmonieux ; c'est une sorte d'instinct musical qui les appelle les unes après les autres. Le musicien, comme le sculpteur et le romancier, exécute son œuvre sans l'avoir préconçue.

L'incapacité de prévoir donne à l'œuvre sa forme ; elle lui donne aussi sa matière : elle détermine le choix des matériaux et le choix des instruments. Chez nous, l'architecte, après avoir tracé son plan, cherche les matériaux qui réaliseront son idéal. Pour l'Arabe, qui n'a pas de plan, tous les matériaux sont bons ; et les premiers venus sont les meilleurs. Or, la Carthage romaine offrait aux Tunisiens ses marbres, ses colonnes et ses mosaïques. Aujourd'hui encore, on

1. Si bien qu'on a pu se demander si la gamme arabe était identique à la nôtre : V. Maltzan, *Reise*..., t. I, p. 251 et suiv.

2. V. des Godins de Souhesmes, *Tunis*, p. 205.

peut ramasser, le long des quais ruinés de Carthage, des marbres verts de Numidie, des marbres violets et mauves, des marbres roses, qui, lavés par la mer, conservent éternellement la fraîcheur de leurs nuances. Les Arabes avaient donc sous la main des matériaux tout préparés. Ils les transportèrent à Tunis. C'est pourquoi tant de débris de l'art antique sont maçonnés dans les maisons arabes. Toutes les démolitions mettent au jour des chapiteaux et des inscriptions. Des fûts de colonnes servent de bornes ou de marche-pieds. Et si l'on gratte l'épaisse couche de chaux, chaque année renouvelée, qui couvre les colonnes des maisons et des voûtes, on trouve, sous la couleur mate de l'écorce, le pur éclat du marbre antique. La colonne joue, dans la maison arabe, un rôle important : on en a mis partout : à l'encoignure extérieure des murailles, sous les voûtes des rues, dans les cours intérieures des maisons. C'est que, des matériaux laissés par les Romains, c'étaient les mieux conservés, les plus solides et les plus commodes : une colonne dispense d'un mur. Ce n'est pas la beauté de leur forme, c'est la gravité de leur masse qui les fait apprécier ; on pourrait même dire que les Arabes ne les trouvent pas belles : à leur gré, elles sont trop lourdes ; à la colonne romaine ils préfèrent la colonnette punique : dans la cour intérieure, ce sont de frêles colonnes de marbre qui soutiennent les arcades ; et de chaque côté de la porte, ce sont d'élégantes colonnettes qui sont sculptées. Ce n'est donc pas sans motif qu'ils ont barbouillé de chaux les colonnes de marbre : elles n'avaient pas pour eux de caractère esthétique ;

pour eux, ce ne sont pas des colonnes, ce sont des poutres; peu importe que ces matériaux aient déjà servi à un art ancien : ils sont sous la main, ils sont donc excellents.

Ces procédés sont-ils un signe de barbarie? Sans doute, ils ne facilitent pas la tâche de l'archéologie contemporaine. Pourtant, si l'art musulman fondait, comme le nôtre, tous les éléments dans un ensemble, il aurait détruit un plus grand nombre d'antiquités. On raconte que, dans une ville de l'Algérie, le génie militaire fit moudre, pour fabriquer du ciment, toute une collection d'inscriptions antiques : allez donc blâmer les Arabes d'avoir méconnu la civilisation romaine! Encastrées dans les murs, les inscriptions sont lisibles : allez lire celles que le génie a broyées! Pourtant les Arabes n'étaient pas sensibles aux beautés de l'épigraphie; ils ne pouvaient pas non plus apprécier le sens de l'art antique. A leur arrivée, Carthage était en ruines : l'économie des monuments n'avait plus pour eux aucune signification : le plan leur en échappait. S'ils ont, comme à la Grande Mosquée de Kairouan, élevé une forêt épaisse de colonnes disparates, s'ils ont mis des chapiteaux corinthiens sur des fûts ioniens, s'ils ont osé corriger, avec des arabesques, les chapiteaux antiques, ce n'est pas faute de goût, c'est que leur goût était différent : ces colonnes, employées par eux, n'ont plus aucun style : ce sont des matériaux bruts que l'artiste peut utiliser à sa fantaisie. En « pillant » les ruines romaines, les Arabes n'outrageaient donc pas l'art antique : mais en face de cet art, ils affirmaient une esthétique peu soucieuse de l'unité de ses œuvres.

De même que les matériaux les outils de l'artiste sont les premiers venus. Les arabesques les plus délicates, les ruches de stalactites les plus fouillées sont faites au couteau. Pour exécuter les arcades en fer à cheval ou les coupoles des tombeaux, on n'emploie pas de gabarit. Aussi la variété de leurs formes est-elle infinie, moins par la volonté de l'artiste que par l'imperfection du métier : les unes sont pointues comme des poires et les autres rondes comme des pommes ; les unes sont régulières tandis que d'autres ressemblent à un ballon dégonflé ; les unes sont aplaties au pôle et les autres à l'équateur. En musique, les instruments sont aussi rudimentaires : la caisse sonore du violon est une écaille de tortue ; la flûte est un roseau ; le tambour, simple peau tendue sur un pot sans fond ou sur un cylindre de bois, n'a pas souvent de baguettes[1]. L'imperfection de ces outils explique pourquoi les œuvres de l'art musulman manquent toujours de fini : ce n'est pas que l'artiste soit maladroit ou sans goût, c'est qu'il doit consacrer toute son ingéniosité à lutter contre les défauts de son outil. Et ces défauts s'expliquent à leur tour par cet amour du passé et cette insouciance de l'avenir qui arrêtent tout progrès.

*
* *

L'idéal de l'artiste dépend de sa méthode : incapable

1. Les autres instruments de musique arabe sont d'importation turque ou européenne.

de prédéterminer son œuvre, il ne peut représenter qu'un objet : l'indéterminé ou l'infini.

La méthode inverse, chez les Européens, disciples des Grecs, impose un idéal tout opposé. Notre intelligence travaille en vue d'une fin : aussi l'objet de notre art est-il le fini, ce qui révèle un plan : le monde vivant, règne de la finalité, nous fournit nos modèles. S'il est un infini que nous désirions exprimer, c'est l'infini qu'on traduit, dans les arts plastiques, par le sourire ou la sérénité d'un visage, c'est l'infini de l'émotion et de la pensée. L'Arabe, dont la pensée rêve sans idée directrice, n'a pas pour l'harmonie un goût si décidé. L'infini qui lui plaît, c'est l'infini de l'étendue homogène, c'est la voûte infinie du ciel, c'est l'espace infini du désert. L'objet que l'Arabe veut symboliser dans son art, c'est l'infini qu'on obtient en ajoutant sans cesse une étendue à une étendue : comme pour la représenter il est inutile de faire un plan préalable, cet objet est adéquat à la méthode de l'artiste.

Amoureux de l'infini, l'artiste arabe ignore ou dédaigne la nature et la vie. Ce caractère est bien connu : on l'a même exagéré. La vie n'est pas tout à fait absente des œuvres arabes. La figure humaine est représentée dans beaucoup de tapisseries, sur des verreries et des boiseries arabes ; Makrisi [1] décrit, dans un palais, les statues du souverain et de ses femmes. Les animaux, de même, sont reproduits : on trouve des chasses sur des tapisseries et sur des boiseries sculptées ; il existe aussi des statues de griffons. Néan-

1. Makrisi, cité par Gayet, l'*Art arabe*, p. 53.

moins, les figures animées sont des exceptions dans l'art arabe ; et même elles ne sont jamais reproduites que sous des formes schématiques. Les fleurs et les plantes sont réduites en courbes et en polygones ; les animaux ne sont que des polygones plus compliqués et plus irréguliers ; l'homme même devient une figure géométrique. Les griffons des tapisseries sont campés dans des attitudes hiératiques qui raidissent les membres et en soumettent les sinuosités à des formules mathématiques. Dans l'être vivant, l'artiste arabe ne voit qu'un fragment abstrait de l'étendue infinie.

Ce dédain de la réalité vivante est d'autant plus étrange que la nature est belle, aux pays des Arabes, et que les hommes y sont beaux. Au lieu de relever les colonnes antiques, les Arabes n'auraient-ils pu s'inspirer des arbres élégants qu'ils avaient sous les yeux ? Le palmier est élancé, et le bouquet de feuilles qui surmonte sa tige suggère l'idée d'un riche chapiteau. Aussi le palmier avait-il joué son rôle dans l'architecture antique. Dans la cour du Séminaire, à Carthage, on voit, parmi les plus beaux débris de la cité romaine, un cheval sur un palmier. Les Arabes n'ont pas repris cette tradition. De même, la grâce et la dignité sont répandues sur le corps de l'Arabe ; ses mouvements sont pleins d'aisance et de noblesse ; les gens du peuple même, par leurs attitudes, excitent notre admiration. Comment les artistes n'ont-ils pas tenté de reproduire ces beautés de leur race et de leur pays?

L'opinion générale accuse la religion de cette lacune de l'art arabe. Mais la religion est innocente : un seul verset du Coran défend l'adoration des images ; aucun n'en interdit la fabrication. La preuve, c'est que les khalifes, les fidèles successeurs du Prophète, firent frapper des monnaies à leur propre effigie. La religion n'eut donc sur l'art aucune influence. — Une opinion plus ingénieuse[1] veut que le spiritualisme ait inspiré aux Musulmans de l'horreur pour le « matérialisme » hellénique. Mais en quel sens les Arabes seraient-ils plus spiritualistes que les Grecs ? Leurs mœurs ne prouvent pas qu'ils aient un tel dédain des beautés matérielles. Sans doute leurs mœurs peuvent avoir contribué à les éloigner de la nature vivante : si la femme ne doit pas paraître à des yeux étrangers, comment reproduire ses traits ? et comment peindre la figure humaine sans peindre la figure féminine ? Conçoit-on la statuaire grecque sans Aphrodite ou sans Athénè? Mais ce n'est pas un excès de spiritualisme, c'est un excès de jalousie sensuelle qui interdit, en ce cas, l'imitation de la nature. — Cette cause elle-même n'est qu'accessoire. Si les Arabes ne reproduisent pas la nature vivante, ce n'est pas qu'ils la dédaignent, c'est qu'ils sont attirés, par l'orientation de leur âme, vers d'autres sujets. Dans le moule de leur esprit, dirait-on volontiers, toute matière ne peut pas être coulée ; les êtres vivants, tous les objets qui présentent de la finalité refusent de se laisser modeler par l'esprit arabe : incapable de prévoir, cet esprit est incapable d'organiser des éléments en vue d'une fin préconçue ; il est incapable de reproduire le plan d'un être orga-

1. Théorie de M. Gayet dans l'*Art arabe*.

nisé : c'est donc le trait caractéristique de l'âme qui explique les procédés et l'idéal de l'art arabe.

*
* *

Le Juif tunisien n'est pas artiste. Cette population malheureuse et inquiète de l'avenir n'a jamais eu le loisir de se donner une culture désintéressée. Les plus riches d'entre eux sont préoccupés par les « affaires ». En outre, jusqu'à une époque récente, il leur était impossible d'encourager les arts par des libéralités qui auraient signalé leur fortune au fisc avide des Musulmans. Or, ce n'est pas la richesse, c'est l'ostentation de la richesse qui, dans certains cas, stimule l'activité des artistes. Si la sculpture a prospéré, parmi les Arabes, c'est grâce à la vanité de certains hommes d'État. Les Juifs n'ont pas eu la même fortune : ils n'ont pas d'art.

Pourtant, les musiciens tunisiens sont presque tous des Juifs. Mais cette musique n'est pas un art : c'est une industrie. Les musiciens en ont conscience : comme les industriels, ils forment une corporation ; ils ont l'avantage d'être présidés par un *amine* israélite. Celui-ci, soit personnellement, soit par ses agents, recueille toutes les recettes de la corporation, et, après avoir payé l'impôt au gouvernement, il répartit entre tous les membres de l'association les bénéfices nets. La corporation comprend quelques Arabes : à quel degré de bassesse sont-ils descendus pour consentir à se mêler à des Juifs qu'ils méprisent, pour se soumettre à un amine israélite? Sur leur visage glabre on lit des mœurs inquiétantes. Parmi les Israélites, les plus intéressants — et ce ne sont pas les moins nombreux — sont les aveugles aux yeux blancs, aux paupières papillotantes : eux seuls peuvent pénétrer dans les maisons arabes et régaler de leur musique baroque les belles Musulmanes invisibles. Dans tous les pays du monde on naît musicien quand on naît aveugle ; mais il fut un temps, à Tunis, où l'on fabriquait des aveugles pour avoir des musiciens. — A l'industrie des musiciens est liée l'industrie des danseuses. Celles-ci sont bien connues maintenant des Européens : et l'on sait que leur art, comme celui des musiciens, n'est qu'un métier, le plus triste des métiers.

Les Israélites exécutent les chansons inventées par les Arabes. Mais cette exécution est défectueuse. Les musiciens jouent de mémoire et altèrent les morceaux. Au milieu de sons monotones mais harmonieux, des dissonances éclatent : est-ce que l'oreille israélite aurait d'autres habitudes que la nôtre? Je crois tout simplement, avec Maltzan [1], que les musiciens jouent faux : puis ils s'habituent à jouer faux, et leurs fausses notes restent dans la tradition. Leur rythme est aussi étrange que leurs sons : l'allure se ralentit ou s'accélère sans qu'on en devine la raison. Enfin, le musicien israélite paraît aimer le bruit plus que la musique. Au cours d'une mélopée arabe, une clarinette juive entonne tout à coup le *Chant du Départ* ou un air d'opéra italien. Au moment où j'entrais dans une maison juive, pendant les fêtes d'un lendemain de

1. *Reise*..., t. I, p. 251 et suiv.

noce, un violoniste, pris du désir soudain de m'être agréable, esquissa les premières mesures de la *Marseillaise,* tandis que flûtes et tambourins continuaient sur le rythme de l'air arabe : on juge de ma stupéfaction ; mais les musiciens n'en concevaient aucune émotion : aucun sourire ne plissait leurs lèvres promptes pourtant à la raillerie. C'est qu'ils ne comprennent pas mieux la beauté des sons que la beauté plastique : ils ne demandent pas à la femme d'être belle, mais bonne, c'est-à-dire utile ; ils ne demandent pas à la musique d'être belle, mais plaisante et lucrative. Les Israélites tunisiens calculent trop pour goûter l'art pur.

Peut-être cependant ont-ils possédé, peut-être possèdent-ils encore une littérature. Voici comment cette hypothèse m'a été suggérée. On lit dans Maltzan [1] que les Israélites tunisiens ont conservé de la rancune contre les Turcs et les Espagnols : ils ajouteraient à leurs prières, selon l'auteur, des imprécations contre « Kedar et Edom », mots qui désigneraient ces peuples. Des rabbins m'ont déclaré que le fait est inexact. Mais, ont-ils ajouté, l'auteur peut avoir lu un pamphlet contenant ces malédictions. Les Israélites tunisiens ont donc connu le pamphlet ? L'hypothèse n'a rien d'invraisemblable. Soumis à une autorité parfois cruelle, ils ne pouvaient publier leurs œuvres ; ils purent donc chercher dans la littérature clandestine un déversoir à leur bile. L'Israélite tunisien aime l'ironie ; il raille volontiers ses amis : à plus forte raison a-t-il pu cou-

1. *Reise* .., t. I, p. 71.

vrir de sarcasmes ses ennemis. Mais l'hypothèse n'est pas vérifiée, et l'on avouera qu'il ne suffit pas de l'imaginer pour décerner aux Juifs tunisiens des qualités littéraires ou artistiques.

*
* *

Quel sera le sort de l'art musulman? Est-il condamné à disparaître ? ou pourra-t-il se transformer ? Depuis longtemps, la production est arrêtée : déjà Kheïr-ed-Dine fut obligé de faire venir du Maroc l'artiste qui sculpta les arabesques de son palais. L'art européen, par la faute des souverains musulmans, a toujours fait concurrence à l'art indigène : les marbres sculptés du palais du Bardo sont l'œuvre des esclaves chrétiens [1] : des Musulmans n'auraient sculpté ni les fleurs ni les cornes d'abondance qu'on remarque dans ce palais. Mais peu lui importe le nombre de ses clients : l'art arabe ne se transforme pas. Au contraire, il modifie notre art : nous adoptons, à Tunis, l'arc en fer à cheval, la colonnette, la terrasse, la coupole et la cour intérieure ; nous construisons des monuments d'un style hybride, comme tant de maisons du quartier européen et comme ce bâtiment militaire du boulevard Bab Menara dont le rez-de-chaussée est de goût européen, tandis que les étages sont de goût arabe. Souvent, il nous est arrivé, en imitant la maison arabe, de la retourner comme un gant : les Musulmans réservent pour leur cour intérieure les colonnes et les arcades :

1. V. Pavy, *Histoire de la Tunisie*, p 341.

nous en garnissons nos façades. L'influence musulmane a donc créé un style nouveau qui hésite encore entre les vieilles habitudes européennes et l'imitation de certains motifs arabes : il serait temps de choisir, car les édifices bâtards qu'on a construits jusqu'à une époque récente n'ont rien de satisfaisant pour l'esprit. C'est à ces détails que se borne le rapprochement des deux arts. Ils pourraient cependant s'unir sans se confondre : ils répondent à des aspirations si différentes de l'esprit humain qu'ils se sont longtemps ignorés. Mais ils ne sont pas destinés à se combattre. Nos arts plastiques sont faits pour la publicité; mais nous n'avons pas d'art intime ; notre peinture même est rarement décorative : les tableaux que nous accrochons à nos murs ne sont pas faits pour cet usage : ils ne s'y adaptent que par convention. Au contraire, l'art arabe est fait pour l'intimité : les arabesques, les sculptures sur bois et sur pierre sont destinés à la décoration des murailles, des meubles, des panneaux. L'art musulman nous a trop souvent inspiré des constructions qui ressemblent à des hammams plus qu'à des palais arabes ; ce qu'il doit nous enseigner ce sont ses propriétés essentielles, la décoration et l'ornementation. La fusion de deux esthétiques n'est pas souhaitable ; la destruction de l'une d'elles serait regrettable : mais en attribuant sa place à chacune, on peut les conserver toutes deux : or, nous avons le devoir de conserver l'art arabe.

CONCLUSION

I. *Le passé.* — Pourquoi les trois civilisations ont pu se juxtaposer : leur solidarité; leurs contrastes : lois de leur assimilation. — Compromis actuels des trois sociétés.
II. *L'avenir.* — La cité tunisienne se dissoudra-t-elle? — Inquiétudes. — L'alliance possible par l'éducation des caractères : éducation appropriée à l'esprit des Arabes et à l'esprit des Israélites.

L'étude des civilisations tunisiennes, de leurs contrastes et de leurs rapprochements nous permet de comprendre pourquoi les trois sociétés ont pu vivre côte à côte dans le passé, et de chercher si elles pourront continuer à vivre côte à côte dans l'avenir.

I.

Les contrastes des trois civilisations ont produit deux effets qui rendaient possible la vie commune. D'une part, ils ont produit une division du travail qui faisait des trois peuples des collaborateurs solidaires les uns des autres. D'autre part, les contrastes étaient si violents qu'on fit effort pour les atténuer : les trois civilisations ont signé de nombreux compromis.

Les trois sociétés se complètent mutuellement. L'une, par exemple, conserve le dépôt des richesses naturelles, la seconde produit des richesses artificielles, la troisième les fait circuler. L'économie politique des Juifs contredit ligne par ligne celle des Arabes, mais ce contraste même explique pourquoi les Arabes ne pouvaient pas se passer des Juifs, ni les Juifs des Arabes : peu commerçants, les Arabes avaient besoin du commerce israélite ; nullement agriculteurs, les Israélites avaient besoin du blé musulman. On croirait que c'est la fatalité qui, pendant des siècles, a accouplé ces deux peuples, dont les appétits mêmes sont contraires. Mais cette fatalité réside dans leurs âmes, puisque c'est l'orientation de leur esprit qui rend compte des différences de leur activité économique. Arabes et Israélites avaient également besoin des Européens : aucun de ces peuples n'a montré à Tunis un génie d'invention suffisant pour s'élever au-dessus de l'état de nature. Sans l'industrie européenne, le commerce israélite n'aurait pas eu de produits à livrer aux Musulmans. Aussi la prospérité des contrées musulmanes pouvait-elle se mesurer, dès le XVIIIe siècle, à la proximité des établissements juifs et chrétiens : Tabarka, le cap Nègre[1], Tunis, Sousse, en un mot les ports étaient seuls florissants parce qu'ils renfermaient seuls les trois éléments nécessaires à l'activité sociale.

Les contacts que leur impose cette collaboration font éclater aux yeux des Tunisiens les contrastes de

1. V. *Revue tunisienne*, oct. 1896, p. 605. — Mohamed Seghir ben Yousef, *Soixante ans d'histoire de la Tunisie*, trad. Serres et Lasram. — L'auteur remarque que la prise de Tabarka aux Gênois par Younès, fils d'Ali-Pacha, fut la ruine de toute la contrée depuis la Khroumirie jusqu'à Béja.

leurs coutumes et de leurs croyances. Or, toutes les fois que les hommes prennent conscience d'une contradiction, ils font effort pour la lever : de la claire connaissance de leur opposition résulte nécessairement le désir d'un rapprochement. Il est intolérable pour l'esprit d'admettre que deux hommes, également hommes, n'aient pas sur les mêmes objets les mêmes croyances et ne fassent pas dans les mêmes circonstances les mêmes actions. Pour éviter cette absurdité, chacun cherche soit à modifier les actions et les croyances d'autrui, soit à modifier ses propres idées et ses propres coutumes. Cette loi psychologique explique toutes les tentatives de rapprochement des Israélites et des Arabes, des Israélites, des Arabes et des Européens. Elle est le principe d'où se déduisent les lois sociologiques de l'assimilation.

Lorsqu'ils arrivent en Tunisie, les Arabes sont des Musulmans de fraîche date. Leurs croyances ne sont pas encore des routines intellectuelles : leur conscience est éclairée d'une vive lumière. Aussi veulent-ils tout islamiser. Après une longue lutte, ils imposent aux Berbères leurs pratiques et leur religion. Sans lutte, ils absorbent de la même manière, durant dix siècles, la plupart des Européens qui tombent en leur pouvoir. Ils voudraient suivre à l'égard des Israélites la même politique : ils convertissent en masse les Juifs d'Hammamet et de Kairouan[1]. On ne saurait manifester avec plus d'énergie le besoin d'unité qui tourmente l'âme humaine.

1 V. chapitre de la Religion.

Mais les Israélites forment des communautés assez compactes et assez unies pour résister à la force : bientôt les Musulmans se lassent et les deux parties se bornent à s'observer. Pourtant les Israélites, comme les Musulmans, désirent l'unité ; vont-ils tenter de convertir les Arabes au judaïsme : l'entreprise serait insensée. Ne voulant pas modifier leur âme et ne pouvant pas modifier celle des Musulmans, ils cherchent un compromis : à défaut de l'unité réelle, ils s'efforcent d'en créer l'apparence : ils ne veulent pas être, mais paraître identiques aux Arabes. Dans l'intérieur des maisons et des temples, Arabes et Juifs conservent des sentiments distincts ; mais dans la rue, pourquoi les Israélites ne ressembleraient-ils pas aux Arabes ? Ils se mirent donc à acheter les mêmes produits, à porter les mêmes vêtements, à habiter les mêmes maisons que les Arabes. Pour l'esprit, le conflit subsiste ; pour les sens il a disparu.

Cette assimilation extérieure a parfois été complète. Des tribus juives qui vivent au milieu des Arabes ont emprunté toutes leurs coutumes ; elles sont même devenues militaires : « Armés et vêtus comme les Arabes, dit Pellissier, ces Juifs montent à cheval comme eux et font au besoin la guerre comme eux... Ils ont même perdu cet accent nasillard qui presque partout caractérise leur race[1]. » De même, dans ces tribus, les femmes se voilent, portent les fardeaux, tandis que les hommes travaillent aux mêmes conditions que les Khamès musulmans. Tous ont oublié

1. Pellissier, *Description de la Régence de Tunis*, p. 186.

l'hébreu, et la polygamie est plus répandue chez eux que parmi les Israélites citadins. Bien que ces tribus s'affranchissent aujourd'hui des coutumes arabes[1], on peut encore noter l'influence profonde qu'elles ont subie : quand les Israélites ont été noyés au milieu des Musulmans, ils leur ont emprunté toutes leurs coutumes corporelles.

Mais à Tunis cette assimilation a rencontré des obstacles. Du jour où les Juifs refusèrent de s'islamiser, ils cessèrent, aux yeux des Arabes, de mériter le nom d'hommes. Dès lors il n'y avait plus à Tunis deux sociétés contradictoires, mais seulement une société humaine, celle des Musulmans, à côté de laquelle vivait une société parasite : les Juifs sont des « chiens » qu'on tolère dans la maison. L'unité existe : il n'y a plus d'efforts à tenter pour traiter tous les hommes de la même manière ; au contraire, il faut se distinguer des chiens sous peine de renoncer soi-même à la dignité d'hommes. A mesure que les Juifs tâchent de ressembler davantage aux Musulmans, ceux-ci tiennent davantage à maintenir les différences. Les Juifs veulent parler et écrire l'arabe : on tolère qu'ils parlent cette langue parce qu'on a besoin de les comprendre ; mais ils ne doivent pas l'écrire : pendant une période de l'histoire de la Tunisie, les Israélites durent créer un alphabet intermédiaire entre l'alphabet hébraïque, inutile dans les relations commerciales et l'alphabet arabe qui leur était interdit. — De même, les Juifs

1. Cazès, *Histoire des Israélites de Tunisie*, p. 29, note.

prennent le costume arabe. Mais les Arabes leur imposent certaines couleurs : les Juifs ne pourront pas porter la calotte rouge : elle sera noire pour les « Tunisiens », blanche pour les « Livournais ». Les Juifs ne pourront porter qu'un turban bleu ou noir ; de même le gris, le bleu et le noir sont les seules couleurs qu'ils puissent employer pour leurs vestes, leurs burnous et leurs chausses. Il est probable que des lois analogues auraient été édictées pour la nourriture si la religion israélite n'empêchait pas elle-même l'assimilation complète de la cuisine juive à la cuisine musulmane.

Persuadés que les Juifs sont d'une essence inférieure, les Musulmans ne pouvaient pas être justes envers les Juifs. On a souvent donné des preuves de ces injustices. Notons seulement quelques lois que le pur caprice a dictées. Comme on avait commencé à réglementer leurs actes pour les distinguer des Arabes, on finit par les réglementer pour le plaisir de les réglementer. C'est ainsi que, en 1823, on interdit aux Israélites de porter le chapeau rond qui, cependant, les distinguait des Musulmans. Enfin, les Arabes éprouvèrent le besoin de justifier par la religion leurs sentiments à l'égard des Juifs ; des légendes se créèrent pour charger les Israélites de toutes les impiétés : des Juifs auraient pillé, au IIe siècle de l'hégyre, une caravane destinée aux villes saintes. Les Juifs auraient falsifié les Écritures pour en supprimer le passage qui, selon les Musulmans, prédisait la venue du Prophète. Et j'ai souvent entendu des rabbins discuter sérieusement ce reproche.

Telle était la situation avant l'arrivée des Européens.

Les deux civilisations indigènes avaient d'abord cherché l'unité : les Arabes avaient voulu l'unité profonde, les Israélites l'unité apparente ; mais les Israélites avaient refusé la première et les Arabes refusaient la seconde. Toutes deux, ces sociétés avaient eu conscience de leur conflit, mais chacune avait voulu le résoudre à son profit, aucune ne consentait à modifier son âme. Aussi la vie sociale n'inspirait-elle aux uns que des craintes, aux autres que des haines ; elle ne reposait que sur des compromis.

L'arrivée des Européens suggérait l'idée d'une nouvelle solution : les deux civilisations indigènes, sans se fondre l'une dans l'autre, pouvaient s'accorder en imitant toutes deux le même modèle. On a vu comment Israélites et Musulmans sont, en effet, attirés par notre civilisation.

Les Israélites de toutes classes abandonnent d'abord leur langue ; puis, peu à peu, leurs coutumes : mobilier, vêtement, maison, nourriture ; enfin leurs mœurs : la monogamie devient pour eux la loi, l'idéal et la réalité ; leurs sentiments sociaux se développent ; même leurs idées religieuses commencent à se transformer. Est-ce à dire qu'ils n'aient plus de progrès à accomplir ? S'ils étaient identiques aux Européens, on ne s'expliquerait pas l'antipathie qu'ils inspirent à beaucoup d'Européens. Mais ils ont, en général, un défaut qui vient de la rapidité même de leur évolution. Le jeune Juif qui se civilise est en général un orgueilleux : il a conscience des progrès qu'il a accomplis et il en tire vanité. Sentiment très naturel, mais d'autant plus choquant pour les Européens que les progrès des Juifs leur paraissent plus superficiels. Le jeune Israélite qui sait ôter son chapeau et serrer la main qu'on lui tend prend des airs de gentilhomme : aussi est-on porté à lui reprocher vivement les nombreux délits qu'il commet contre le code des convenances. En outre, il ne reconnaît pas volontiers ses fautes et les répare moins volontiers. Il croit trop qu'il a droit aux faveurs et il ignore souvent la reconnaissance. Il est intrigant et aime à occuper le public de sa personnalité. A Tunis, le groupe de ces jeunes Israélites fats, moqueurs et prétentieux, est malheureusement trop nombreux ; ce n'est pas l'effet nécessaire, mais l'effet ordinaire d'une assimilation rapide et superficielle : quand ils seront mieux habitués à la civilisation européenne, ils la trouveront sans doute moins enivrante et ils perdront cet air vainqueur qui leur aliène des sympathies.

Les Arabes commencent à nous imiter, mais leur assimilation est moins rapide et moins universelle que celle des Israélites. Elle est moins universelle : toutes les classes de la population ne sont pas également attirées par les idées européennes : les hautes classes et les classes populaires, en contact plus direct avec nous, subissent notre influence, tandis que les classes moyennes savent s'y soustraire. Les princes, les grands personnages sont depuis longtemps en relations avec les consuls et avec les banquiers européens. D'autre part, les domestiques, les chaouchs, employés par des Européens, vivent de l'existence de leurs maîtres. Au contraire, les théologiens, les grands propriétaires, les industriels forment un monde où pénètre rarement l'Européen : c'est pourquoi ils sont plus fidèles aux coutumes arabes. Même dans les classes qui nous imitent, l'assimilation est moins rapide que celle des Israélites. Elle est entravée par la force de l'habitude. Les Musulmans ne veulent pas accepter purement et simplement nos usages : ils voudraient non pas s'européaniser mais islamiser nos coutumes. Aussi n'ont-ils emprunté aux Européens que les dehors de la civilisation : notre langage, le confort de nos maisons, les modes de nos tailleurs. Encore tiennent-ils à conserver leur propre langue, leurs meubles et une partie de leur costume. Des drames doivent se dérouler dans la conscience du jeune Musulman qui renonce à la robe paternelle : j'en ai vu qui, musulmans tièdes tant qu'ils portaient le costume indigène, ne se montraient plus sans égrener un chapelet dès qu'ils avaient adopté le pantalon et la jaquette. Comme s'ils voulaient prouver à leurs coreligionnaires ou se prouver à eux-mêmes que l'abandon d'une tradition n'entraînait pas la mort de tout le passé. Ou comme s'ils voulaient compenser leur infidélité à la tradition par un excès de zèle religieux.

Si les coutumes ne sont pas abandonnées sans hésitation, les croyances doivent victorieusement résister. Depuis cinquante ans, l'esclavage est aboli ; mais ce demi-siècle n'a pas suffi pour transformer l'opinion musulmane : il est impossible de démontrer à un Musulman éclairé l'immoralité de l'esclavage : comment serait immorale une pratique destinée à convertir les infidèles ? Tout ce qu'on peut obtenir, c'est l'aveu que les Musulmans ont souvent maintenu dans l'esclavage des nègres convertis ou des chrétiens capturés[1] : les maîtres ont souvent violé la loi islamique ; mais si l'esclavage a entraîné des abus, il n'est pas immoral quand il n'est qu'un moyen de propagande religieuse. — De même la polygamie disparaît : il ne subsiste qu'une polygamie, celle qui résulte des divorces et des mariages successifs. Mais combien d'Arabes sont persuadés que la polygamie est immorale ? — Enfin, si les sentiments sociaux se sont transformés, c'est au détriment des Européens. Tandis que la division régnait jadis parmi les Musulmans tunisiens, l'union s'est faite devant l'étranger. On entend bien encore certains jeunes gens se targuer de leur origine turque tandis que d'autres maudissent la domination ottomane : les uns prétendent que le pays du Commandeur des Croyants est le modèle des États ; les autres déclarent que « le mot Turc signifie destruction ». Mais ces souvenirs d'antiques haines deviennent rares. Si les Bédouins et les nègres sont encore méprisés, le temps des outrages est passé pour les descendants des Maures andalous comme pour les métis turco-arabes (kouroughlis). Si l'idée d'une nationalité musulmane n'est pas encore très nette dans l'esprit de la majorité, elle commence à paraître dans quelques cerveaux, et, en tous cas, l'union règne entre les divers éléments de la population musulmane. Quand on fait allusion devant des Arabes et des Turcs à leurs querelles d'autrefois, on reçoit cette réponse : « Nous avions tort, il y a de bonnes gens dans tous les peuples ! » Il est fâcheux

1. Selon le Coran, les « hommes des Écritures » (chrétiens et juifs) ne peuvent pas être réduits en esclavage.

qu'il faille rappeler à quelques-uns, même parmi ceux qui nous prodiguent les démonstrations d'amitié, que cette maxime entraîne la conséquence suivante : « Il y a de bonnes gens parmi les Français. »

Le besoin d'unité se manifeste donc à Tunis de plusieurs manières : les Juifs nous imitent sans restriction ; les Arabes nous imitent, mais sans hâte et avec l'intention plus ou moins consciente d'absorber nos coutumes et nos mœurs plutôt que d'être absorbés par notre civilisation. Nous cherchons à assimiler les deux éléments indigènes. De ces tendances il résulte qu'entre les types extrêmes des types moyens en nombre infini prennent naissance. C'est ce chaos de costumes, de maisons, d'idées et de sentiments qui donne à la ville actuelle son originalité pittoresque.

Combien l'architecture y compte-t-elle de styles ? Près du port, un essaim de guinguettes, en bois peint et découpé, des lignes de hangars et de docks ; au milieu d'étendues désertes dont le sol vient d'être conquis sur l'eau du lac de grandes voies rectilignes : c'est la ville future : il n'y manque que des maisons. Un peu plus loin, le quartier français étale ses larges avenues, mais les maisons, avec leurs façades postiches, leurs sculptures et leurs balcons moulés, leur badigeon à la colle, paraissent fragiles comme un décor. Les larges avenues sont courtes : nous voici, après avoir franchi la Porte de France, dans l'ancien « quartier franc » : ce sont des maisons italiennes, aux portes cintrées, aux façades bleu tendre ou jaune clair, aux volets verts. Mais les rues s'étrécissent, serpentent, se recroquevillent ; ici des boutiques en contre-bas s'ouvrent comme des caves sur la rue; là, des rubans de muraille blanche s'allongent, sans fenêtres ; ailleurs, la rue est voûtée et, dans l'obscurité, des gerbes de lumière tombent des soupiraux : nous sommes dans le quartier musulman. Et il y faudrait distinguer les vieilles maisons sans étage et sans fenêtre, les maisons andalouses avec les volutes gracieuses des grilles de leurs fenêtres, les maisons turques avec leurs balcons fermés, les maisons modernes que le maçon européen commence à altérer.

Les costumes sont plus variés que les maisons. Les Européens importent leurs modes nouvelles et leurs défroques antiques. Un châle sur les épaules, les Italiens flânent, et le feutre bossué du brigand classique couvre le chef des Siciliens. La cape noire des Maltaises auréole leur physionomie mystique et délicate. Une saie brune, d'étoffe raide, se drape sur les épaules du portefaix musulman. Les riches Arabes étalent des robes rouges à parements verts, des robes jaunes, beiges ou violettes. Les Musulmanes passent, toutes blanches dans leurs haïks, le visage voilé de noir. Voici des hommes qu'un œil novice prend pour des Arabes ; la coupe du costume est la même, mais les couleurs sont différentes : ce sont des Israélites, voués au noir ou au bleu sombre. Les Juives prennent des mines provocantes dans leurs culottes et leurs vestes de jeunes garçons ; les plus âgées se balancent dans leurs grands voiles blancs suspendus à leur mitre dorée. Et il faudrait décrire les uniformes sans nombre : ceux des généraux tunisiens, chamarrés d'or, ceux des soldats français, et l'habit rouge à bandes jaunes des musiciens beylicaux, et la haute toque noire qui emprisonne les cheveux nattés des popes grecs. Qui serait sûr de tout citer ?

Toutes les gammes de parfums comme toutes les gammes de couleurs. Depuis les puanteurs du quartier juif et la pestilence du lac jusqu'à l'encens des mendiants, jusqu'aux fines essences du souk, toutes les nuances sont représentées. Les Halles mêmes n'ont pas pu fournir aux narines de M. Zola des symphonies aussi complexes et aussi pénétrantes. Les cascades de victuailles internationales qu'on voit s'écrouler dans les boutiques envoient sans trêve dans les airs une odeur où l'orange se mêle aux épices et la senteur humide des légumes frais à l'aigreur de l'huile fermentée. Dans ce pays du soleil, le marchand de marrons, symbole de l'hiver, nous fait respirer les chauds effluves de son fourneau ; mais un goût de friture s'y joint : c'est que tout près, dans un sous-sol voûté, un petit vieux jette pêle-mêle dans l'huile bouillante des œufs, du foie et des piments, tandis qu'au plafond de la boutique voisine sont pendues, comme des linges mouillés, des nappes de fade macaroni. Les aveugles, si nombreux à Tunis, doivent être guidés par l'odorat.

Mais ces scènes pittoresques ne donnent pas seulement à la ville la saveur étrange que lui trouvent les touristes ; elle a pour le psychologue une saveur de même nature. Non seulement ces hommes n'ont pas le même style, la même mode et la même cuisine, non seulement ils n'ont pas pour nos yeux ou nos narines le même respect ou le même dédain, mais le nombre des morales y est aussi grand que le nombre des costumes, et celui qui lit dans les âmes se perd dans leur chaos comme le touriste se perd dans l'inextricable réseau des ruelles de la ville. Entre les trois civilisations, on a pris tant de moyens termes que la variété des coutumes et des mœurs est infinie : les contrastes échappent, atténués par toutes ces transitions. Elles dissimulent l'antagonisme radical des trois sociétés : c'est ce qui permet à la ville de subsister.

II.

Les compromis qui autorisent la rencontre des trois sociétés tunisiennes sont-ils durables? Quel est l'avenir de cette combinaison d'éléments disparates?

Beaucoup pensent que ce ménage à trois ne saurait avoir longue durée. — Les Israélites redoutent l'antisémitisme. Ils recueillent leurs frères algériens chassés par la crise actuelle, mais ils craignent d'autant plus une crise analogue qu'ils sont plus nombreux à Tunis que dans toute l'Algérie. Déjà les plus intelligents des Israélites tunisiens, blessés dans leur dignité par la défiance qu'ils rencontrent, songent à émigrer dans des pays plus libéraux. Pourtant l'antisémitisme n'est que latent à Tunis. Il peut grandir à mesure que les Européens trouveront dans les Israélites des concurrents plus dangereux. Si la division du travail a permis aux Israélites et aux Européens de vivre en bon accord, l'accord peut cesser le jour où les Israélites, tout en restant distincts des Européens, se livreront aux mêmes travaux et leur feront une guerre commerciale. Ainsi l'assimilation même des Israélites, loin de leur attirer la sympathie, excite contre eux la défiance.

Les Arabes sont aussi inquiets que les Israélites. Eux aussi, ils observent l'Algérie, et ils savent qu'Alger n'est plus une ville arabe. Bien que le protectorat prenne avec soin le contre-pied de la politique algérienne, les Musulmans craignent pour Tunis un sort semblable. Ils se plaignent d'être sacrifiés aux Juifs : l'égalité dont jouissent les Israélites leur paraît injuste : habitués à les traiter avec mépris, ils se croient déshonorés maintenant que les Juifs sont leurs égaux. En outre, ils se ruinent et ils accusent de leur ruine les Juifs leurs créanciers et les Français qu'ils croient les protecteurs des Juifs. Aussi quelques-uns — et non des moins importants — parlent-ils d'une exode au désert comme d'une éventualité acceptable.

Des Français accueilleraient avec joie ce départ. Certains pensent en effet que Musulmans et Israélites ne seront jamais complètement assimilés ; ils pensent que les uns et les autres, lorsqu'ils nous imitent, songent plutôt à nous emprunter des armes qu'ils retourneront contre nous qu'à adhérer de tout cœur à notre civilisation. Et ils concluent : notre société se suffit à elle-même : elle devra donc éliminer ces prétendus auxiliaires qui ne sont que des parasites ou des ennemis.

On soupçonne donc, de toutes parts, que les compromis actuels ne suffisent pas à assurer l'avenir. Ou bien les trois éléments devront se séparer, ou bien ils devront s'unir dans une alliance plus intime. Si la race ou la religion est le principe essentiel des sociétés, cette alliance est chimérique. Éternellement, les trois races et les trois religions creuseront un abîme entre Musulmans, Israélites et Chrétiens. Mais si la race et la religion ne sont que des principes dérivés, si elles dépendent du caractère des hommes, on peut entrevoir dans un avenir sans doute lointain le règne de la paix. — La paix ne sera absolue, disent les uns, que le jour où les races seront confondues : or, elles refusent de se mêler. — Mais les races ne pourront s'unir que le jour où l'idée de la famille sera modifiée dans les cervelles musulmanes et israélites : et cette notion ne se transformera que si les habitudes mentales s'orientent dans un sens nouveau. — La paix ne sera absolue, disent les autres, que le jour où les religions seront réconciliées : or, nous refusons d'agir sur les consciences. Et, en effet, nous tenons aux Arabes ce raisonnement bizarre : « Votre civilisation dépend tout entière de votre religion ; gardez votre religion mais prenez notre civilisation. » C'est comme si l'on disait : « Pour faire bouillir de l'eau, il faut la faire chauffer ; ne la faites pas chauffer, mais faites-la bouillir. » Si la religion est l'unique principe de cette société, notre « mission civilisatrice » est vaine et absurde. — Mais l'unanimité religieuse n'est pas la condition nécessaire de l'unanimité nationale. Il suffit que les religions soient tolérantes. Et la tolérance est une vertu qui s'enseigne et qui s'acquiert. Races et religions se transforment si les âmes sont transformées. La paix ne peut-elle pas venir de l'éducation des âmes ?

Si différentes qu'elles soient, les trois âmes sont des âmes humaines : elles contiennent les mêmes éléments : pour les transformer, il suffit de changer la formule qui a combiné ces éléments. La prévision est la « dominante » du caractère israélite, l'imprévoyance celle du caractère arabe : mais ces deux caractères s'opposent comme le léger s'oppose au pesant : ce sont deux degrés différents d'une même qualité : une âme absolument imprévoyante est aussi difficile à concevoir qu'un corps sans pesanteur. Est-il donc impossible de développer dans l'âme arabe le goût de l'avenir et de faire sentir aux Israélites la poésie du passé ?

Pour transformer ces âmes, il ne suffit pas d'instruire les enfants des deux peuples. Tant que les adultes eux-mêmes n'auront pas pris de nouvelles habitudes mentales, nos efforts pour modifier l'esprit de l'enfant seront vains : à la sortie de l'école, l'influence des aînés détruira notre œuvre. En outre, nous ne pouvons donner aux enfants qu'une science élémentaire et utilitaire : elle produit des vaniteux et demain produira des déclassés. Sans doute, il est indispensable d'enseigner aux jeunes indigènes la langue française et les notions théoriques ou pratiques qui peuvent améliorer leur destinée. Mais à cette éducation de la foule il faut joindre une éducation de l'élite. Ce qui donne à une civilisation son caractère, ce ne sont pas les croyances de la foule mais celles de l'élite. Les idées du peuple sont la menue monnaie des idées de quelques hommes : c'est à l'intelligence de ces hommes que nous devons nous adresser. Ce n'est pas à dire que l'enseignement supérieur soit l'unique salut et que le gouvernement doive s'empresser de fonder à Tunis une Université. On ne voit pas en quoi les Écoles supérieures d'Alger ont sauvé les Musulmans et les Israélites algériens. Mais l'élite des Musulmans et des Israélites tunisiens doit se convaincre que le vrai moyen d'entrer « dans la voie du progrès » ce n'est pas d'imiter nos modes et nos vices, c'est de se soumettre aux influences qui ont créé nos sociétés. C'est spontanément qu'ils doivent aspirer à prendre les habitudes mentales que nous avons depuis la Renaissance; c'est spontanément qu'ils doivent nous demander nos arts et nos sciences. L'aristocratie musulmane n'est pas encore ruinée et l'aristocratie israélite s'enrichit: pourquoi n'envoient-elles pas leurs fils poursuivre en France des études désintéressées? D'autre part, l'administration s'occupe aujourd'hui des fontaines et des ponts: les Musulmans pieux n'ont plus à constituer de habous pour entretenir les travaux d'intérêt public; pourquoi ne consacreraient-ils pas leur fortune à favoriser l'éducation de leurs coreligionnaires? De même pourquoi les Israélites, qui savent si bien pratiquer l'assistance mutuelle, ne fonderaient-ils pas une société pour entretenir en France des étudiants intelligents? Ainsi pourrait se préparer l'éducation des peuples par l'éducation de l'élite.

Les Israélites et les Musulmans ne devraient pas se livrer aux mêmes études. Les Arabes ont déjà subi l'influence antique: aussi ont-ils du goût pour les lettres; mais ils ont besoin d'une éducation scientifique. Les Israélites, au contraire, aiment les sciences appliquées mais n'ont guère de goût pour les arts:

c'est cependant une culture littéraire qu'ils devraient rechercher. — L'histoire critique et la science expérimentale seraient pour les Arabes d'excellentes disciplines. L'étude critique de l'histoire leur apprendrait à douter du passé : ils verraient que le passé n'est guère plus connu que l'avenir : ce qu'ils vénèrent sous la forme du vieux n'est souvent que du neuf déguisé. Ils verraient combien il est difficile de se fier à des traditions orales et combien de précautions sont nécessaires pour ajouter foi à un texte. Quelle est la valeur d'un ouvrage dont les fragments ont été réunis, de mémoire, après la mort de l'auteur, par un secrétaire et des amis ? Quelle est la portée d'un commentaire écrit cent ans après le livre qu'il commente ? Peut-on regarder comme authentiques des paroles écrites pour la première fois deux cent cinquante-six ans après la mort de celui qui les a prononcées ? La réponse à ces questions est d'un grand intérêt pour les Musulmans[1] : seule la critique historique peut la donner. En leur montrant que la mémoire des hommes est fragile et qu'une idée s'altère nécessairement en passant de bouche en bouche, elle les amènerait à concevoir que la tradition n'est pas toujours respectable : elle leur ferait perdre l'amour superstitieux du passé. — La critique historique déblaierait les routines mais ne donnerait pas de qualité positive : l'esprit serait purgé, mais non réformé. Pour donner aux Arabes le goût de l'avenir, il ne suffirait pas de montrer que le

1. Le Coran n'a été édité qu'après la mort de Mahomet ; la Tradition n'a été fixée qu'un siècle plus tard et les Entretiens du Prophète ont été réunis 256 ans après cette mort.

passé est difficile à connaître, mais il faudrait surtout prouver que l'avenir ne nous est pas absolument fermé. C'est l'étude des sciences expérimentales qui fournirait cette preuve. Savoir, pour les Arabes, c'est se rappeler ; « savoir » pour les savants modernes, « c'est prévoir. » Ce n'est pas qu'il faille leur apprendre à « pourvoir » : les applications utilitaires leur seront trop tôt suggérées. Mais les sciences comme l'astronomie, la météorologie, la physique générale n'offriraient pas ce danger. La science musulmane s'en tient à Aristote : il faut lui faire connaître Descartes. Le jour où le *Discours de la Méthode* serait compris et admiré d'une élite de jeunes Tunisiens, nous aurions donné à l'âme arabe plus de qualités nouvelles qu'en apprenant l'histoire des rois de France à cent mille enfants musulmans. — De leur côté les Israélites devraient prendre à tâche d'acquérir quelque goût littéraire ou artistique : s'ils n'empruntent à notre civilisation que ses institutions économiques, c'est qu'ils ont été soustraits aux deux grandes influences qui ont formé l'âme européenne : la science pure et les lettres antiques. Ce sont les lettrés et les savants qui ont été nos éducateurs : pourquoi les Arabes et les Israélites tunisiens, à l'école des mêmes maîtres, n'acquerraient-ils pas les mêmes qualités ?

Sans doute, ce n'est pas en vingt ou trente ans que des habitudes nouvelles peuvent transformer l'âme des peuples. Mais pourquoi désespérer ? Est-ce en vingt ou trente ans que Gaulois, Romains et Germains se sont fondus pour former notre nation ? Est-ce en vingt ou trente ans que la civilisation moderne s'est fondée en Europe ? En dépit de leurs contrastes, les trois peuples tunisiens pourront remplacer leurs compromis et leurs malentendus par une alliance durable. D'ailleurs, unanimité ne signifie pas uniformité : sans perdre tous leurs traits distinctifs ils pourront, en élargissant leur esprit, s'associer pour longtemps dans l'enceinte de la cité tunisienne.

FIN.

TABLE DES MATIÈRES

CHARTRES. — IMPRIMERIE DURAND, RUE FULBERT.

27. WURTZ. **La théorie atomique**, 6e édition.
28-29. SECCHI (Le Père). **Les étoiles**, 3e édition, illustré.
30. N. JOLY. **L'homme avant les métaux**, 4e édit., illustré.
31. A. BAIN. **La science de l'éducation**, 8e édition.
32-33. THURSTON. **Histoire de la machine à vapeur**. 3e éd.
34. R. HARTMANN. **Les peuples de l'Afrique**, 2e édit., illustré.
35. HERBERT SPENCER. **Les bases de la morale évolutionniste**, 5e édition.
36. TH.-H. HUXLEY. **L'écrevisse**, introduction à l'étude de la zoologie, 2e édition, illustré.
37. DE ROBERTY. **La sociologie**, 3e édition.
38. O.-N. ROOD. **Théorie scientifique des couleurs et leurs applications à l'art et à l'industrie**, 2e édition, illustré.
39. DE SAPORTA et MARION. **L'évolution du règne végétal.** *Les cryptogames*, illustré.
40-41. CHARLTON-BASTIAN. **Le système nerveux et la pensée**. 2e édition. 2 vol. illustrés.
42. JAMES SULLY. **Les illusions des sens et de l'esprit**, 2e éd., ill.
43. YOUNG. **Le Soleil**, illustré.
44. A. DE CANDOLLE. **Origine des plantes cultivées**, 4e édit.
45-46. J. LUBBOCK. **Les Fourmis, les Abeilles et les Guêpes.** 2 vol. illustrés.
47. ED. PERRIER. **La philos. zoologique avant Darwin**, 3e éd.
48. STALLO. **La matière et la physique moderne**, 2e édition.
49. MANTEGAZZA. **La physionomie et l'expression des sentiments**, 3e édit., illustré.
50. DE MEYER. **Les organes de la parole**, illustré.
51. DE LANESSAN. **Introduction à la botanique.** *Le sapin*. 3e édit., illustré.
52-53. DE SAPORTA et MARION. **L'évolution du règne végétal.** *Les phanérogames*. 2 volumes illustrés.
54. TROUESSART. **Les microbes, les ferments et les moisissures**, 2e éd., illustré.
55. HARTMANN. **Les singes anthropoïdes**, illustré.
56. SCHMIDT. **Les mammifères dans leurs rapports avec leurs ancêtres géologiques**, illustré.
57. BINET et FÉRÉ. **Le magnétisme animal**, 4e éd., illustré.
58-59. ROMANES. **L'intelligence des animaux**. 2 vol., 2e éd.
60. F. LAGRANGE. **Physiologie des exercices du corps**. 7e éd.
61. DREYFUS. **L'évolution des mondes et des sociétés**. 3e éd.
62. DAUBRÉE. **Les régions invisibles du globe et des espaces célestes**, illustré, 2e édition.
63-64. SIR JOHN LUBBOCK. **L'homme préhistorique**. 4e édition, 2 volumes illustrés.
65. RICHET (Ch.). **La chaleur animale**, illustré.
66. FALSAN. **La période glaciaire**, illustré.
67. BEAUNIS. **Les sensations internes**.
68. CARTAILHAC. **La France préhistorique**, illustré. 2e éd.
69. BERTHELOT. **La révolution chimique, Lavoisier**, illustré.
70. SIR JOHN LUBBOCK. **Les sens et l'instinct chez les animaux**, illustré.
71. STARCKE. **La famille primitive**.

72. ARLOING. **Les virus**, illustré.
73. TOPINARD. **L'homme dans la nature**, illustré.
74. BINET. **Les altérations de la personnalité.**
75. A. DE QUATREFAGES. **Darwin et ses précurseurs français.** 2e éd.
76. LEFEVRE. **Les races et les langues.**
77-78. A. DE QUATREFAGES. **Les émules de Darwin.** 2 vol.
79. BRUNACHE. **Le centre de l'Afrique, autour du Tchad**, illustré.
80. A. ANGOT. **Les aurores polaires**, illustré.
81. JACCARD. **Le pétrole, l'asphalte et le bitume**, illustré.
82. STANISLAS MEUNIER. **La géologie comparée**, illustré.
83. LE DANTEC. **Théorie nouvelle de la vie**, illustré.
84. DE LANESSAN. **Principes de colonisation.**
85. DEMOOR, MASSART et VANDERVELDE. **L'évolution régressive en biologie et en sociologie**, illustré.
86. G. DE MORTILLET. **Formation de la nation française**, illustré.

COLLECTION MÉDICALE

ÉLÉGANTS VOLUMES IN-12, CARTONNÉS A L'ANGLAISE, A 4 ET A 3 FRANCS

Le Phtisique et son traitement hygiénique, par le Dr E.-P. LÉON-PETIT, médecin de l'hôpital d'Ormesson, avec 20 gravures. 4 fr.

Hygiène de l'alimentation dans l'état de santé et de maladie, par le Dr J. LAUMONIER, avec gravures. 4 fr.

L'alimentation des nouveau-nés, *Hygiène de l'allaitement artificiel*, par le Dr S. ICARD, avec 60 gravures, 2e édit. 4 fr.

La mort réelle et la mort apparente, nouveaux procédés de diagnostic et traitement de la mort apparente, par le Dr S. ICARD, avec gravures. 4 fr.

L'hygiène sexuelle et ses conséquences morales, par le Dr S. RIBBING, professeur à l'Université de Lund (Suède). 4 fr.

Hygiène de l'exercice chez les enfants et les jeunes gens, par le Dr F. LAGRANGE, lauréat de l'Institut. 4e édit. 4 fr.

De l'exercice chez les adultes, par le Dr F. LAGRANGE. 2e édition. 4 fr.

Hygiène des gens nerveux, par le Dr LEVILLAIN. 3e édition avec gravures. 4 fr.

L'idiotie. *Psychologie et éducation de l'idiot*, par le Dr J. VOISIN, médecin de la Salpêtrière, avec gravures. 4 fr.

La famille névropathique, *Hérédité, prédisposition morbide, dégénérescence*, par le Dr CH. FÉRÉ, médecin de Bicêtre, avec gravures. 4 fr.

L'éducation physique de la jeunesse, par A. MOSSO, professeur à l'Université de Turin. Préface de M. le Commandant Legros. 4 fr

Manuel de percussion et d'auscultation, par le Dr P. Simon, professeur à la Faculté de médecine de Nancy, avec grav. 4 fr.

Éléments d'anatomie et de physiologie génitales et obstétricales, par le Dr A. Pozzi, professeur à l'école de médecine de Reims, avec 219 gravures. 4 fr.

Manuel théorique et pratique d'accouchements, par le Dr A. Pozzi, avec 138 gravures. 4 fr.

Le traitement des aliénés dans les familles, par le Dr Féré, médecin de Bicêtre. 2e édition. 3 fr.

Petit manuel d'antisepsie et d'asepsie chirurgicales, par les Drs Félix Terrier, professeur à la Faculté de médecine de Paris, membre de l'Académie de médecine, et M. Péraire, ancien interne des hôpitaux, assistant de consultation chirurgicale à l'hôpital Bichat, avec gravures. 3 fr.

Petit manuel d'anesthésie chirurgicale, par les mêmes, avec 37 gravures. fr

L'opération du trépan, par les mêmes, avec 222 grav. 4 fr.

Chirurgie de la face, par les Drs Félix Terrier, Guillemain et Malherbe, anciens internes des hôpitaux, avec gravures. 4 fr.

Morphinisme et Morphinomanie, par le Dr Paul Rodet. 4 fr.

La fatigue et l'entraînement physique, par le Dr Ph. Tissié, avec gravures. 4 fr.

Manuel d'hydrothérapie, par le Dr Macario. 3 fr.

MÉDECINE

Extrait du catalogue, par ordre de spécialités.

A. — Pathologie et thérapeutique médicales.

AXENFELD et HUCHARD. **Traité des névroses.** 2e édition, par Henri Huchard. 1 fort vol. gr. in-8. 20 fr.

BARTELS. **Les maladies des reins,** avec notes de M. le prof. Lépine. 1 vol. in-8, avec fig. 7 fr. 50

BOUCHARDAT. **De la glycosurie ou diabète sucré,** son traitement hygiénique, 2e édition. 1 vol. grand in-8, suivi de notes et documents sur la nature et le traitement de la goutte, la gravelle urique, sur l'oligurie, le diabète insipide avec excès d'urée, l'hippurie, la pimélorrhée, etc. 15 fr.

BOUCHUT et DESPRÉS. **Dictionnaire de médecine et de thérapeutique médicales et chirurgicales,** comprenant le résumé de la médecine et de la chirurgie, les indications thérapeutiques de chaque maladie, la médecine opératoire, les accouchements, l'oculistique, l'odontotechnie, les maladies d'oreilles, l'électrisation, la matière médicale, les eaux minérales, et un formulaire spécial pour chaque maladie. 6e édition, 1895, très augmentée. 1 vol. in-4, avec 1001 fig. dans le texte et 3 cartes. Br. 25 fr.; relié. 30 fr.

CORNIL ET BABES. **Les bactéries et leur rôle dans l'anatomie et l'histologie pathologiques des maladies infectieuses.** 2 vol. in-8, avec 350 fig dans le texte en noir et en couleurs et 12 pl. hors texte, 3e éd. entièrement refondue, 1890. 40 fr.

DAVID. **Les microbes de la bouche.** 1 vol. in-8 avec gravures en noir et en couleurs dans le texte. 10 fr.

DÉJERINE-KLUMPKE (Mme). **Des polynévrites et des paralysies et atrophies saturnines.** 1 vol. in-8. 1889. 6 fr.

DESPRES. **Traité théorique et pratique de la syphilis,** ou infection purulente syphilitique. 1 vol. in-8. 7 fr.

DUCKWORTH (Sir Dyce). **La goutte,** son traitement. Trad. de l'anglais par le Dr RODET. 1 vol. gr. in-8 avec gr. dans le texte. 10 fr.

DURAND-FARDEL. **Traité des eaux minérales** de la France et de l'étranger, et de leur emploi dans les maladies chroniques, 3e édition. 1 vol. in-8. 10 fr.

FÉRÉ (Ch.). **Les épilepsies et les épileptiques.** 1 vol. gr. in-8 avec 12 planches hors texte et 67 grav. dans le texte. 1890. 20 fr.

FÉRÉ (Ch.). **La pathologie des émotions.** 1 vol. in-8. 1893. 12 fr.

FINGER (E.). **La blennorrhagie et ses complications.** 1 vol. gr. in-8 avec 36 grav. et 7 pl. hors texte. Traduit de l'allemand par le docteur HOGGE. 1894. 12 fr.

FINGER (E.). **La syphilis et les maladies vénériennes,** trad. de l'all. avec notes par les Drs SPILLMANN et DOYON. 1 vol. in-8, avec 5 planches hors texte. 1895. 12 fr.

FLEURY (Maurice de). **Introduction à la médecine de l'esprit,** 1 volume in-8. 1897. 7 fr. 50

HERARD, CORNIL ET HANOT. **De la phtisie pulmonaire,** 1 vol. in-8, avec fig. dans le texte et pl. coloriées. 2e éd. 20 fr.

ICARD (S.). **La femme pendant la période menstruelle.** Étude de psychologie morbide et de médecine légale. In-8. 6 fr.

LANCEREAUX. **Traité historique et pratique de la syphilis.** 2e édit. 1 vol. gr. in-8, avec fig. et planches color. 17 fr.

MARVAUD (A.). **Les maladies du soldat,** étude étiologique, épidémiologique et prophylactique. 1 vol. grand in-8. 1894. 20 fr.

Ouvrage couronné par l'Académie des sciences.

MAUDSLEY. **La pathologie de l'esprit.** 1 vol. in-8. 10 fr.

MURCHISON. **De la fièvre typhoïde.** In-8, avec figures dans le texte et planches hors texte. 3 fr.

NIEMEYER. **Eléments de pathologie interne et de thérapeutique,** traduit de l'allemand, annoté par M. CORNIL. 3e édit. franç., augmentée de notes nouvelles. 2 vol. in-8. 4 fr. 50

ONIMUS ET LEGROS. **Traité d'électricité médicale.** 1 fort vol. in-8, avec 275 figures dans le texte. 2e édition. 17 fr.

RILLIET ET BARTHEZ. **Traité clinique et pratique des maladies des enfants.** 3e édit., refondue et augmentée par BARTHEZ et A. SANNÉ. Tome I, 1 fort vol. gr. in-8. 16 fr.

Tome II, 1 fort vol. gr. in-8. 14 fr.

Tome III terminant l'ouvrage, 1 fort vol. gr. in-8. 25 fr.

SÉE (M.). **Le Gonocoque**, 1 vol. in-8. 1896. 10 fr.

SOLLIER (Paul). **Genèse et nature de l'hystérie**, 2 forts vol. in-8. 1897. 20 fr.

TAYLOR. **Traité de médecine légale**, traduit sur la 7e édition anglaise, par le Dr Henri Coutagne. 1 vol. gr. in-8. 4 fr. 50

VOISIN (J.). **L'épilepsie**, 1 vol. in-8. 1896. 6 fr.

B. — Pathologie et thérapeutique chirurgicales.

ANGER (Benjamin). **Traité iconographique des fractures et luxations**. 1 fort volume in-4, avec 100 planches coloriées, et 127 gravures dans le texte. 2e tirage. Relié. 150 fr.

BILLROTH ET WINIWARTER. **Traité de pathologie et de clinique chirurgicales générales**, 2e édit. d'après la 10e édit. allemande. 1 fort vol. gr. in-8, avec 180 fig. 20 fr.

Congrès français de chirurgie. Mémoires et discussions, publiés par MM. Pozzi, secrétaire général, et Picqué, secrétaire général adjoint.

1re, 2e et 3e sessions : 1885, 1886, 1888, 3 forts vol. gr. in-8, avec fig., chacun, 14 fr. — 4e session : 1889, 1 fort vol. gr. in-8, avec fig., 16 fr. — 5e session : 1891, 1 fort vol. gr. in-8, avec fig., 14 fr. — 6e session : 1892, 1 fort vol. gr. in-8, avec fig. 16 fr. — 7e session : 1893, 1 fort vol. gr. in-8, 18 fr. — 8e, 9e et 10e sessions : (1894-95-96), chacune 20 fr.

DE ARLT. **Des blessures de l'œil**, considérées au point de vue pratique et médico-légal. 1 vol. in-18. 1 fr. 25

DELORME. **Traité de chirurgie de guerre**. 2 vol. gr. in-8.
Tome I, avec 95 grav. dans le texte et 1 pl. hors texte. 16 fr.
Tome II, terminant l'ouvrage, avec 400 grav. dans le texte 26 fr.
Ouvrage couronné par l'Académie des sciences.

JAMAIN ET TERRIER. **Manuel de pathologie et de clinique chirurgicales**. 3e édition. Tome I, 1 fort vol. in-18. 8 fr. — Tome II, 1 vol. in-18. 8 fr. — Tome III, avec la collaboration de MM. Broca et Hartmann, 1 vol. in-18. 8 fr. — Tome IV, avec la collaboration de MM. Broca et Hartmann, 1 vol. in-18. 8 fr.

LIEBREICH. **Atlas d'ophtalmoscopie**, représentant l'état normal et les modifications pathologiques du fond de l'œil vues à l'ophtalmoscope. 3e édition, atlas in-fo de 12 planches. 40 fr.

MAC CORMAC. **Manuel de chirurgie antiseptique**, traduit de l'anglais par M. le docteur Lutaud. 1 fort vol. in-8. 2 fr.

MALGAIGNE ET LE FORT. **Manuel de médecine opératoire**. 9e édit. 2 vol. gr. in-18, avec nombreuses fig. dans le texte. 16 fr.

NÉLATON. **Éléments de pathologie chirurgicale**, par A. Nélaton, membre de l'Institut, professeur de clinique à la Faculté de médecine, etc. Ouvrage complet en 6 volumes.

Seconde édition, complètement remaniée, revue par les Drs Jamain, Péan, Desprès, Gillette et Horteloup, chirurgiens des hôpitaux. 6 forts vol. gr. in-8, avec 795 figures dans le texte. 32 fr.

NIMIER ET DESPAGNET. **Traité élémentaire d'ophtalmologie.** 1 fort vol. gr. in-8, avec 432 gr. Cart. à l'angl. 1894. 20 fr.

PAGET (sir James). **Leçons de clinique chirurgicale**, trad. par L.-H. PETIT, et introd. du prof. VERNEUIL. 1 vol. gr. in-8. 8 fr.

RICHARD. **Pratique journalière de la chirurgie.** 1 vol. gr. in-8, avec 215 fig. dans le texte. 2e édit. 5 fr.

SOELBERG-WELLS. **Traité pratique des maladies des yeux.** 1 fort vol. gr. in-8, avec figures. 4 fr. 50

TERRIER. **Éléments de pathologie chirurgicale générale.** 1er fascicule : *Lésions traumatiques et leurs complications.* 1 vol. in-8. 7 fr.

2e fascicule : *Complications des lésions traumatiques. Lésions inflammatoires.* 1 vol. in-8. 6 fr.

TERRIER ET BAUDOUIN. **De l'hydronéphrose intermittente,** 1892. 1 vol. in-8. 5 fr.

VIRCHOW. **Pathologie des tumeurs,** cours professé à l'université de Berlin, traduit de l'allemand par le docteur ARONSSOHN. — Tome I, 1 vol. gr. in-8, avec 106 fig. 3 fr. 75. — Tome II. 1 vol. gr. in-8, avec 74 fig. 3 fr. 75. — Tome III, 1 vol. gr. in-8, avec 49 fig. 3 fr. 75. — Tome IV, 1 vol. gr. in-8, avec figures. 1 fr. 50

C. — Thérapeutique. Pharmacie. Hygiène.

BOSSU. **Petit compendium médical.** 1 vol. in-32, 4e édit., cart. à l'anglaise. 1 fr. 25

BOUCHARDAT. **Nouveau formulaire magistral,** précédé d'une Notice sur les hôpitaux de Paris, de généralités sur l'art de formuler, suivi d'un Précis sur les eaux minérales naturelles et artificielles, d'un Mémorial thérapeutique, de notions sur l'emploi des contrepoisons et sur les secours à donner aux empoisonnés et aux asphyxiés. 1896, 31e édition, revue et corrigée. 1 vol. in-18, broché, 3 fr. 50 ; cartonné, 4 fr. ; relié. 4 fr. 50

BOUCHARDAT ET DESOUBRY. **Formulaire vétérinaire,** contenant le mode d'action, l'emploi et les doses des médicaments. 5e édit. 1 vol. in-18, br. 3 fr. 50, cart. 4 fr., relié. 4 fr. 50

BOUCHARDAT. **De la glycosurie ou diabète sucré,** son traitement hygiénique. 2e édition. 1 vol. grand in-8, suivi de notes et documents sur la nature et le traitement de la goutte, la gravelle urique, sur l'oligurie, le diabète insipide avec excès d'urée, l'hippurie, la pimélorrhée, etc. 15 fr.

BOUCHARDAT. **Traité d'hygiène publique et privée,** basée sur l'étiologie. 1 fort vol. gr. in-8. 3e édition, 1887. 18 fr.

LAGRANGE (F.). **La médication par l'exercice.** 1 vol. grand in-8, avec 68 grav. et une carte. 1894. 12 fr.

WEBER. **Climatothérapie,** traduit de l'allemand par les docteurs DOYON et SPILLMANN. 1 vol. in-8. 1886. 6 fr.

D. — Anatomie. Physiologie. Histologie.

BELZUNG. **Anatomie et physiologie animales.** 1 fort vol. in-8 avec 522 gravures dans le texte. 5e éd., revue. 6 fr., cart. 7 fr.

BÉRAUD (B.-J.). **Atlas complet d'anatomie chirurgicale topographique**, pouvant servir de complément à tous les ouvrages d'anatomie chirurgicale, composé de 109 planches représentant plus de 200 figures gravées sur acier, avec texte explicatif. 1 fort vol. in-4.

Prix : fig. noires, relié, 60 fr. — Fig. coloriées, relié, 120 fr.

BERNARD (Claude). **Leçons sur les propriétés des tissus vivants**, avec 94 fig. dans le texte. 1 vol. in-8. 2 fr. 50

BURDON-SANDERSON, FOSTER ET BRUNTON. **Manuel du laboratoire de physiologie**, traduit de l'anglais par M. MOQUIN-TANDON. 1 vol. in-8, avec 184 fig. dans le texte. 7 fr.

CORNIL, RANVIER, BRAULT ET LETULLE. **Manuel d'histologie pathologique.** 3e édition. 3 vol. in-8, avec nombreuses figures dans le texte. (*Sous presse*.)

DEBIERRE. **Traité élémentaire d'anatomie de l'homme.** Anatomie descriptive et dissection, avec notions d'organogénie et d'embryologie générales. Ouvrage complet en 2 volumes. 40 fr.

Tome I, *Manuel de l'amphithéâtre*, 1 vol. in-8 de 950 pages avec 450 figures en noir et en couleurs dans le texte. 1890. 20 fr.

Tome II et dernier : 1 vol. in-8 avec 515 figures en noir et en couleurs dans le texte. 20 fr.

Ouvrage couronné par l'Académie des sciences.

DEBIERRE ET DOUMER. **Album des centres nerveux.** 1 fr. 50

FAU. **Anatomie des formes du corps humain**, à l'usage des peintres et des sculpteurs. 1 atlas in-folio de 25 planches. Prix : fig. noires, 15 fr. — Fig. coloriées. 30 fr.

FERRIER. **Les fonctions du cerveau.** 1 v. in-8. avec 68 fig. 3 fr.

LABORDE. **Les tractions rythmées de la langue**, traitement physiologique de la mort. 1 vol. in-12. 2e éd. 1897. 5 fr.

LEYDIG. **Traité d'histologie comparée de l'homme et des animaux.** 1 fort vol. in-8, avec 200 figures. 4 fr. 50

LONGET. **Traité de physiologie.** 3e édition, 3 vol. gr. in-8, avec figures. 12 fr.

MAREY. **Du mouvement dans les fonctions de la vie.** 1 vol. in-8, avec 200 figures dans le texte. 8 fr.

PREYER. **Éléments de physiologie générale.** Traduit de l'allemand par M. J. SOURY. 1 vol. in-8. 5 fr.

PREYER. **Physiologie spéciale de l'embryon.** 1 vol. in-8, avec figures et 9 planches hors texte. 7 fr. 50

BIBLIOTHÈQUE D'HISTOIRE CONTEMPORAINE

Volumes in-18 à 3 fr. 50. — Volumes in-8 à 5, 7 et 12 francs. — Cartonnage toile, 50 c. en plus par vol. in-18, 1 fr. en plus par vol. in-8.

EUROPE

HISTOIRE DE L'EUROPE PENDANT LA RÉVOLUTION FRANÇAISE, par *H. de Sybel*. Traduit de l'allemand par Mlle Dosquet. 6 vol. in-8 . . 42 fr.

HISTOIRE DIPLOMATIQUE DE L'EUROPE, DE 1815 A 1878, par *Debidour*. 2 vol. in-8. . . . . 18 fr.

FRANCE

LA RÉVOLUTION FRANÇAISE, par *H. Carnot*. 1 vol. in-18. Nouv. édit. 3 50

LE CULTE DE LA RAISON ET LE CULTE DE L'ÊTRE SUPRÊME (1793-1794). Étude historique par *Aulard*, 1 vol. in-18. . . . . . . 3 50

ÉTUDES ET LEÇONS SUR LA RÉVOLUTION FRANÇAISE, par *Aulard*. 1 vol. in-18. . . . . 3 50

VARIÉTÉS RÉVOLUTIONNAIRES, par *M. Pellet*, 3 vol. in-18, chacun 3 50

HISTOIRE DE LA RESTAURATION, par *de Rochau*. 1 vol. in-18. . . . 3 50

HISTOIRE DE DIX ANS, par *Louis Blanc*. 5 vol. in-8. . . . . . . 25 fr.

HISTOIRE DE HUIT ANS (1840-1848), par *Elias Regnault*. 3 vol. in-18. 15 fr.

HISTOIRE DU SECOND EMPIRE (1848-1870), par *Taxile Delord*. 6 volumes in-8. . . . . 42 fr.

HISTOIRE DE LA TROISIÈME RÉPUBLIQUE par *E. Zevort* :

I. *Présidence de M. Thiers*. 1 vol. in-8. . . . . 7 fr.

II. *Présidence du Maréchal*. 1 vol. in-8. . . . . 7 fr.

HISTOIRE PARLEMENTAIRE DE LA DEUXIÈME RÉPUBLIQUE, par *Eug. Spuller*. 1 vol. in-18, 2e édit. 3 50

LA FRANCE POLITIQUE ET SOCIALE, par *Aug. Laugel*. 1 vol. in-8. 5 fr.

LES COLONIES FRANÇAISES, par *P. Gaffarel*. 1 vol. in-8, 5e éd. . . 5 fr.

L'EXPANSION COLONIALE DE LA FRANCE, étude économique, politique et géographique sur les établissements français d'outre-mer, par *J.-L. de Lanessan*. 1 vol. in-8 avec 19 cartes hors texte. . . . . 12 fr.

L'INDO-CHINE FRANÇAISE, étude économique, politique et administrative sur *la Cochinchine, le Cambodge, l'Annam* et *le Tonkin* (médaille Dupleix de la Société de Géographie commerciale), par *J.-L. de Lanessan*. 1 vol. in-8, avec 5 cartes en couleurs. . . . . 15 fr.

LA COLONISATION FRANÇAISE EN INDO-CHINE, par *J.-L. de Lanessan*, 1895, 1 vol. in-12, avec 1 carte hors texte. 3 50

L'ALGÉRIE, par *M. Wahl*. 1 vol. in-8, 3e édition. Ouvrage couronné par l'Institut. . . . . 5 fr.

L'EMPIRE D'ANNAM ET LES ANNAMITES, par *J. Silvestre*. 1 vol. in-18 avec carte. 3 50

ANGLETERRE

HISTOIRE CONTEMPORAINE DE L'ANGLETERRE, depuis la mort de la reine Anne jusqu'à nos jours, par *H. Reynald*. 1 vol. in-18. 2e éd. . 3 50

LES QUATRE GEORGES, par *Tackeray*. 1 vol. in-18. . . . . . . 3 50

LORD PALMERSTON ET LORD RUSSEL, par *Aug. Laugel*. 1 vol. in-18. 3 50

LE SOCIALISME EN ANGLETERRE, par *Albert Métin*. 1 vol. in-18. 3 50

ALLEMAGNE

HISTOIRE DE LA PRUSSE, depuis la mort de Frédéric II jusqu'à la bataille de Sadowa, par *Eug. Véron*. 1 vol. in-18. 6e éd. revue par *Paul Bondois*. 3 50

HISTOIRE DE L'ALLEMAGNE, depuis la bataille de Sadowa jusqu'à nos jours, par *Eug. Véron*. 1 vol. in-18, 3e éd. continuée jusqu'en 1892, par *Paul Bondois*. 3 50

L'Allemagne et la Russie au xixe siècle, par *Eug. Simon*. 1 vol. in-18. . . . . 3 50
Le socialisme allemand et le nihilisme russe, par *J. Bourdeau*. 1 vol. in-18. 2e édition. 3 50
Les origines du socialisme d'État en Allemagne, par *Ch. Andler*. 1 vol. in-8. . . . . 7 fr.

AUTRICHE-HONGRIE

Histoire de l'Autriche, depuis la mort de Marie-Thérèse jusqu'à nos jours, par *L. Asseline*. 1 vol. in-18. 3e éd. 3 50
Les Tchèques et la Bohême contemporaine, par *J. Bourlier*. 1 vol. in-18. . . . . 3 50

ESPAGNE

Histoire de l'Espagne, depuis la mort de Charles III jusqu'à nos jours, par *H. Reynald*. 1 vol. in-18 . . . . 3 50

RUSSIE

Histoire contemporaine de la Russie, depuis la mort de Paul Ier jusqu'à l'avènement de Nicolas II, par *M. Créhange*. 1 vol. in-18, 2e éd. 3 50

SUISSE

Histoire du peuple suisse, par *Daendliker*, précédée d'une Introduction par *Jules Favre*. 1 vol. in-8. . . . . 5 fr.

AMÉRIQUE

Histoire de l'Amérique du Sud, par *Alf. Deberle*. 1 vol. in-18. 3e éd., revue par *A. Milhaud*. 1897. . . . . 3 50

ITALIE

Histoire de l'Italie, depuis 1815 jusqu'à la mort de Victor-Emmanuel, par *E. Sorin*. 1 vol. in-18 . . . . 3 50
Bonaparte et les républiques italiennes (1796-1799), par *P. Gaffarel*, 1 vol. in-8 . . . . 5 fr.

TURQUIE

La Turquie et l'hellénisme contemporain, par *V. Bérard*. 1 vol. in-18. 4e éd. *Ouvrage couronné par l'Académie française*. 3 50

Jules Barni. Histoire des idées morales et politiques en France au xviiie siècle. 2 vol. in-18, chaque volume 3 50
— Les Moralistes français au xviiie siècle. 1 vol. in-18. . . . 3 50
E. de Laveleye. Le Socialisme contemporain. 1 volume in-18, 11e édition, augmentée. 3 50
E. Despois. Le Vandalisme révolutionnaire. 1 vol. in-18. 2e éd. 3 50
Eug. Spuller. Figures disparues, portraits contemporains, littéraires et politiques. 3 vol. in-18, chaque vol. 3 50
Eug. Spuller. L'Éducation de la démocratie. 1 vol. in-18. . . 3 50
Eug. Spuller. L'Évolution politique et sociale de l'Église. 1 vol. in-18. . . . . 3 50
G. Guéroult. Le centenaire de 1789. Évolution politique, philosophique, artistique et scientifique de l'Europe depuis cent ans. 1 vol. in-18. . . . . 3 50
Joseph Reinach. Pages républicaines. 1 vol. in-18. . . . . 3 50
Hector Depasse. Transformations sociales. 1 vol. in-18 . . . 3 50
Hector Depasse. Du travail et de ses conditions. 1 vol. in-18 . . . . 3 50
Eug. d'Eichthal. Souveraineté du peuple et gouvernement. 1 vol. in-18. . . . . 3 fr. 50
G. Isambert. La vie à Paris pendant une année de la Révolution (1791-1792). 1 vol. in-18. . . . . 3 50
Weill (G.). L'École Saint-Simonienne. 1 vol. in-18. . . . 3 50

BIBLIOTHÈQUE DE PHILOSOPHIE CONTEMPORAINE

VOLUMES IN-12.

Br., 2 fr. 50 ; cart. à l'angl., 3 fr. ; reliés, 4 fr.

H. Taine.
L'idéalisme anglais, étude sur Carlyle.
Philosophie de l'art dans les Pays-Bas. 2e édition.
Philosophie de l'art en Grèce. 2e édit.

Paul Janet.
Le Matérialisme contemp. 6e édit.
Philosophie de la Révolution française. 5e édit.
Le Saint-Simonisme.
Origines du socialisme contemporain. 3e éd.
La philosophie de Lamennais.

Alaux.
Philosophie de M. Cousin.

Ad. Franck.
Philosophie du droit pénal. 4e édit.
Des rapports de la religion et de l'État. 2e édit.
La philosophie mystique en France au XVIIIe siècle.

Beaussire.
Antécédents de l'hégélianisme dans la philosophie française.

Ed. Auber.
Philosophie de la médecine.

Charles de Rémusat.
Philosophie religieuse.

Charles Lévêque.
Le Spiritualisme dans l'art.
La Science de l'invisible

Émile Saisset.
L'Âme et la vie.
Critique et histoire de la philosophie (frag. et disc.).

Auguste Laugel.
L'Optique et les Arts.
Les problèmes de la nature.
Les problèmes de l'âme.

Albert Lemoine.
Le Vitalisme et l'Animisme.

Milsand
L'Esthétique anglaise.

Schœbel.
Philosophie de la raison pure.

Jules Levallois.
Déisme et Christianisme.

Camille Selden.
La Musique en Allemagne.

Stuart Mill.
Auguste Comte et la philosophie positive. 4e édition.
L'Utilitarisme. 2e édition.

Mariano.
La Philosophie contemp. en Italie.

Saigey.
La Physique moderne. 2e tirage.

E. Faivre.
De la variabilité des espèces.

Ernest Bersot.
Libre philosophie.

W. de Fonvielle.
L'astronomie moderne.

Herbert Spencer.
Classification des sciences. 6e édit.
L'individu contre l'Etat. 4e éd.

Bertauld.
L'ordre social et l'ordre moral.
De la philosophie sociale.

Th. Ribot.
La philos. de Schopenhauer. 6e éd.
Les maladies de la mémoire. 11e éd.
Les maladies de la volonté. 11e éd.
Les maladies de la personnalité. 6e éd.
La psychologie de l'attention. 3e éd.

E. de Hartmann.
La Religion de l'avenir. 4e édition.
Le Darwinisme. 5e édition.

Schopenhauer.
Le libre arbitre. 7e édition.
Le fondement de la morale. 5e édit.
Pensées et fragments. 13e édition.

Liard.
Les Logiciens anglais contemporains. 3e édition.
Définitions géométriques. 2e édit.

Marion.
J. Locke, sa vie, son œuvre. 2e édit.

O. Schmidt.
Les sciences naturelles et la philosophie de l'Inconscient.

Barthélemy Saint-Hilaire.
De la métaphysique.

A. Espinas.
Philosophie expérim. en Italie.

Conta.
Fondements de la métaphysique.

John Lubbock.
Le bonheur de vivre. 2 vol.
L'emploi de la vie.

Maus.
La justice pénale.

P. Siciliani.
Psychogénie moderne.

Leopardi.
Opuscules et Pensées.

A. Lévy.
Morceaux choisis des philos. allem.

Roisel.
De la substance.
L'idée spiritualiste.

Zeller.
Christian Baur et l'école de Tubingue.

Stricker.
Du langage et de la musique.

Coste.
Les conditions sociales du bonheur et de la force. 3e édition.

Binet.
Psychologie du raisonnement. 2e éd.
Introd. à la psychol. expérim.

G. Ballet.
Langage intérieur et aphasie. 2e éd.

Mosso.
La peur. 2e éd.
La fatigue intellect. et phys. 2e éd.

Tarde.
La criminalité comparée. 3e éd.
Les transformations du droit. 2e éd.

Paulhan.
Les phénomènes affectifs.
J. de Maistre, sa philosophie.

Ch. Richet.
Psychologie générale. 2e éd.

Delbœuf.
Matière brute et matière vivante.

Ch. Féré.
Sensation et mouvement.
Dégénérescence et criminalité. 2e éd.

Vianna de Lima.
L'homme selon le transformisme.

L. Arréat.
La morale dans le drame, l'épopée et le roman. 2e édition.
Mémoire et imagination (peintres, musiciens, poètes et orateurs).

De Roberty.
L'inconnaissable.
L'agnosticisme. 2e édit.
La recherche de l'Unité.
Auguste Comte et H. Spencer. 2e éd.
Le bien et le mal.
Psychisme social.

Bertrand.
La psychologie de l'effort.

Guyau.
La genèse de l'idée de temps.

Lombroso.
L'anthropologie criminelle. 3e éd.
Nouvelles recherches de psychiatrie et d'anthropologie criminelle.
Les applications de l'anthropologie criminelle.

Tissié.
Les rêves, physiologie et pathologie.

Thamin.
Éducation et positivisme. 2e éd.

Sighele.
La foule criminelle.

Pioger.
Le monde physique.

Queyrat.
L'imagination chez l'enfant. 2e édit.
L'abstraction, son rôle dans l'éducation intellectuelle.
Le caractère et l'éducation morale.

G. Lyon.
La philosophie de Hobbes.

Wundt.
Hypnotisme et suggestion.

Fonsegrive.
La causalité efficiente.

Carus.
La conscience du moi.

G. de Greef.
Les lois sociologiques. 2e édit.

Th. Ziegler.
La question sociale est une question morale. 2e éd.

Louis Bridel.
Le droit des femmes et le mariage.

G. Danville.
La psychologie de l'amour.

Gust. Le Bon.
Lois psychologiques de l'évolution des peuples. 2e éd.
La psychologie des foules. 2e éd.

G. Dumas.
Les états intellectuels dans la mélancolie.

E. Durkheim.
Les règles de la méthode sociologique.

P.-F. Thomas.
La suggestion, son rôle dans l'éducation intellectuelle.

Mario Pilo.
La psychologie du beau et de l'art.

Dunan.
Théorie psychol. de l'espace.

Lechalas.
Étude sur l'espace et le temps.

R. Allier.
Philosophie d'Ernest Renan.

Lange.
Les émotions.

G. Lefèvre.
Obligation morale et idéalisme.

C. Bouglé.
Les sciences sociales en Allemagne.

E. Boutroux.
Conting. des lois de la nature. 2e éd.

J. Lachelier.
Du fondement de l'induction. 2e éd.

J.-L. de Lanessan.
Morale des philosophes chinois.

Max Nordau.
Paradoxes psychologiques. 2e éd.
Paradoxes sociologiques.
Psycho-physiologie du génie et du talent.

Marie Jaëll.
La musique et la psycho-physiologie.

G. Richard.
Le socialisme et la science.

L. Dugas.
Le psittacisme et la pensée symbolique.

Fierens-Gevaert.
Essai sur l'art contemporain.

F. Le Dantec.
Le déterminisme biologique.

L. Dauriac.
La psychologie dans l'Opéra français.

A. Cresson.
La morale de Kant.

P. Regnaud.
Précis de logique évolutionniste.

E. Ferri.
Les criminels dans l'art et la littérature.

Novicow.
L'avenir de la race blanche.

VOLUMES IN-8

Brochés à 5, 7 50 et 10 fr.; cart. angl., 1 fr. de plus par vol.; reliure, 2 fr.

Barni.
Morale dans la démocratie. 2e éd. 5 fr.

Agassiz.
De l'espèce et des classifications. 5 fr.

Stuart Mill.
La philosophie de Hamilton. 10 fr.
Mes mémoires. 3e éd. 5 fr.
Système de logique déductive et inductive. 4e édit. 2 vol. 20 fr.
Essais sur la Religion. 2e édit. 5 fr.

Herbert Spencer.
Les premiers principes. 10 fr.
Principes de psychologie. 2 vol. 20 fr.
Principes de biologie. 2 vol. 20 fr.
Principes de sociologie. 4 vol. 36 fr. 25
Essais sur le progrès. 5e éd. 7 fr. 50
Essais de politique. 3e éd. 7 fr. 50
Essais scientifiques. 2e éd. 7 fr. 50
De l'éducation physique, intellectuelle et morale. 10e édit. 5 fr.
Introduction à la science sociale. 11e éd. 6 fr.
Les bases de la morale évolutionniste. 5e éd. 6 fr.

Collins.
Résumé de la philosophie de Herbert Spencer. 2e éd. 10 fr.

Auguste Laugel.
Les problèmes. 7 fr. 50

Émile Saigey.
Les sciences au XVIIe siècle. La physique de Voltaire. 5 fr.

Paul Janet.
Les causes finales. 3e édit. 10 fr.
Histoire de la science politique dans ses rapports avec la morale. 3e édit. augm., 2 vol. 20 fr.
Victor Cousin, son œuvre. 7 fr. 50

Th. Ribot.
L'hérédité psychologique. 5e édition. 7 fr. 50
La psychologie anglaise contemporaine. 3e éd. 7 fr. 50
La psychologie allemande contemporaine. 5e éd. 7 fr. 50
La psychologie des sentiments. 2e éd. 7 fr. 50
L'évolution des idées générales. 5 fr

Alf. Fouillée.

La liberté et le déterminisme. 2e édit. 7 fr. 50
Critique des systèmes de morale contemporains. 3e éd. 7 fr. 50
La morale, l'art et la religion d'après M. Guyau. 2e éd. 3 fr. 75
L'avenir de la métaphysique fondée sur l'expérience. 5 fr.
L'évolutionnisme des idées-forces. 7 fr. 50
La psychologie des idées-forces. 2 vol. 15 fr.
Tempérament et caractère. 7 fr. 50
Le mouvement idéaliste. 7 fr. 50
Le mouvement positiviste. 7 fr. 50

Bain (Alex.).

La logique inductive et déductive. 3e édit. 20 fr.
Les sens et l'intelligence. 3e édit. 10 fr.
L'esprit et le corps. 5e édit. 6 fr.
La science de l'éducation. 7e éd. 6 fr.
Les émotions et la volonté. 10 fr.

Matthew Arnold.

La crise religieuse. 7 fr. 50

Flint.

La philosophie de l'histoire en Allemagne. 7 fr. 50

Liard.

La science positive et la métaphysique. 3e édit. 7 fr. 50
Descartes. 5 fr.

Guyau.

La morale anglaise contemporaine. 3e éd. 7 fr. 50
Les problèmes de l'esthétique contemporaine. 2e éd. 5 fr.
Esquisse d'une morale sans obligation ni sanction. 3e éd. 5 fr.
L'irréligion de l'avenir. 5e éd. 7 fr. 50
L'art au point de vue sociologique. 2e éd. 7 fr. 50
Hérédité et éducation. 3e éd. 5 fr.

Huxley.

Hume, sa vie, sa philosophie. 5 fr.

E. Naville.

La logique de l'hypothèse. 2e éd. 5 fr.
La physique moderne. 2e édit. 5 fr.
La définition de la philosophie. 5 fr.

Et. Vacherot.

Essais de philosophie critique. 7 fr. 50
La religion. 7 fr. 50

Marion.

La solidarité morale. 4e édit. 5 fr.

Schopenhauer.

Aphorismes sur la sagesse dans la vie. 4e édit. 5 fr.
La quadruple racine du principe de la raison suffisante. 5 fr.
Le monde comme volonté et représentation. 3 vol. 22 fr. 50

James Sully.

Le pessimisme. 2e éd. 7 fr. 50

Buchner.

Science et nature. 2e édition. 7 fr. 50

Egger (V.).

La parole intérieure. 5 fr.

Louis Ferri.

La psychologie de l'association, depuis Hobbes. 7 fr. 50

Maudsley.

La pathologie de l'esprit. 10 fr.

Séailles.

Essai sur le génie dans l'art. 2e éd. 5 fr.

Ch. Richet.

L'homme et l'intelligence. 2e éd. 10 fr.

Preyer.

Éléments de physiologie. 5 fr.
L'âme de l'enfant. 10 fr.

Wundt.

Éléments de psychologie physiologique. 2 vol., avec fig. 20 fr.

Ad. Franck.

La philosophie du droit civil. 5 fr.

Clay.

L'alternative. Contribution à la psychologie. 2e éd. 10 fr.

Bernard Perez.

Les trois premières années de l'enfant. 5e édit. 5 fr.
L'enfant de trois à sept ans. 3e éd. 5 fr.
L'éducation morale dès le berceau. 3e édit. 5 fr.
L'art et la poésie chez l'enfant. 5 fr.
Le caractère, de l'enfant à l'homme. 5 fr.
L'éducation intellectuelle dès le berceau. 5 fr.

Lombroso.

L'homme criminel. 2 vol. avec atlas. 36 fr.
Le crime politique et les révolutions (en collaboration avec M. Laschi). 2 vol. 15 fr.
La femme criminelle et la prostituée (en collaboration avec M. Ferrero). 1 vol. in-8 avec planches. 15 fr.

Sergi.

La psychologie physiologique, avec 40 fig. 7 fr. 50

Ludov. Carrau.

La philosophie religieuse en Angleterre, depuis Locke. 5 fr.

Piderit.

La mimique et la physiognomonie, avec 95 fig. 5 fr.

Fonsegrive.

Le libre arbitre, sa théorie, son histoire. 2e éd. 10 fr.

Roberty (E. de).

L'ancienne et la nouvelle philosophie. 7 fr. 50

La philosophie du siècle. 5 fr.

Garofalo.

La criminologie. 3e édit. 7 fr. 50

La superstition socialiste. 5 fr.

G. Lyon.

L'idéalisme en Angleterre au XVIIIe siècle. 7 fr. 50

Souriau.

L'esthétique du mouvement. 5 fr.

La suggestion dans l'art. 5 fr.

Fr. Paulhan.

L'activité mentale et les éléments de l'Esprit. 10 fr.

Esprits logiques et esprits faux. 7 fr. 50

Barthélemy Saint-Hilaire.

La philosophie dans ses rapports avec les sciences et la religion. 5 fr.

Pierre Janet.

L'automatisme psychologique. 2e édit. 7 fr. 50

Bergson.

Essai sur les données immédiates de la conscience. 3 fr. 75

Matière et mémoire. 5 fr.

E. de Laveleye.

De la propriété et de ses formes primitives. 4e édit. 10 fr.

Le gouvernement dans la démocratie. 3e éd., 2 vol. 15 fr.

Ricardou.

De l'idéal. 5 fr.

Sollier.

Psychologie de l'idiot et de l'imbécile. 5 fr.

Romanes.

L'évolution mentale chez l'homme. 7 fr. 50

Pillon.

L'année philosophique. 7 vol. 1890, 1891, 1892, 1893, 1894, 1895 et 1896. Chacun séparément. 5 fr.

Rauh.

Le fondement métaphysique de la morale. 5 fr.

Picavet.

Les idéologues. 10 fr.

Gurney, Myers et Podmore

Les hallucinations télépathiques. 2e éd. 7 fr. 50

Jaurès.

De la réalité du monde sensible 7 fr. 50

Arréat.

Psychologie du peintre. 5 fr.

L. Proal.

Le crime et la peine. 2e éd. 10 fr.

La criminalité politique. 5 fr.

G. Hirth.

Physiologie de l'art. 5 fr.

Dewaule.

Condillac et la psychologie anglaise contemporaine. 5 fr.

Bourdon.

L'expression des émotions et des tendances dans le langage. 5 fr.

L. Bourdeau.

Le problème de la mort. 2e éd. 5 fr.

Novicow.

Les luttes entre sociétés humaines. 10 fr.

Les gaspillages des sociétés modernes. 5 fr.

Durkheim.

De la division du travail social. 7 fr. 50

Le suicide. 7 fr. 50

Payot.

L'éducation de la volonté. 5e édit. 5 fr.

De la croyance. 5 fr.

Ch. Adam.

La philosophie en France (première moitié du XIXe siècle). 7 fr. 50

H. Oldenberg.

Le Bouddha, sa vie, sa doctrine, sa communauté. 7 fr. 50

V. Delbos.

Le problème moral dans la philosophie de Spinoza et dans le Spinozisme. 10 fr.

M. Blondel.

L'action, essai d'une critique de la vie et d'une science de la pratique. 7 fr. 50

J. Pioger.

La vie et la pensée. 5 fr.
La vie sociale, la morale et le progrès. 5 fr.

Max Nordau.

Dégénérescence. 2 vol. 4e édition. 17 fr. 50
Les mensonges conventionnels de notre civilisation. 5 fr.

P. Aubry.

La contagion du meurtre. 3e édit. 5 fr.

G. Milhaud.

Les conditions et les limites de la certitude logique. 3 fr. 75

Brunschvicg.

Spinoza. 3 fr. 75
La modalité du jugement 5 fr.

A. Godfernaux.

Le sentiment et la pensée. 5 fr.

Em. Boirac.

L'idée de phénomène. 5 fr.

L. Lévy-Bruhl.

La philosophie de Jacobi. 5 fr.

Fr. Martin.

La perception extérieure et la science positive. 5 fr.

G. Ferrero.

Les lois psychologiques du symbolisme. 5 fr.

B. Conta.

Théorie de l'ondulation universelle. 3 fr. 75

G. Tarde.

La logique sociale. 7 fr. 50
Les lois de l'imitation. 2e éd. 7 fr. 50
L'opposition universelle. 7 fr. 50

G. de Greef.

Le transformisme social. 7 fr. 50

Crépieux-Jamin.

L'écriture et le caractère 3e éd. 7 fr. 50

J. Izoulet.

La cité moderne. 2e éd. 10 fr.

Thouverez.

Réalisme métaphysique. 5 fr.

Lang.

Mythes, cultes et religion, préface de *L. Marillier*. 10 fr.

G. Gory.

L'immanence de la raison dans la connaissance sensible. 5 fr.

Lang.

Mythes, cultes et religions. 7 fr. 50

Récéjac.

La connaissance mystique. 5 fr.

Aug. Comte.

La sociologie. 7 fr. 50

Duproix.

Kant et Fichte et le problème de l'éducation. 5 fr.

Brochard.

De l'erreur. 2e éd. 5 fr.

Chabot.

Nature et moralité. 5 fr.

Coulommiers. — Imp. PAUL BRODARD. — 437-97.

www.ingramcontent.com/pod-product-compliance
Ingram Content Group UK Ltd.
Pitfield, Milton Keynes, MK11 3LW, UK
UKHW012156240726
13966UKWH00002B/385